國家社會科學基金重大項目（21&ZD271）
全國高等院校古籍整理研究工作委員會科研項目
「十四五」國家重點圖書出版規劃項目
2021—2035年國家古籍工作規劃重點出版項目
國家出版基金資助項目

本書獲
南開大學文科發展基金首批重點項目
内蒙古大學内蒙古元代文學與文化研究基地
資金支持

全遼金元筆記

查洪德　主編

王雙梅　編校

第一輯　五

國家出版基金項目
NATIONAL PUBLICATION FOUNDATION

中原出版傳媒集團
中原傳媒股份公司
大象出版社
·鄭州·

圖書在版編目(CIP)數據

全遼金元筆記. 第一輯. 五 / 查洪德主編; 王雙梅編校.— 鄭州 : 大象出版社, 2022. 12
ISBN 978-7-5711-1661-3

Ⅰ. ①全… Ⅱ. ①查… ②王… Ⅲ. ①筆記-中國-遼金時代②筆記-中國-元代 Ⅳ. ①K240. 66

中國版本圖書館 CIP 數據核字(2022)第235108號

全遼金元筆記 第一輯 五

出版人 汪林中
項目策劃 張前進
項目統籌 李光潔 吴韶明
責任編輯 負曉娜 吴韶明
責任校對 張紹納 萬冬輝
整體設計 王晶晶 杜曉燕
責任印製 郭鋒
出版發行 大象出版社
鄭州市鄭東新區祥盛街27號 郵編450016
製版 河南新華印刷集團有限公司
印刷 北京匯林印務有限公司
版次 2022年12月第1版 2022年12月第1次印刷
開本 640 mm×960 mm 1/16 22印張
字數 282千字
定價 88.00元

目録

長春真人西遊記

⊙李志常撰

點校説明

《長春真人西遊記》二卷，李志常撰。李志常（一一九三—一二五六），字浩然，全真道士，丘處機弟子，號真常子，道號通玄大師。開州觀城（今山東莘縣西南）人。幼孤，由伯父撫養。成吉思汗十三年（一二一八），拜丘處機爲師，十五年，隨丘處機西行，至西域覲見成吉思汗，歷時四年返回，隨師居燕京長春宫。窩闊台汗十年（一二三八），繼掌全真教。蒙哥汗即位（一二五一）後，掌管全國道教事務。五年（一二五五），在和林佛道辯論中敗北，次年憤恚而卒，年六十三。李志常掌全真教十八年，性格耿直，戒行精嚴，「事師謹，與人忠，茹葷飲酒之戒，涓毫不犯」（王鶚《玄門掌教大宗師真常真人道行碑銘》），爲道徒之典範。對金末離亂之文士，「委曲招延，飯於齋堂，日數十人。或者厭其煩，公不恤也，其待士之誠類如此」（王鶚《玄門掌教大宗師真常真人道行碑銘》）。文人多因此去儒爲道，全真教更具聲勢。王惲贊云：「全真教倡於重陽王尊師，道行於丘仙翁，逮真常李公，體含妙用，動應玄機，通明中正，價重一時，可謂成全光大矣！」（王惲《真常觀記》）著有《又玄集》二十卷（已佚）、《長春真人西遊記》二卷。生平事迹主要見於王鶚《玄門掌教大宗師真常真人道行碑銘》、王惲《真常觀記》等。

《長春真人西遊記》記載丘處機應召至西域覲見成吉思汗論道之事，詳述覲見過程，往返之道路里程、山川形勢、風土人情，以及師徒問答、吟咏賦詩等，爲研究我國西北乃至西亞史地、中外交通及全真教發展史重要歷史文獻。

《長春真人西遊記》成書於窩闊台汗元年（一二二九），但流傳不廣，直到清乾隆六十年（一七九五）錢大昕從蘇州玄妙觀《正統道藏》中鈔出，方漸爲人知。後阮元鈔録，獻予清皇室。版本主要有《連筠簃叢書》刊本、《皇朝藩屬輿地叢書》排印本，此二種分别收録於《叢書集成初編》《中國西北文獻叢書》。二十世紀初，校注、校譯本出現，主要有一九二六年王國維《長春真人西遊記校注》、一九三〇年張星烺校注本（收於《中西交通史料彙編》）。

本次點校以王國維校注本爲底本，保留其校注。校以《正統道藏》本、《連筠簃叢書》本及相關史料，參考丁謙《長春真人西遊記地理考證》、張星烺校注本。王國維校注本原附録，兹作爲「附録一」，本次整理所輯附録材料作爲「附録二」。

目録

卷上

父師真人長春子，姓丘氏【一】，名處機，字通密，登州棲霞人。未冠出家，師事重陽真人。

金完顏璹《全真教祖碑》：「重陽子王先生名喆，字知明，應現於咸陽大魏村。」又云：「有登州棲霞縣丘哥者，幼亡父母，未嘗讀書，來禮先生，使掌文翰。自後日記千言，亦善吟咏，訓名處機，號長春子者是也。」陳大任《磻溪集序》：「長春子丘公，世居登之棲霞。未冠一年，遊崑崙山，遇重陽子王害風，一言而道合，遂師事之。」案：《輟耕録》「長春生於金皇統戊辰」，則始事重陽在大定六年。

既而住磻溪、龍門十有三年，

《遺山先生文集》三十五《清真觀記》：「大定初，丘自東萊西入關，隱於磻溪，十數年不出。」陳大任《磻溪集序》：「惟公樂秦隴之風，居磻溪廟六年，龍門山七年。」案：序系此於重陽子服除後，重陽之殁在大定十年，則此十三年當自大定十三年後起算。

真積力久，學道乃成。暮年還海上。

《磻溪集》三《世宗挽詞引》：「臣處機以大定戊申二十八年春二月自終南召赴

校勘記

【一】姓丘氏　「丘」原作「邱」，據《正統道藏》本改。此係避孔子名諱。下徑改，不再出校。

闕下，中秋以他事得旨，許放還山。逮己酉春，途經陝州，遽承哀詔。」是長春於己酉歲復入關中。又卷一《途中作》序：「明昌二年十月，余到棲霞。三年五月，蓬萊道友相邀度夏。自後數年爲例，五月相邀耳。」則長春歸海上在明昌二年，時年四十四。

戊寅歲之前，師在登州，河南屢欲遣使徵聘，事有齟齬，遂已。明年，住萊州昊天觀。《輟耕録》十：「丙子，復召，不起。己卯，居萊州。」夏四月，河南提控邊鄙使至，邀師同往。師不可。使者攜所書詩頌歸。既而復有使自大梁來，道聞山東爲宋人所據，乃還。

《宋史·李全傳》：「嘉定十二年六月，金元帥張林以青、莒、密、登、萊、濰、淄、濱、棣、寧海、濟南十二州來歸。」

其年八月，江南大帥李公全、彭公義斌來請，不赴。藏本無李、彭二人名。

彭義斌事，《宋史》附見《李全傳》。

爾後，隨處往往邀請。萊之主者難其事。師曰：「我之行止，天也，非若輩所及知。當有留不住時，去也。」居無何，成吉思皇帝遣侍臣劉仲禄，

仲禄姓名，他書未見，惟《元史·河渠志》載太宗七年歲乙未八月敕「近劉冲禄言，率水工二百餘人，已依期築閉盧溝河元破牙梳口」云云，即此《記》之劉仲

禄也。足本《西遊録》：「昔劉姓而温名者，以醫術進。渠謂丘公行年三百，有保養長生之秘術，乃奏舉之。」《至元辨僞録》三：「道士丘處機繼唱全真，本無道術。有劉温字仲禄者，以作鳴鏑幸於太祖，首信僻説，阿意甘言，以醫藥進於上，言丘公行年三百餘歲，有保養長生之術，乃奏舉之。」是仲禄名温，以字行。

縣虎頭金牌，其文曰：「如朕親行，便宜行事。」

《蒙韃備録》：「第一等帶兩虎相向，曰虎鬭金牌。用漢字，曰：『天賜成吉思皇帝聖旨，當便宜行事。』其次素金牌，其次銀牌。」案：蒙古金牌上作虎頭，無作兩虎相向者，《備録》所云「虎鬭金牌」乃「虎頭金牌」之音訛，因生兩虎相向之説耳。關漢卿《拜月亭》雜劇：「虎頭兒金牌腰内懸。」汪元量《水雲集·湖州歌》：「文武官僚多二品，還鄉盡帶虎頭牌。」金、元二《史》謂之金虎符，實非符也。

及蒙古人二十輩，傳旨敦請。

《輟耕録》十載詔書曰：「天厭中原，驕華大極之性；朕居北野，嗜慾莫生之情。反朴還淳，去奢從儉。每一衣一食，與牛豎、馬圉共敝同饗。視民如赤子，養士若兄弟。謀素和，恩素蓄。練萬衆以身人之先，臨百陣無念我之後。七載之中成帝業，六合之内爲一統。非朕之行有德，蓋金之政無恒。是以受天之祐，獲承至尊，南連趙宋，北接回紇，東夏西夷，悉稱臣妾。念我單于國，千載百世以來，未之有也。然而任大守重，治平猶懼有闕。且夫刳舟剡楫，將欲濟江河也；聘賢選佐，將以安天下也。朕踐阼以來，勤心庶政，而三九之位，未見其人。訪聞丘師先生，體真履規，博物洽聞，探賾窮理，道冲德著，懷古君子之肅風，抱真上人之雅操。久栖巖谷，藏身隱形，闡祖宗之遺化，坐致有道之士雲集仙徑，莫可稱數。自干戈而後，伏知先生猶隱山東舊境，朕心仰懷無已。豈不聞渭水同車、茅廬三顧之事？奈何山川懸隔，有失躬迎之禮。朕但側身，齋戒沐浴，選差近侍官劉仲禄，備輕騎素車，不遠千里，謹邀先生暫屈仙步，不以沙漠悠遠爲念，或以憂民當世之務，或以恤朕保身之術。朕親侍仙座，欽惟先生將咳唾之餘，但授一言斯可矣。今者聊發朕之微意萬一，明於詔章。誠望先生既著大道之端要，善無不應，亦豈違蒼生之願哉？故兹詔示，惟宜知悉。五月初一日筆。」

師躊躇間，仲禄曰：「師名重四海，皇帝特詔仲禄逾越山海，不限歲月，期必致之。」師曰：「兵革以來，此疆彼界，公冒險至此，可謂勞矣。」仲禄曰：「欽奉君命，敢不竭力？仲禄今年五月在乃滿國兀里朵

通作「斡耳朵」。《遼史·國語解》：「斡魯朵，宫也。」乃滿國兀里朵，謂乃蠻太陽可汗之故宫，當在金山左右。是歲帝親征西域，至也兒的石河住夏，故五月初在

乃滿國兀里朶也。耶律楚材《湛然居士文集》九《和張敏之學士七十韻》述西征事云：「仲春辭北望，初夏過西涼。」可知起師尚在二月也。

得旨。六月至白登北威寧，得羽客常真諭。七月至德興，以居庸路梗，燕京發士卒來迎。八月抵京城，道衆皆曰：『師之有無，未可必也。』過中山，歷真定，風聞師在東萊。又得益都府安撫司官吴燕、蔣元，始得其詳。

《金史·地理志》：「山東東路，爲京東東路，治益都。」是歲張林降宋，爲京東安撫使，治此。

欲以兵五千迎師，燕等曰：『京東之人，聞兩朝議和，衆心稍安。

是歲京東已爲宋有。《元朝秘史續集》一：「成吉思差使臣主不罕通好於宋，被金家阻當了。」《蒙韃備録》：「近者入聘於我副使速不罕者，乃白韃靼也。」案：《備録》作於寧宗嘉定十四年辛巳，是辛巳以前，蒙古已有信使至宋，疑即在此年，所謂「兩朝議和」者，指此。

今忽提兵以入，必皆據險自固，師亦將乘桴海上矣。誠欲事濟，不必爾也。』從之。乃募自願者，得二十騎以行。將抵益都，使燕、元馳報其師張林。林以甲士萬郊迎。仲禄笑曰：『所以過此者，爲求訪長春真人，君何以甲士爲？』林於是散其卒，相與案轡而入。所歷皆以是語之，人無駭謀。林復給以驛藏本作「馹」。騎，至藏本作「次」。濰州，得尹公。

謂長春大弟子清和大師尹志平也。王惲《秋澗先生文集》五十六《尹公道行碑》：「大元己卯歲，太祖聖武皇帝遣便宜劉仲禄，起長春於寧海之崑崙山。聞師爲其上足，假道於濰以見之，遂同宣詔旨。先是金、宋交聘，公堅卧不起，至是師請曰：『開化度人，今其時矣。』長春爲肯首，决意北覲。」

冬十有二月，同至東萊，傳皇帝所以宣召之旨。」師知不可辭，徐謂仲禄曰：「此中艱食，公等且往益都，俟我上元醮竟，當遣十五騎來，十八日即行。」於是宣使

《蒙韃備録》：「彼奉使曰宣差。」

與衆西入益都。藏本「都」下有「師」字。預選門弟子十有九人，

卷下及《附録》只載十八人姓名。

以俟其來。如期，騎至。與之俱行。由濰陽至青社，宣使已行矣。聞藏本作「問」。之張林，言：「正月七日，

是歲，太祖十五年庚辰。

有騎四百，軍於臨淄，青民大駭。宣使逆而止之。今未聞所在。」師尋過長山及鄒平。二月初，届濟陽，士庶奉香火迎拜於其邑南，羽客長吟前導，飯於養素庵。會衆僉曰：「先月十八日，有鶴十餘自西北來，飛鳴雲間，俱東南去。翌日辰巳間，又有數鶴來自西南，繼而千百焉，或頡或頏，獨一鶴拂庵盤桓乃去。今乃知鶴見之日，即師啓行之辰也。」

皆以手加額。留數日。二月上旬，宣使遣騎來報，已駐軍將陵，艤舟以待。明日遂行。十三日，宣使以軍來迓，師曰：「來何暮？」對以「道路榛梗，特往燕京，會兵東備信安，西備常山。

劉因《静修先生文集》十六《懷孟萬户劉公先塋碑銘》：「當金主貞祐棄河朔、徙都汴時，有張甫者據信安，武仙者據真定。易、定之間，大爲所擾。」時武仙雖失真定，尚據西山，抱犢諸寨，故以兵防之。

仲禄親提軍取深州、下武邑，以辟藏本作「闢」。路構橋於滹沱，括舟於將陵，是以遲」。師曰：「此事非公不克辦。」次日，絶滹沱而北。二十二日至盧藏本作「瀘」溝。京官、士庶、僧道郊迎。是日，由麗澤門入。

《金史·地理志》：中都府城門十三，「西曰麗澤，曰顥華，曰彰義」。

道士具威儀，長吟其前。行省石抹公

《元史·石抹明安傳》：「丙子以疾卒，子咸得不襲職爲燕京行省。」彭大雅《黑韃事略》：「明安，契丹人。今燕京大哥行省憨塔卜，其子也。」憨塔卜，即咸得不。

館師於玉虚觀。自爾求頌乞名者日盈門。凡士馬所至，奉道弟子以師與之名，往往脱欲兵之禍。師之道廕及人如此。

姚燧《牧庵集》十一《長春宫碑》：「癸未至燕，年七十六矣。而河之北南已殘，而首鼠未平，鼎魚方亟。乃大辟玄門，遣人招求俘殺於戰伐之際。或一戴黄冠而持其署牒，奴者必民，死賴以生者，無慮二三鉅萬人」云云。據此《記》則長春於庚辰入燕已爲此事，不待癸巳也。孫錫《序》：「己卯之冬，流聞師在海上被安車之徵。明年春，果次於燕。中略。由是日益敬其風，而願執弟子禮者，不可勝計。自二三遺老且樂與之遊，其餘可知也。」此《記》中「欲兵之禍」用伯夷事，蓋亦謂諸遺老也。

宣撫王巨川楫上詩，

《元史》本傳：「王檝，字巨川，鳳翔虢縣人。甲戌授宣撫使。」

師答云：「旌旗獵獵馬蕭蕭，北望燕師藏本作「山」。渡石橋。萬里欲行沙漠外，三春遽別海山遥。良朋出塞同歸雁，破帽經霜更續貂。一自玄元西去後，到今無似北庭招。」師聞行宫漸西，春秋已高，

是歲，長春年七十三。

倦冒風沙，欲待駕回朝謁。又仲禄欲以選處女偕行，師難之曰：「齊人獻女樂，孔子去魯。余雖山野，豈與處女藏本作「子」。同行哉？」仲禄乃令曷剌

《附録》：「特旨蒙古四人從師護持。」中有喝剌八海，即此曷剌也。

馳奏，師亦遣人奉表。

《輟耕録》十載《陳情表》云：「登州棲霞縣志道丘處機，近奉宣旨，遠召不才。海上居民，心皆恍惚。處機自念謀生太拙，學道無成，辛苦萬端，老而不死。名雖播於諸國，道不加於衆人。内顧自傷，衷情誰惻？前者南京及宋國屢召不從，今者龍庭一呼即至，何也？伏聞皇帝天賜勇智，今古絶倫，道協威靈，華夷率服。是故便欲投山竄海，不忍相違；且當冒雪衝霜，圖其一見。蓋聞車駕只在桓、撫之北，及到燕京，聽得車駕遥遠，不知其幾千里。風塵澒洞，天氣蒼黄，老弱不堪，竊恐中途不能到得。假之皇帝所，則軍國之事，非己所能。道德之心，令人戒欲，殊爲難事。遂與宣差劉仲禄商議，不若且在燕京、德興府等處盤桓住坐，先令人前去奏知。其劉仲禄不從，故不免自納奏帖。念處機肯來歸命，遠冒風霜，伏望皇帝早下寬大之詔，許其可否。兼同時四人出家，三人得道，惟處機虚得其名，顔色憔悴，形容枯槁，伏望聖裁。龍兒年三月　日奏。」

一日，有人求跋閻立本《太上過關圖》，題：「蜀郡西遊日，函關東别時。群胡皆稽首，大道復開基。」又以二偈示衆。其一云：「離藏本作「雜」。亂朝還暮，輕狂古到今。空華空寂念，若有若無心。」其二云：「觸情常决烈，非道莫參差。忍辱調猿馬，安閑度歲時。」四月上旬，會衆請望日齋醮於天長，師以行辭。衆請益力，曰：「今兹兵革未息，遺民有幸得一睹真人，蒙道廕者多矣。獨死者冥冥長夜，未沐薦拔，遺恨不無耳。」師許之。時方大旱，十有四日，既啓醮事，雨大降。衆且以行禮爲憂，師於午後赴壇，將事，俄而開霽。衆喜而歎曰：「一雨一晴，隨人所欲，非道高德厚者能藏本無「能」字。感應若是乎？」明日，師登寶玄堂。傳戒時，有數鶴自西北來，人皆仰之。焚簡之際，一簡飛空而滅，且有五鶴翔舞其上。士大夫咸謂師之至誠動天地。南塘老人張天度子真作賦美其事，諸公皆有詩。

《湛然居士文集》六《寄南塘老人張子真》詩：「知來何假靈龜兆，作賦能陳瑞鶴祥。」謂此賦也。又《寄巨川宣撫》詩序云：「今觀《瑞應鶴詩》，巨川首唱焉。」又有《觀瑞鶴詩卷獨子進治書無詩》，詩云：「只貪殢酒長安市，不肯題詩《瑞應圖》。」蓋長春有《瑞鶴圖卷》，燕京士大夫皆有題詠，後攜至西域，故文正見之。文正素不喜全真，目爲老氏之邪，故於王巨川首唱則譏之，於李子進無詩則美之。後此卷仍藏長春宮，文正子鑄有《題長春宮瑞應鶴詩》七律二首。

醮竟，宣使劉公從師北行。道出居庸，夜遇群盜於其北，皆稽顙以退，且曰：「無驚父師。」五月，師至德興龍陽觀度夏，以詩寄燕京士大夫曰：「登真何在泛靈槎，藏本作「楂」。南北東西自有嘉。碧落雲峰原作「封」，藏本作「峰」。天景致，滄波海市雨生涯。神遊八極空雖遠，道合三清路不差。弱水縱過三十萬，騰身頃刻到仙家。」時京城吾道孫周楚卿、

《湛然居士文集》八《寄趙元帥書》：「京城楚卿、子進、秀玉輩，此數君子，皆端人也。」

楊彪仲文、

《蒙韃備録》：「又有楊彪者，爲吏部尚書。」

師諝才卿、李士謙子進、劉中用之、

《元史・太宗紀》：「二年冬十一月，始置十路徵收課税使，以劉中、劉桓使宣德。九年秋八月，命术虎乃、劉中試諸路儒士。」

陳時可秀玉、

鮮于樞《困學齋雜録》：「寂通老人陳時可【二】，字秀玉，燕人。金翰林學士，仕國朝爲燕京路課税所官。」

吴章德明、

李庭《寓庵集》二《挽吴德明》詩注云：「公，太原石州人。承安初，中乙科。崇慶末，始赴召。南渡回【三】，丙午春捐館。」

趙中立正卿、王鋭威卿、趙昉德輝、

《金史・宣宗紀》：「上決意南遷，詔告國内。太學生趙昉等上章極論利害【四】。」《元史・太宗紀》：「置十路課税使，以陳時可、趙昉使燕京，張瑜、王鋭使

【二】寂通老人陳時可　「寂通」原作「通寂」，據《知不足齋叢書》本《困學齋雜録》改。

【三】南渡回　「回」字原缺，據《藕香零拾叢書》本《寓庵集》卷二改。

【四】太學生趙昉等上章極論利害　「利」原作「和」，據《金史・宣宗紀》改。

東平。」《耶律楚材傳》：「奏立燕京等十路徵收課稅使，凡長貳悉用士人，如陳時可、趙昉等，皆寬厚長者，極天下之選。」

孫錫天錫，此數君子，師寓玉虛日所與唱和者也。王觀逢辰、王直哉清甫亦與其遊。

《湛然居士集》六《西域寄中州禪老士大夫一十五首》中有《觀瑞鶴詩卷獨子進治書無詩》一首、《寄德明》一首、《才卿外郎五年止惠一書》一首、《寄清溪居士秀玉》一首、《戲秀玉》一首、《寄用之侍郎》一首、《和正卿待制》一首、《寄仲文尚書》一首、《謝王清甫》一首，均辛巳年長春抵西域後所作。蓋長春西行時，燕京士大夫多託其致書於湛然，或湛然見《瑞鶴卷》中有其人題詩，故作詩寄之耳。諸題中除仲文尚書外，如子進治書、才卿外郎、用之侍郎、正卿待制，皆稱其金時故官。《黑韃事略》：「爾外有亡金之大夫，混於雜役，墮於屠沽，去爲黃冠，皆尚稱舊官。王宣撫家有推車數人，呼運使，呼侍郎。長春宮多有亡金朝士，既免跋焦，免賦役，又得衣食，真令人慘傷也。」

觀居禪房山之陽，

《元史·劉敏傳》：「年十二，從父母避地德興禪房山。」

其山多洞府，常有學道修真之士棲焉。師因挈衆以遊。初入峽門，有詩曰：「入峽清遊分外嘉，群峰列岫戟查牙。蓬萊未到神仙境，洞府先觀道士家。松塔倒懸秋雨露，石樓斜照晚雲霞。却思舊日終南地，夢斷西山不見涯。」其地爽塏，勢傾東南，一望三百餘里。觀之，東數里平地有涌泉，清泠藏本作「冷」。可愛。師往來其間，有詩云：「午後迎風背日行，遥山極目亂雲横。萬家酷暑熏腸熱，一派寒泉入骨清。北地往來時有信，東皋遊戲俗無争。耕夫、牧豎堤陰讓坐。溪邊浴罷林間坐，散髮披襟暢道情。」中元日，本觀醮。午後授符傳戒。藏本作「傳符授戒」。老幼露坐，熱甚，悉苦之。須臾，有雲覆其上，狀如圓蓋，移時不散，衆皆喜躍贊歎。又觀中井水可給百衆，至是逾千人，執事者謀他汲。前後三日，井泉忽溢，用之不竭。是皆善緣，天助之也。醮後題詩云：「太上弘慈救萬靈，衆生薦福藉群經。三田保護精神氣，萬象欽崇日月星。自揣肉身潛有漏，難逃科教入無形。且遵北斗齋儀法，南斗、北斗皆論齋醮。漸陟南宫火鍊庭。」八月初，應宣德州元帥移剌公請，

移剌公，謂耶律秃花也。《黑韃事略》：「秃花，即阿海之弟，元在宣德州。」宋子貞《中書令耶律公神道碑》：「宣德路長官太傅秃花失陷官糧萬餘石。」《元史》本傳失載其駐宣德事。

遂居朝元觀。中秋，藏本「秋」下有「夜」字。有《賀聖朝》二曲。其一云：「斷雲歸岫，長空凝翠，寶鑑初圓。大光明，宏照亘流沙外，直過西天。人間是處，夢魂沈醉，歌舞華筵。道家門，别是一般清朗，開悟心田。」其二云：「洞天深處，良朋高會，逸興無邊。上丹霄，飛至廣寒宫悄，擲下金錢。靈虚晃耀，睡魔奔迸，玉兔嬋娟。坐忘機，觀透本來真

性，法界周旋。」

《遺山先生文集》三十一《紫虛大師于公墓碑》：「全真家禁睡眠，謂之煉陰魔，向上諸人，有脇不沾席數十年者。」《秋澗先生文集》五十六《尹公道行碑》：「師誨人曰：『修行之害，食、睡、色三欲爲重。多食即多睡；睡多，情欲所由生。人莫不知，少能行之者。必欲制之，先減睡欲，日就月將，則清明在躬，昏濁之氣自將不生』」云云。此詞云「睡魔奔迸」，後有詩云「夜半三更强不眠」，又云「身閑無俗念，鳥宿至雞鳴。一眼不能睡，寸心何所縈」。并足證元、王二家之説。

是後天氣清肅，静夜安閑，復作二絶云：「長河耿耿夜深深，寂寞寒窗萬慮沈。天下是非俱不到，安閑一片道人心。」其二云：「清夜沈沈月向高，山河大地絶纖毫。惟餘道德渾淪性，上下三天一萬遭。」藏本「遭」下有「朝元」二字。觀據州之乾隅，功德主元帥移剌公因師欲北行，創構堂殿，奉安尊像，前後雲房洞室，皆一新之。十月間，方繪祖師堂壁，畫史以其寒，將止之。師不許，曰：「鄒律尚且回春，况聖賢陰有所扶持耶？」是月，果天氣温和如春，絶無風沙，由是畫史得畢其功。有詩云：「季秋邊朔苦寒同，走石吹沙振大風。旅雁翅垂南去急，行人心倦北途窮。我來十月霜猶薄，人訝千山水尚通。不是小春和氣暖，天教成就畫堂功。」會藏本作「尋」。阿里鮮

卷下作「通事阿里鮮」，又注云「河西人」。即《金史·宣宗紀》之「乙里

只」，《元朝秘史續集》二之「阿剌淺」也。近人屠敬山寄撰《蒙兀兒史記》，以《元史·札八兒火者》及《丘處機傳》并有命札八兒聘處機事，遂以阿里鮮與札八兒爲一人。又以《札八兒傳》有飲班朱尼河水事，乃又并《秘史》六之回回人阿三爲一人。膠州柯學士《新元史》亦從其説。其實非也。案《金史·宣宗紀》：貞祐元年九月，「大元遣乙里只來」。十月辛丑，「大元乙里只來」。二年二月丙申朔，「大元乙里只札八來」。「壬戌，大元乙里只復來」。三月甲申，「大元乙里只札八來」。六月癸丑，「大元乙里只來」。凡四稱「乙里只」，兩稱「乙里只札八」，明四次乙里只一人奉使，其兩次則乙里只與札八兩人奉使也。《元史·太祖紀》：十年秋七月，「遣乙職里往諭金主，以河北、山東未下諸城來獻」。「乙職里」疑亦「乙里職」之倒誤。要之，乙里只、乙里職者即《秘史》之阿剌淺，此《記》之阿里鮮。札八者，《元史》之札八兒火者，《蒙韃備録》之劄八【五】，此《記》之宣差劄八相公也。此《記》阿里鮮與宣差劄八相公截然二人。《蒙韃備録》作於太祖辛巳，云：「次曰劄八者，回鶻人，已老，亦在燕京同任事。」與《札八兒傳》言卒年一百一十八歲可相參證。而阿里鮮則於癸未自西域送長春東歸，七月十三日至雲中，九月二十四日又於行在面奉聖旨。以百歲左右之人，兩月之中，奔馳萬里，殆非人情，此亦阿里鮮非劄八之一證。

【五】蒙韃備録之劄八　此處及下一行之「蒙韃備録」原作「黑韃事略」，劄八出自《蒙韃備録》，據改。

至自斡辰大王帳下，

《元史·宗室世系表》：「烈祖神元皇帝，五子」，「次四鐵木哥斡赤斤，所謂皇太弟國王斡嗔那顔者也」。《秘史續集》一：「兔兒年，太祖去征回回，命弟斡惕赤斤居守。」

使來請師。繼而宣撫王公巨川亦至，曰：「承大王鈞旨：如師西行，請過我。」師首肯之。是月北遊望山。曷剌進表回，有詔曰：「成吉思皇帝敕真人丘師。」又曰：「惟師道逾三子，德重多方。」

長春表云：「兼同時四人出家，三人得道，惟處機虚得其名。」此云道逾三子，即答表語。三子者，馬鈺、譚處端、劉處玄。密國公璹《全真教祖碑》云：「此四子者，世所謂丘、劉、譚、馬也。」

其終曰：「雲軒既發於蓬萊，鶴馭可遊於天竺。達摩東邁，元印法以傳心；老子藏本作「氏」。西行，或化胡而成道。顧川途之雖闊，瞻几杖以非遥。爰答來章，可明朕意。秋暑，師比平安好，指不多及。」其見重如此。

詔書全文載《附録》中。案：此詔耶律文正筆也。《西遊録》：「丘公表既上，朝廷以丘公憚於北行，命僕草詔，温言答之，欲其速致也。」《至元辨僞録》三云：「戊寅中，丘公應詔北行，倦於跋涉，聞上西征，表求待回。使中書湛然温詔召之，丘公遂行。」《蒙韃備録》：「燕京現有移剌晉卿者，契丹人，登第，現爲内翰，掌文書。」足證此詔出文正手。

又敕劉仲禄云：「無使真人飢且勞，可扶持緩緩來。」師與宣使議曰：「前去已寒，沙路緜遠，道衆所須未備。可往龍陽，乘春起發。」宣使從之。十八日，南往龍陽。道友送别，多泣下。師以詩示衆曰：「生前暫别猶然可，死後長離更不堪。天下是非心不定，輪回生死苦難甘。」翌日，到龍陽觀過冬。十一月十有四日，赴龍巖寺齋，

耶律鑄《雙溪醉隱集》卷三有《遊奉聖州龍巖寺》一律，又卷五有《遊龍巖寺》二絶。案《元史·世祖紀》：至元三年冬十月【六】，「降德興府爲奉聖州」。則雙溪所遊即此寺也。

以詩題殿西廡云：「杖藜欲訪山中客，清夜藏本「清夜」作「空山」。沈沈淡無色。夜來飛雪映巖阿，今日山光映天白。天高日下松風清，神遊八極騰虚明。欲寫山家本來面，道人活計無能名。」十二月，以詩寄燕京道友云：「此行真不易，此别話應長。北蹈野狐嶺，西窮天馬鄉。陰山無海市，白草有沙場。自歎非元聖，如何歷大荒。」又云：「京都若有餞行詩，早寄龍陽出塞時。昔有上牀鞋履别，今無發軫夢魂思。」復寄燕京道友云：「十年兵火萬民愁，千萬中無一二留。去歲幸逢慈詔下，今年須合冒寒遊。不辭嶺北三千里，皇帝舊兀里多。仍念山東二百州。窮急漏誅殘喘在，早教身命得消憂。」辛巳之上元，醮於宣

【六】至元三年冬十月　「三」原作「四」，據《元史·世祖紀》改。

德州朝元觀。以頌示衆云：「生下一團腥臭物，種成三界是非魔。連枝帶葉無窮勢，跨古騰今不奈何。」以二月八日啓行。時天氣晴霽，道友餞行於西郊，遮馬首以泣曰：「父師去萬里外，何時復獲瞻禮？」師曰：「但若輩道心堅固，會有日矣。」衆復泣請：「果何時耶？」師曰：「行止非人所能爲也，兼遠涉異域，其道合與不合，未可必也。」衆曰：「師豈不知？願預告弟子。」藏本「子」下有「等」字。度不獲已，乃重言曰：「三載歸，三載歸。」十日，宿翠幈藏本作「帡」。口。

《方輿紀要》：「翠屏山，在萬全右衛北三里，兩峽高百餘丈，望之如屏。」

明日，北度野狐嶺。登高南望，俯視太行諸山，晴嵐可愛。北顧但寒煙衰草，中原之風自此隔絕矣。

張德輝《紀行》：「至宣德州，復西北行，過沙嶺子口及宣平縣驛，出得勝口，抵扼胡嶺。」「由嶺而上，則東北行，始見毳幕氈車，逐水草畜牧，非復中原風土。」

案：「野狐」「扼胡」，一聲之轉。

道人之心，無所藏本作「適」。不可。宋德方輩「輩」字據藏本增。指戰場白骨曰：「我歸，當薦以金籙，此亦余北行中因緣一端藏本作「一端因緣」。耳。」

《元史·木華黎傳》：「金兵四十萬，陣野狐嶺北【七】。木華黎率敢死士，策馬橫戈，大呼陷陣。帝麾諸軍并進，大敗金兵，追至澮河，僵屍百里。」

【七】陣野狐嶺北　「陣」原作「陳」，據《元史·木華黎傳》改。下「大呼陷陣」同。

北過撫州。十五日，東北過蓋里泊，盡丘垤鹹鹵地，始見人煙二十餘家。南有鹽池，池藏本無下「池」字。迤邐東北去。

《金史·地理志》：撫州豐利縣有蓋里泊。《黑韃事略》：「霆出居庸關，過野狐嶺，更千餘里入草地，曰界里泊，其水暮沃而夜成鹽。客人以米來易，歲至數千石。」據徐霆說，泊與鹽池爲一；據此《記》，則泊與鹽池爲二。案：蓋里泊在撫州東北，當即今太僕寺牧場東之克勒湖，其南却無迤邐東北去之鹽池，疑此《記》誤也。自出塞至此，始見人煙，則撫州無人可知。張德輝《紀行》亦云北過撫州，惟荒城在焉。

自此無河，多鑿沙井以汲。南北數千里亦無大山。馬行五日，出明昌界。

謂金章宗明昌中所築堡障也。張德輝《紀行》：「昌州之北行百里，有故壘隱然，連亘山谷。南有小廢城，問之居者，云：『此前朝所築堡障也。』城有戍者之所居。」王惲《秋澗先生文集·中堂事記》：「新桓州西南十里外，南北界壕尚宛然也，距舊桓州三十里。」案：長春自蓋里泊北行，則所經界壕當在桓州之西、昌州之東北，與張、王二人所見正爲一物。此《記》目之爲明昌界，則張氏所記魚兒濼西北四驛之外堡，當是世宗大定中所築也。

以詩紀實云：「坡陀折疊路彎環，到處鹽場死水灣。盡日不逢人過往，經年惟有馬回還。

地無木植惟荒草，天産丘陵没大山。五穀不成資乳酪，皮裘氈帳亦開顔。」又行六七日，忽入大沙陀。

《雙谿醉隱集》三《涿邪山》詩注：「即今華夏猶呼沙漠爲沙陀。」

其磧有矮榆，大者合抱。東北行千里外，無沙處絶無樹木。

張德輝《紀行》：「自堡障西行四驛，始入沙陀。際陀所及，無塊石寸壤。遠而望之，若岡嶺丘阜。既至，則皆積沙也。所宜之木，榆柳而已，又皆樗散而叢生。」

三月朔，出沙陀，至魚兒濼，

《紀行》：「凡經六驛而出陀。復西北行一驛，始過魚兒泊。泊有二焉，周廣百餘里，中有陸道達於南北。泊之東涯有公主離宫。」案：魚兒泊即今達里泊，張氏謂「泊有二」，正與今達里泊及岡愛泊形勢同。又「中有陸道達於南北」，正與今驛路出二泊之間者同。又謂「泊之東涯有公主離宫」，考《元史·特薛禪傳》，甲戌，太祖在迭蔑可兒，諭案陳曰：「可木兒温都兒、答兒腦兒、迭蔑可兒之地，汝則居之。」又：「至元七年，斡羅陳萬户及其妃囊加真公主請於朝曰：『本藩所受農土，在上都東北三百里答兒海子，是實本藩駐夏之地，可建城邑以居。』帝從之，遂名其地爲應昌」云云。案：答兒腦兒、答兒海子即達里泊，太祖以之封弘吉剌氏。弘吉剌氏世尚公主，故泊之東涯有公主離宫。是魚兒濼即今達里泊，更不容疑。近人乃或以《秘史》之捕魚兒海子、今之貝爾湖當之，度以地望，殊不然也。

始有人煙聚落，多以耕釣原誤作「鈞」，據藏本改。爲業。

《蒙古遊牧記》：「達里諾爾産魚最盛。諾爾之利，蓋克什克騰、阿巴噶、阿巴哈納爾三部蒙古共享之。所産滑子魚，每三四月間自達里諾爾溯流而進，填塞河渠，殆無空隙，人馬皆不能渡。」然則魚兒泊之名，蓋本於此。

時已清明，春色渺然，凝冰未泮。有詩云：「北陸祁寒自古稱，沙陀三月尚凝冰。更尋若士爲黄鵠，要識修鯤化大鵬。蘇武北還愁欲死，李陵南望去無憑。我今返學盧敖志，六合窮觀最上乘。」

《湛然居士文集》五《過閭居河四律》即用此詩韻，文正辛壬間所追作也。

三月五日，起之東北，四旁遠有人煙，皆黑車白帳，隨水草放牧。盡原隰之地，無復寸木，四望惟黄雲白草。行不改塗，藏本作「途」。又二十餘日，方見一沙河，西北流入陸局河，

《遼史》作「臚朐河」；《金史》作「龍駒河」，或作「龍居河」；《元史》作「臚朐河」或「怯緑連河」；《湛然居士集》作「閭居河」。張耀卿《紀行》云：「自外堡行一十五驛，抵一河，深廣約什滹沱之三，北語云『翕陸連』，漢言『驢駒河』也。」《金史·地理志》：「龍駒河，國言曰『喝必剌』。」「必剌」之言水也，「喝」即「翕陸連」之略。

水濡馬腹，旁多叢柳。渡河北行三日，入小沙陀。四月朔，至斡辰大王帳下，冰始泮，水微萌矣。時有婚嫁之會，五百里内首領皆載馬湩助之。皂車、氈帳，成列數千。七日，見大王，問以延生事。師謂：「須齋戒而後可聞。」約以望日授受。原脱「受」字，據藏本補。至日，雪大作，遂已。大王復曰：「上遣使萬里，請師問道，我曷敢先焉？」且諭阿里鮮：「見畢東還，須奉師過此。」十七日，大王以牛馬百數、車十乘送行。馬首西北，二十二日抵陸局河。積水成海，周數百里，

沈子敦垚以此海爲杜勒鄂謨，則前流入陸局河之沙河乃鄂爾順河也。近仁和丁謙以此海爲呼倫湖，則前沙河乃海剌爾河也。以上文自魚兒濼東北行二十餘日至沙河，及此「周數百里」之文觀之，則丁氏之説近之。斡辰大王卓帳之地，亦可由此推知矣。

張德輝《紀行》：「自魚兒泊西北行四驛，有長城頽址，望之緜延不盡，亦前朝所築之外堡也。自外堡行一十五驛，抵一河，深廣約什滹沱之三，北語云『翕陸連』，漢言『驢駒河』也。」張氏自魚兒泊抵驢駒河，凡行十九驛。此行二十餘日，里數殆相等。但張氏自魚兒河西北行，此東北行，固不能視爲一途耳。

風浪漂出大魚，蒙古人各得數尾。并河南岸西行，時有野薤得食。五月朔亭午，日有食之。既，衆星乃見，須臾復明。時在河南岸，蝕自西南，生自東北。其地朝凉而暮熱，草多黄

花，水流東北，兩岸多高柳，蒙古人取之以造廬帳。

《黑韃事略》：「穹廬有二樣。草地之制，以柳木織成硬圈，徑用氈挽定【八】，不可卷舒。」

行十有六日，河勢繞西北山去，不得窮其源。

《水道提綱》：「克魯倫河自源西南流四百餘數十里，折而東南流。」長春自東來，至河曲，距河源尚四百餘里，故云然。

其西南接魚兒濼驛路。

沈子敦曰：「驛路本由魚兒濼西北行，逕抵臚朐河曲，當黑山之陽，張參議所行是也。真人以赴斡辰之請，改向東北行，由王帳下西至臚朐河曲，方與魚兒濼驛路合，故《記》云然。自河曲以西，與參議行程合矣。」

蒙古人喜曰：「前年已聞父師來。」因獻黍米石有五斗，師以斗棗酬之。渠喜曰：「未嘗見此物。」因舞謝而去。又行十日，夏至，量日影三尺六七寸。漸見大山峭拔。

沈子敦曰：「《紀行》言西南行九驛，抵渾獨剌河。《記》言『驛路行十日，夏至，量日影三尺六七寸。漸見大山峭拔』，而不言有河。董方立《跋》推校日影，而斷其地在『土拉河之南，喀魯哈河之東，近今喀爾喀土謝圖汗中右旗地』，語最精確。蓋真人與參議所行實是一涂，語有詳略耳。『大山峭拔』者，即土拉河南岸、喀

【八】徑用氈挽定　「挽」原作「撻」，據《王國維遺書·黑韃事略箋證》改。

魯哈河東岸之山也。」

從此以西，漸有山阜，人煙頗衆，亦皆以黑車白帳爲家。其俗牧且獵，衣以韋毳，食以肉酪。男子結髮垂兩耳；

《蒙韃備録》：「上自成吉思，下及國人，皆剃婆焦，如中國小兒留三劄頭。在顖門者，稍長則剪之；在兩下者，摠小角垂於肩上。」鄭所南《心史·大義略叙》：「三搭者，環剃去頂上一彎頭髮，留當前髮，剪短散垂，却析兩旁髮，垂綰兩髻，懸加左右肩衣襖上，曰不狼兒。言左右垂髻礙於回視，不能狼顧，或合辮爲一，直拖垂衣背」云云。余見烏程蔣氏藏元無名氏《羽獵圖》，人皆垂兩辮，與二書合。

婦人冠以樺皮，高二尺許，往往以皂褐籠之，富者以紅綃，其末如鵝鴨，名曰故故，大忌人觸，出入廬帳須低徊。

《蒙韃備録》：「凡諸酋之妻，則有顧姑冠，用鐵絲結成，形如竹夫人，長三尺許，用紅青錦繡或珠金飾之。其上又有杖一枝，以紅青絨飾之。」《黑韃事略》：「霆見故姑之製，用畫木爲骨，包以紅綃金帛。頂之上用四五尺長柳枝【九】，或鐵打成杖，包以青氈。其向上人則用我朝翠花或五彩帛飾之，令其飛動，以下人則用野雞毛。」楊允孚《灤京雜詠》：「香車七寶固姑袍，旋摘修翎付女曹。」自注：「凡車中戴固姑，其上羽毛又尺許，拔付女侍，手持對坐車中，雖后妃馭象亦然。」是元末雖后妃

【九】頂之上用四五尺長柳枝　「五」原作「直」，據《王國維遺書·黑韃事略箋證》改。

亦用雉尾，與《事略》所紀元初之制異矣。

俗無文籍，或約之以言，或刻木爲契。

《蒙韃備録》：「韃之始起，并無文書，凡發命令、遣使往來，止是刻指以記之。爲使者，雖一字不敢增損，彼國俗也。」《黑韃事略》：「韃人本無字書，行於本國者，則止用小木，長三四寸，刻之四角。且如差十馬，則刻十角，大率只刻其數。」

遇食同享，難則争赴，有命則不辭，有言則不易。有上古之遺風焉。以詩叙其實云：「極目山川無盡頭，風煙不斷水長流。如何造物開天地，到此令人放馬牛。飲血茹毛同上古，峨冠結髪異中州。聖賢不得垂文化，歷代縱横只自由。」

《湛然居士文集》五《感事》四首用此詩韻。

又四程，西北渡河。其旁山川皆秀麗，水草且豐美。東、西有故城，基址若新，街衢巷陌可辨，制作類中州，歲月無碑刻可考。或云契丹所建。既而地中得古瓦，上有契丹字，蓋遼亡，士馬不降者西行所建城邑也。

張德輝《紀行》：「遵渾獨剌河而西行一驛，有契丹所築故城，可方三里，背山面水，自此水北流矣。由故城西北行三驛，過畢里紇都，乃弓匠積養之地。又經一驛，過大澤泊，周廣約六七十里，水極澄澈，北語謂『吾悮竭腦兒』。自泊之南而西，分道入和林城，相去約百餘里。泊之正西，有小故城，亦契丹所築也」云云。案：

此《記》之契丹東、西二故城與《紀行》之二故城，殆未可遽視爲一。此《記》「東、西有故城」一語緊接於「西北渡河」之後。河者，喀魯哈河；則所謂東、西者，當指喀魯哈河之東、西。拉特禄夫《蒙古圖志》：「喀魯哈河右有二廢城，隔河相望。」殆謂是矣。至張氏所經之東故城，則尚在其東。張云「遵河渾獨剌河。而西行一驛，有契丹所築故城，背山面水，自此水北流」，是張氏所經故城，在土拉河西流北折之處，殆遼時防、維二州城之一。沈子敦據俗本《紀行》訛「遵河而西」爲「過河而西」，遂置此城於土拉河及喀魯哈河之西，不知由驛路西行，不必過土拉河。若既渡土拉河，則所云「自此水北流」者又指何水乎？故張《記》之東故城實在土拉河曲之南，而此《記》之東故城則在喀魯哈河東南岸。此兩書之東故城不能遽視爲一者也。至二西故城，則此《記》之西故城，以《記》文叙次言之，當東距喀魯哈河不遠；而《紀行》之西故城，則遠在鄂爾昆河岸。《紀行》謂吾悮竭腦兒之正西有小故城。案：吾悮竭腦兒即今之額歸泊，今泊西有湖名 Tsaidam 者，其旁有廢城，苾伽可汗及闕特勤二碑皆在其左右，張氏所稱殆謂是城。沈子敦并爲一談，非是。

又言西南至尋思干城原無「城」字，據藏本增。萬里外回紇國最佳處，契丹都焉，歷七帝。

此因契丹故城而旁記之，舊史不記西遼都尋思干事，然下文云：「邪迷思干大城，大石有國時名爲河中府。」《湛然居士文集》四《再用韻紀西遊事》詩注：「西域尋思干城，西遼目爲河中府。」考契丹舊制，惟五京始有府名，尋斯干稱河中府，則大石未都虎思斡耳朵時，必先都尋斯干，後因建爲陪都耳。又《遼史·天祚紀》：「大石傳子，至孫而亡，加以兩女主，亦僅五帝。」此云「歷七帝」，乃傳聞之誤。

六月十三日，至長松嶺後宿。松栝森森，干雲蔽日，多生山陰澗道間，山陽極少。十四日過山，渡淺河。

即鄂爾昆河。丁氏謙引《元史國語解》：「鄂爾昆，淺也。」

天極寒，雖壯者不可當。是夕宿平地。十五日，曉起，環帳皆薄冰。十七日，宿嶺西，時初伏矣，朝暮亦有冰，霜已三降，河水有澌，冷如嚴冬。土人云：「常年五六月有雪，今歲幸晴暖。」師易其名曰大寒嶺。凡遇雨，多雹。山路盤曲，西北約藏本作「且」。百餘里，既而復西北，始見平地。有石河，長五十餘里，

當即博爾哈爾台河。

岸深十餘丈。其水清泠可愛，聲如鳴玉。峭壁之間有大蔥，高三四尺。澗上有松，高十餘丈。西山連延，上有喬松鬱然。行五六日，峰回路轉，林巒秀茂，下有溪水注焉。平地皆松樺雜木，若有人煙狀。尋登高嶺，勢若長虹，壁立千仞，俯視海子，淵深恐人。

此海子疑即集爾瑪台河相連之察罕泊也。《雙溪醉隱集》五《金蓮花甸》詩注：「和林西百餘里有金蓮花甸，金河界其中，東匯爲龍渦。陰崖千尺，松石騫疊，俯視龍渦，環繞平野，是僕平時遊息漁獵之所也。」按：金河疑指集爾馬台河上源，龍渦疑即海子。

二十八日，泊窩里朵之東。宣使先往奏稟皇后，奉旨請師渡河。其水東北流，瀰漫没軸，絶流以濟。

此河疑即察罕鄂倫河也。張德輝《紀行》：「自和林川之西北行一驛，過馬頭山。復西南行，過忽蘭赤斤。東北又經一驛，過石堠。自堠之西南行三驛，過一河曰唐古，以其源出於西夏故也。其水亦東北流【一〇】。水之西有峻嶺，嶺之石皆鐵如也。嶺之陰，多松林；嶺之陽，帳殿在焉，乃避夏之所也。」今案：此《記》窩里朵，正與張《記》避夏之所地望、道里相合。蓋定宗時避夏之所與太祖時略同矣。惟張云此河名唐古，又云源出西夏，皆非事實。

入營駐車。南岸

案：既云河水東北流，則濟河之後，不得駐車南岸也。此恐有誤。

車帳千百，日以醍醐湩酪爲供。漢、夏公主皆送寒具等食。

《金史·宣宗紀》：貞祐二年三月，「奉衛紹王公主歸於大元太祖皇帝，是爲公

【一〇】其水亦東北流　「東」原作「西」，據明弘治本《秋澗先生大全文集》卷二四《紀行》改。

主皇后」。即此《記》之漢公主也。《元朝秘史》續集一：「成吉思自那裏征合申種，其主不兒罕降，將女子名察哈的獻與成吉思。」察哈即此《記》之夏公主也。

黍米斗，白金十兩，滿五十兩可易麪八十斤。蓋麪出陰山之後

陰山，古今皆謂之天山，元人獨呼陰山，而却呼塞北之陰山爲天山。

二千餘里，西域賈胡以橐駝負至也。中伏帳房無蠅。窩里朵，漢言藏本作「語」。行宮也。其車輿亭帳，望之儼然，古之大單于未有若是藏本作「此」。之盛也。七月九日，同宣使西南行五六日，屢見山上有雪，山下往往有墳墓。及升高陵，又有祀神之迹。又三二日，歷一山，高峰如削，松杉鬱茂，西原誤作「而」，從藏本改。有海子。南出大峽，則一水西流，雜木叢映於山之陽，韭茂如芳草，夾道連數十里。北有故城曰曷剌肖。

曷剌肖地望正與烏里雅蘇台合，疑「烏里雅蘇台」即「曷剌肖」之轉語。上文所謂「一水西流」者，當亦指烏里雅蘇台河也。

西南過沙場二十里許，水草極少，始見回紇決渠灌麥。又五六日，逾嶺而南，至蒙古營，宿拂廬【一二】。旦行，迤邐南山，望之有雪，因以詩紀其行：「當時悉達悟空晴，發軫初來燕子城。撫州是也。

今案《金史·地理志》：「撫州柔遠縣，倚，大定十年置於燕子城。」

北至大河三月數，即陸局河也。四月盡到，約二千餘里。西臨積雪半年程。謂此地也，山常有雪。東至陸

【一二】宿拂廬　「廬」字原缺，據《正統道藏》本、《連筠簃叢書》本補。

局河約五千里，七月盡到。不能隱地回風坐，道法有回風、隱地、攀斗、藏天之術。却使彌天逐日行。行到水窮山盡處，斜陽依舊向西傾。」郵人告曰：「此雪山北是田鎮海八剌喝孫也。」

《元史・鎮海傳》：怯烈台氏，太祖命屯田於阿魯歡，立鎮海城戍守之。

八剌喝孫，漢語爲城。中有倉廪，故又呼曰倉頭。七月二十五日，有漢民工匠絡繹來迎，悉皆歡呼歸禮，以彩幡、華蓋、香花前導。又有章宗二妃曰徒單氏，曰夾谷氏，及漢公主母欽聖夫人袁氏號泣相迎，

《金史・百官志》：章宗五妃位，有真妃徒單氏、麗妃徒單氏、昭儀夾谷氏。又《抹撚盡忠傳》：中都妃嬪聞盡忠出奔，皆裝束至通玄門。盡忠謂之曰：「我當先出，與諸妃啓塗。」乃與愛妾及所親者先出城，不復顧矣。中都遂不守。後徒單吾典告盡忠謀反，上憮然曰：「朕何負衆多，彼棄中都，凡祖宗御容及道陵諸妃皆不顧，獨與其妾偕來，是固有罪。」遂誅之。

尹志平《葆光集》中《臨江仙》詞序：「袁夫人住沙漠十年，後出家回都。作詞以贈之。」詞云：「十載飽諳沙漠景，一朝復到都門。如今一想一傷魂。休看蘇武傳，莫説漢昭君。過去未來都撥去，真師幸遇長春。知君道念日添新。皇天寧負德，后土豈虧人！」

顧謂師曰：「昔日稔聞師監本無「師」字。道德高風，恨不一見，不意此地有緣也。」翌日，阿

不罕山北

即《元史・鎮海傳》之阿魯歡，疑即今烏里雅蘇台西南之阿爾洪山也。《元史・食貨志》：勳臣有兀里羊罕千户。「兀里羊罕」亦即「兀里羊歡」。罕之言山也，則阿魯歡爲今阿爾洪山無疑。閻復《駙馬高唐忠獻王碑》：「中統初，釁起鬩牆，愛不花敗叛將闊不花於案檀火爾歡，獲其屬鎮海。」案：案檀即阿爾泰山，火爾歡即阿魯歡。鎮海，據碑文雖似人名，疑亦指此鎮海城也。許有壬《右丞相怯烈公神道碑》：「承命闢兀里羊歡地爲屯田，且城之，因公名名其地曰鎮海，又曰稱海，俾公守焉。局所俘萬餘口居作，後以其半不能寒者移弘州。」此鎮海爲城名之證。此作阿不罕山，疑是阿爾罕之訛。然《秋澗先生文集》五十一《衛輝路監郡塔必公神道碑》：「王父押脱玉倫，太祖時授阿不罕部工匠總管。」《記》言此地有漢民工匠，則此地自有阿不罕之名，或又名阿魯歡也。此地西距金山不遠，屠敬山以喀老哈河西之阿巴漢山當之，甚誤。

鎮海來謁。師與之語曰：「吾壽已高，以皇帝二詔丁寧，不免遠行數千里，方臨治下。沙漠中多不以耕耘爲務，喜見此間秋稼已成，余欲於此過冬，以待鑾輿之回，何如？」宣使曰：「父師既有法旨，仲禄不敢可否，惟鎮海相公度之。」公曰：「近有敕，諸處官員如遇真人經過，無得稽其行監本無「行」字。程，蓋欲速見之也。父師若需於此，則罪在鎮海矣。願親從行，凡師之所用，敢不備？」師曰：「因緣如此，當卜日行。」公曰：「前有大山高峻，廣澤沮陷，非車行地，宜減車從，輕騎以進。」用其言，留弟子宋道安輩九人，選地爲觀。人不召而至，壯者效其力，匠者效其技，富者施其財。聖堂方丈，東厨西廡，左右雲房，無瓦，皆土木。不一月落成，榜曰栖霞觀。時稷黍在地，八月初霜降，居人促收麥，霜故也。大風傍北山西來，黄沙蔽天，不相物色，師以詩自嘆曰：「某也東西南北人，從來失道走風塵。不堪白髮垂垂老，又踏黄沙遠遠巡。未死且令觀世界，殘生無分樂天真。」「四山五岳多遊遍，八表飛騰後入神。」八日，攜門人虚静先生趙九古輩十人，從以二車、蒙古驛騎二十餘，傍大山西行。宣使劉公、鎮海相公又百騎。李家奴，鎮海從者也，因曰：「前此山下精截我腦後髮，我甚恐。」鎮海亦云：「乃滿國王亦曾在此爲山精所惑，食以佳饌。」師默而不答。西南約行三日，復東南過大山，經大峽。中秋日，抵金山東北，少駐，復南行。其山高大，深谷長坂，車不可行。三太子出軍，始闢其路。

　　《元史·宗室世系表》：太祖皇帝六子，次三太宗皇帝。

乃命百騎挽繩，縣轅以上，縛輪以下。約行四程，連度五監本「五」作「三」。嶺，南出山前，臨河止泊。

　　此河當是烏倫古河，劉郁《西使記》所謂「龍骨河」也。

從官連幕爲營，因水草便，以待鋪牛驛騎，數日乃行。有詩三絶云：「八月凉風爽氣清，那堪日暮碧天晴。欲吟勝概無才思，空對金山皓月明。」其二云：「金山南面大河流，河曲盤桓賞素秋。秋水暮天山月上，清吟獨嘯夜光毬。」其三云：「金山雖大不孤高，四面長拖拽脚牢。横截大山心腹樹，干雲蔽日競呼號。」

耶律文正《湛然居士集》七有《過金山和人韻三首》：「金山突兀翠霞高，清賞渾如享太牢。半夜穹廬伏枕卧，亂雲深處野猿號。」「金山前畔水西流，一片晴山萬里秋。蘿月團團上東嶂，翠屏高挂水晶球。」「金山萬壑鬥聲清，山氣空濛弄晚晴。我愛長天漢家月，照人依舊一輪明。」均和此三詩韻，而次序不同。

渡河而南，前經小山，石雜五色。其旁草木不生，首尾七十里，復有二紅山當路。又三十里，鹹鹵地中有一小沙井，因駐程挹水爲食。傍有青草，多爲羊馬踐履。宣使與鎮海議曰：「此地最難行處，相公如何則可？」公曰：「此地原本無此二字，據監本補。我知之久矣。」同往諮師，公曰：「前至白骨甸，

《雙溪醉隱集》一《戰城南》詩注：「白骨甸在唐燭龍軍地，有西僧智全者，該通漢字，曰：『父老相傳，白骨甸從漢時有此名。』」

地皆黑石。約行二百餘里，達沙陀，北邊頗有水草。更涉大沙陀百餘里，東西廣袤，不知其幾千里，及回紇城方得水草。」師曰：「何謂白骨甸？」公曰：「古之戰場。凡疲兵至此，十無一還，死地也。頃者乃滿大勢亦敗於是。

《元朝秘史》八：「鼠兒年，成吉思自去追襲脱黑脱阿，到金山住過冬。明年春，

逾阿來嶺去。適乃鑾古出魯克與脱黑脱阿相合了，於額兒的失不黑都兒麻地面整治軍馬。成吉思至其地與他厮殺。脱黑脱阿中亂箭死，人馬敗走，渡額兒的失河，溺死者過半，餘亦皆散亡。於是乃鑾古出魯克過委兀合兒魯種去，至回回地面垂河行，與合剌乞塔種人古兒罕相合了。」案：額兒的失河在白骨甸之北，或乃鑾古出魯克奔委兀時經此甸耳。

遇天晴晝行，人馬往往困斃，惟暮起夜度，可過其半，明日向午得及水草矣。少憩，俟晡時即行，當度沙嶺百餘，若舟行巨浪然。又明日辰巳間得達彼城矣。夜行原作「深」，據監本改。良便，但恐天氣黯黑，魑魅罔兩爲祟，我輩當塗血馬首以厭之。」師乃笑曰：「邪精妖鬼，逢正人遠避，書傳所載，其孰不知？道人家何憂此事！」日暮遂行。牛乏，皆道棄之，馭以六馬，自爾不復用牛矣。初在沙陀北，南望天際若銀霞，問之本無此二字，據藏本補。左右，皆未詳。師曰：「多是陰山。」翌日過沙陀，遇樵者再問之，皆曰「然」。於是途中作詩云：「高如雲氣白如沙，遠望那知是眼花。漸見山頭堆玉屑，遠觀日脚射銀霞。横空一字長千里，照地連城及萬家。從古至今常不壞，吟詩寫向直南誇。」

《湛然居士文集》二《過陰山和人韻》其三：「八月陰山雪滿沙，清光凝目炫生花。插天絶壁噴晴月，擎海層巒吸翠霞。松檜叢中疏畎畝，藤蘿深處有人家。横空千里雄西域，江左名山不足誇。」即用此詩韻。

八月二十七日抵陰山後，回紇郊迎至小城北，本無「北」字，據藏本補。酋長設蒲萄酒及名果、大餅、渾葱，裂波斯布，

即下文禿鹿麻，詳下注。

人一尺，乃言曰：「此陰山前三百里和州也。其地大熱，蒲萄至夥。」

耶律文正《西遊録》：「別石把南五百里有和州，即唐之高昌。」《明史·西域傳》：火州在柳城西七十里，土魯番東三十里，即漢車師前王地。隋時爲高昌國，宋時回鶻居之，元名火州。

翌日，沿川西行，歷二小城，

此《記》抵陰山後，鼈思馬大城東有三小城。案《元和郡縣志·庭州》下：「郝遮鎮，在蒲類東北四十里，當回鶻路。鹽泉鎮，在蒲類東北二百里，當回鶻路。特羅堡子，在蒲類東北二百餘里，四面有磧，置堡子處周回約二十里，有好水草，即往回鶻之東路」云云。案：長春所行之道，正唐時由回鶻往庭州之道，則《記》中之三小城，當即《元和志》之一堡二鎮也。《元史·哈剌亦哈赤北魯傳》：「哈剌亦哈赤北魯從帝西征，至別失八里東獨山，見城無人，帝問：『此何城也？』對曰：『獨山城。往歲大饑，民皆流移之它所。然此地當北來要衝，宜耕種以爲備。臣昔在唆里迷國時，有户六十，願移居此。』帝曰：『善。』遣其子月朶失野訥佩金符往取之，

父子皆留居焉。後六年，太祖西征還，見田野墾辟，民物繁庶，問哈剌亦哈赤北魯，則已死矣。乃賜月朶失野訥都督印章，兼獨山城達魯花赤。」然則此三小城之一，元時名獨山城也。

皆有居人。時禾麥初熟，皆賴泉水澆灌得有秋，少雨故也。西即鼈思馬大城。

《元史·地理志·西北地附録》有別失八里。《西遊録》：「金山南有回鶻城，名別石把。」《雙溪醉隱集》五《庭州》詩注：「庭州，北庭都護府也，輪臺隸焉。後漢車師後王故庭，有五城，俗號五城之地。今即其俗謂之伯什巴里，蓋突厥語也。伯十，華言五也；巴里，華言城也。」歐陽玄《高昌偰氏家傳》：「北庭者，今別失八城。」此「鼈思馬」即「別失八里」「別石把」「伯什巴里」之異譯。

王官、士庶、僧道數百，具威儀遠迎。僧皆赭衣，道士衣冠與中國特異。泊於城西蒲萄園之上閣。時回紇王部族供（監本作「勸」）蒲萄酒，

時畏兀兒王亦都護巴而木阿而忒的斤從太祖征西域，故止有部族在。

供以異花、雜果、名香，且列侏儒伎樂，皆中州人。士庶日益敬，侍坐者有僧、道、儒。因問風俗，乃曰：「此大唐時北庭端府。

徐星伯曰：「端府，即都護府之合音。」

景龍三年，楊公何爲大都護，有德政，諸夷心服，惠及後人，於今賴之。有龍興西寺二石

刻在，《佛説十地經》首題：「大唐國僧法界，從中印度持此梵本，請于闐三藏沙門尸羅達摩於北庭龍興寺譯。」功德焕然可觀。寺有佛書一藏。唐之邊城，往往尚存。其東數百里有府曰西涼，其西三百餘里有縣曰輪臺。《元和郡縣志》：「輪臺縣在庭州西四十二里。」《太平寰宇記》：「輪臺縣東至州四百二十里。」以《元和志》及《唐志》庭州至清海軍之道里差之，《寰宇記》是也。此云三百餘里，《西遊録》云「别失巴城西二百餘里有輪臺縣」，蓋約略言之。

師問曰：「更幾時得至行在？」皆曰：「西南更行萬餘里即是。」其夜風雨作，園外有大樹。復出一篇示衆云：「夜宿陰山下，陰山夜寂寥。長空雲黯黯，大樹葉蕭蕭。萬里程塗監本作「塗程」。遠，三冬氣候韶。全身都放下，一任斷蓬飄。」

《湛然居士集》二《過陰山和人韻》其二云：「羸馬陰山道，悠然遠思遼。青巒雲靄靄，黄葉雨蕭蕭。未可行周禮，誰能和舜《韶》？嗟吾浮海粟，何礙八風飄。」即用此詩韻。

九月二日西行，四日宿輪臺之東，迭屑頭目來迎。

《至元辨僞録》卷三，帝對諸師曰：「釋、道兩路，各不相妨。今先生言道門最高，秀才人言儒門第一，迭屑人奉彌失訶言得生天，達失蠻叫空謝天賜與。細思根本，皆難與佛齊。」案《大唐景教流行中國碑》云：「我三一分身景尊彌施訶。」唐寫本《景教三威蒙度贊》云：「應身皇子彌施訶。」此「彌失訶」即「彌施訶」，迭屑人奉彌失訶，則迭屑頭目乃景教之長老也。

南望陰山，三峰突兀倚天，因述詩贈書生李伯祥。生，相人。詩云：「三峰并起插雲寒，四壁橫陳繞澗盤。雪嶺届天人不到，冰池耀日俗難觀。人云向此冰池之間觀看，則神識昏昧。巖深可避刀兵害，其巖險固，逢亂世堅守，則得免其難。水衆能滋稼穡乾。下有泉源，可以灌溉田禾，每歲秋成。名鎮北方爲第一，無人寫向畫圖看。」

《湛然居士文集》一《過金山用人韻》一律，即用此詩韻。

又歷二城，重九日至回紇昌八剌城。

《元史・西北地附録》作「彰八里」，八里之言城堡也。《唐書・地理志》：「輪臺縣西百五十里有張堡城守捉。」疑即此城。

其王畏午兒與鎮海有舊，率衆部族及回紇僧皆遠迎。既入，齋於臺上，洎其夫人勸蒲萄酒，且獻西瓜，其重及秤。甘瓜如枕許，其香味蓋中國未有也。園蔬同中區。有僧來侍坐，使譯者問看何經典，僧云：「剃度受戒，禮佛爲師。」蓋此以東，昔屬唐，故西去無僧，監本「僧」下有「道」字。回紇但禮西方耳。翌日，傍陰山而西，約十程，又度沙場。其沙細，遇風則流，狀如驚濤，乍聚乍散，寸草不萌，車陷馬滯，一晝夜方出，蓋白骨甸大沙分流也。南際陰山之麓。逾沙，又五日，宿陰山北。詰朝南行，長坂七八十里，抵暮乃宿。天甚寒，又無水。晨起，西南行約二十里，忽有大池，方圓幾二百里，雪峰環之，倒影池中，師名之曰天池。

今賽里木泊。《西遊録》：「陰山東西千里，南北二百里，山頂有池，周圍七八十里。樹陰蓊翳，不露日色。」

沿池正南下，左右峰巒峭拔，松樺陰森，高逾百尺，自巔及麓，何啻萬株。

今松樹頭，金元間謂之松關。《湛然居士集》三《過夏國新安縣》詩：「昔年今日度松關，自注：西域陰山有松關。車馬崎嶇行路難。瀚海潮噴千浪白，天山風吼萬林丹。」

衆流入峽，奔騰洶涌，曲折彎環，可六七監本「七」下有「十」字。里。二太子扈從西征，

《元史·宗室世系表》：太祖皇帝六子，次二察合台太子。

始鑿石理道，刊木爲四十八橋，橋可并車。薄暮宿峽中，翌日方出。入東西大川，水草盈秀，天氣似春，稍有桑棗。次及一程，九月二十七日至阿里馬城。

《元史·地理志·西北地附録》作「阿力麻里」。《西遊録》：「出陰山有阿里

馬城。西人目林檎爲阿里馬，附郭皆林檎園，故以名。」案：此城在伊犁河東，以地望度之，當即《唐書・地理志》注之「弓月城」。

鋪速滿國王

洪侍郎鈞引多桑書有「阿力麻里王雪格那克的斤」，即此王也。鋪速滿，《元史》作「木速兒蠻」，《西遊録》作「謀速魯蠻」，《北使記》作「没速魯蠻【一二】」，義爲回教徒。此云「鋪速滿國王」，蓋阿里馬以西諸國并奉回教，上云「西去無僧」是也。

暨蒙古塔剌忽只

「達魯花赤」之異譯。

領諸部人來迎，宿於西果園。土人呼果爲「阿里馬」，蓋多果實，以是名其城。其地出帛，目曰「禿鹿麻」，

《翻譯名義集》七：「兜羅緜，或云妬羅緜。妬羅【一三】，樹名。緜從樹生，因而立稱，如柳絮也。亦翻楊華，或稱兜羅毦者，毛毳也。」《諸蕃志》卷上《南毗國》：「産諸色番布、兜羅緜。」又卷下《吉貝》：「以之爲布，最堅厚者謂之兜羅緜，次曰番布，次曰木棉，又次曰吉布。」此「禿鹿麻」卷下又作「禿鹿馬」，即「兜羅緜」之異譯也。

【一二】北使記作没速魯蠻　「北」原作「西」，「没速魯蠻」實出自《北使記》，據改。

【一三】妬羅　此二字原缺，據《翻譯名義集・沙門服相篇》補。

蓋俗所謂種羊毛織成者。

《史記·大宛列傳》正義引宋膺《異物志》：「大秦之北附庸小邑，有羊羔自然生於土中，候其欲萌，築墻繞之，恐爲獸所食。其臍與地連，割絶則死。擊物驚之遂絶，則逐水草爲群。」新、舊《唐書·佛菻傳》及《唐會要》均襲其説。劉郁《西使記》：「壠種羊，出西海，羊臍種土中，溉以水，聞雷而生，臍系地中。及長，驚以木，臍斷，嚙草，至秋可食。臍内復有種。」亦與《異物志》説略同。然《湛然居士文集》六《西域河中雜詠》云「無衣壠種羊」，又十二《贈高善長一百韻》云：「西方好風土，大率無蠶桑。家家植木緜，是爲壠種羊。」是壠種羊乃木棉別名，《西使記》之説因襲故記，實不足據。劉祁《北使記》云：「其衣衾茵幙，悉羊毳也。其毳植於地。」其誤與《西使記》同。

時得七束，爲禦寒衣，其毛類中國柳花，鮮潔細軟，可爲線、爲繩、爲帛、爲緜。農者亦決渠灌田。土人惟以瓶取水，戴而歸。及見中原汲器，喜曰：「桃花石諸事皆巧。」桃花石，謂漢人也。

《元史譯文證補·西域傳》注：西域人呼契丹爲「唐喀氏」，乃《遼史》「大賀氏」之轉。此「桃花石」亦然。案：「唐喀氏」一語，爲漠北西域呼中國人之通稱，已見於《闕特勤碑》之突厥文中，東西諸國學者注釋紛如。近日本桑原博士以爲漢語「唐家子」之音釋説最近之。江少虞《皇朝類苑》七十七引《倦遊録》云：「至今廣州胡人呼中國爲唐家，華言爲唐言。」

師自金山至此，以詩紀其行云：「金山東畔陰山西，千巖萬壑攢深溪。溪邊亂石當道臥，古今不許通輪蹄。前年軍興二太子，三太子修金山，二太子修陰山。修道架橋徹溪水。今年吾道欲西行，車馬喧闐復經此。銀山鐵壁千萬重，爭頭競角誇清雄。日出下觀滄海近，月明上與天河通。參天松如筆管直，森森動有百餘尺。萬株相倚鬱蒼蒼，一鳥不鳴空寂寂。羊腸孟門壓太行，比斯大略猶尋常。雙車上下苦頓攧，百騎前後多驚惶。天池海在山頭上，百里鏡空含萬象。縣車束馬西下山，四十八橋低萬丈。河南海北山無窮，千變萬化規模同。未若兹山太奇絶，磊落峭拔如神功。我來時當八九月，半山已上純爲雪。山前草木暖如春，山後衣衾冷如鐵。」

《湛然居士文集》二《過陰山和人韻》：「陰山千里横東西，秋聲浩浩鳴秋溪。猿猱鴻鵠不敢過，天兵百萬馳霜蹄。萬頃松風落松子，鬱鬱蒼蒼映流水。六丁何事誇神威，天台羅浮移到此。雲霞掩映山重重，峰巒突兀何雄雄。古來天險阻西域，人煙不與中原通。細路縈紆斜復直，山角摩天不盈尺。溪風蕭蕭溪水寒，花落空山人影寂。四十八橋横雁行，勝遊奇觀真非常。臨高俯視千萬仞，令人凛凛生恐惶。百里鏡湖山頂上，旦暮雲煙浮氣象。山南山北多幽絶，幾派飛泉練千丈。大河西注波無窮，千溪萬壑皆會同。君成綺語壯奇誕，造物縮手神無功。山高四更才吐月，八月山峰半埋雪。遥思山外屯邊兵，西風冷徹征衣鐵。」又有《再用前韻》一首、《復用前韻唱玄》一首、《用前韻送王君玉西征》二首、《用前韻感事》二首，并用此詩韻，皆在西域時作。

連日所供勝前。又西行四日，至答剌速没輦。没輦，河也。

徐星伯曰：「答剌速没輦，今伊犁河。」程春廬曰：「答剌速没輦，與『塔剌斯』音近，然距阿里馬僅四日程，則星伯謂即伊犁河者近是。若今塔剌斯河遠在吹河之西，未必四程能達。」今案：徐、程二説是也。《西遊録》：「阿里馬城西有大河，曰亦列。」《唐書·西域傳》作「伊列河」。

水勢深闊，抵西北流，從東來截斷陰山，河南復是雪山。十月二日，乘舟以濟。南下至一大山，山北有一小城。又西行五日，宣使以師奉詔來，去行在漸邇，先往馳奏，獨鎮海公從師。西行七日，度西南一山，逢東夏使回，禮師於帳前。

東夏使者，屠敬山以爲即金使烏古孫仲端。以仲端回程考之，歲月固合，然《記》中前稱金爲河南，此稱東夏，殆不近情，當是蒲鮮萬奴之使者也。《元史·太祖紀》：「十年冬十月，金宣撫蒲鮮萬奴據遼東，僭稱天王，國號大真，改元天泰。十一年冬十月，蒲鮮萬奴降，以其子帖哥入侍。既而復叛，僭稱東夏。」《親征録》作「僭稱東夏王」。自是訖於太宗癸巳萬奴之擒，紀、傳均不見有萬奴事。然鄭麟趾《高麗史·高宗世家》：「五年戊寅元太祖十三年十二月己亥朔，蒙古元帥哈真及札剌率兵一萬，與東真萬奴所遣完顔子淵兵二萬，聲言討丹賊，攻和、猛、順、德四城，破之，直指江東城。」嗣是己、庚、辛三年，蒙古使者到高麗輒與東真使俱。是己、庚、辛間，萬奴方與蒙古共討契丹，故有使者至西域，蓋萬奴雖自立名號，然尚羈事蒙古，未嘗叛也。至甲申年，東真移牒高麗，始有「與蒙古已絶舊好」之語，然未幾又降於蒙古。耶律文正《湛然居士文集》四《用搏霄韻代水陸疏》文云：「東夏再降烽火滅，西門一戰塞煙沈。顒觀須朔施仁政，佇待更元布德音。」此詩作於太宗未即位時，知東夏叛服非一次矣。

因問來自何時。使者曰：「自七月十二日辭朝，帝將兵追算端汗至印度。」

元《聖武親征録》：「壬午夏，避暑於答里寒寨高原。時西域速里壇札蘭丁遁去，遂命哲别爲前鋒追之，再遣速不台拔都爲繼，又遣脱忽察兒殿其後。哲别至蔑里可汗城，不犯而過。速不台拔都亦如之。脱忽察兒至，與其外軍戰。蔑里可汗懼，棄城走。忽都忽那顔聞之，率兵進襲。時蔑里可汗與札蘭丁合，就戰，我不利，遂遣使以聞。上自塔里寒寨率精鋭親擊之，追及辛目連河，獲蔑里可汗，屠其衆。札蘭丁脱身入河，泳水而逸。遂遣八剌那顔將兵急追之，不獲。因大擄忻都人民之半而還。」

案：此實辛巳年事，《親征録》及《元史》繫於壬午年，并誤，語詳《親征録校注》。

明日遇大雪。至回紇小城，雪盈尺，日出即消。十有六日，西南過板橋渡河。晚至南山下，即大石林牙。大石學士，林牙小名。

今案《遼史・天祚紀》：「耶律大石，世號爲西遼。大石字重德，太祖八代孫也。擢翰林應奉，尋陞承旨。遼以學士爲林牙，故稱大石林牙。」此大石林牙，即以人名名其都城，後又簡稱大石。如云「大石東過二十程」，又云「西過大石半年居」是也。其地在今吹河之南，阿歷山大嶺之北，余有《西遼都城考》，今録於後：

西遼建都之地，《遼史・天祚紀》作「虎思斡耳朵」，《金史・忠義・粘割韓奴傳》作「骨斯訛魯朵」，《元史・曷思麥里傳》作「谷則斡兒朵」，《郭寶玉傳》作「古徐鬼國訛夷朵」【一四】，元遺山《大丞相劉氏先塋神道碑》作「古續兒國訛夷朵」。劉郁撰《常德西使記》作「亦堵」，「亦堵」者，「訛夷朵」之略也。《長春真人西遊記》謂之「大石林牙」，亦略稱「大石」，則又以人名名其國都。而拉施特哀丁《蒙古史》則謂之「八喇沙衮」。案：《元史・地理志・西北地附録》有「八里茫」一地，《經世大典圖》亦著此地圖，在阿力麻里之西南，柯耳魯、即葛邏禄。亦剌八里之南，倭赤今烏什。之西北。武進屠氏謂「八里茫」乃「八里沙」之訛，即

【一四】郭寶玉傳作古徐鬼國訛夷朵　「鬼」原作「兒」，據《元史・郭寶玉傳》改。

以拉氏書中之「八喇沙袞」當之。案:屠説是也。余意「虎思斡耳朶」者,契丹之新名,其名行於東方。「八喇沙袞」者,突厥之舊名,早行於東、西二土。「八喇沙袞」即《唐書·地理志》「裴羅將軍城」之對音也。考《資治通鑑考異》二引《唐玄宗實録》,突厥葛邏録首領有裴羅達干。《唐書·突厥傳》突騎施黑姓可汗有阿多裴羅。《回鶻傳》骨咄禄毗伽闕可汗之名爲骨力裴羅,又有將軍鼻施吐撥裴羅。《大唐會要》九十八有回紇演者裴羅。《册府元龜》九五五紀突厥首領有采施裴羅,又九七一及九七二紀回紇使臣有近支伽裴羅、阿德俱裴羅、裴羅達干等。是「裴羅」者,突厥種族中之人名也。「將軍」之稱,突厥、回鶻亦已有之。是裴羅將軍一城當是西突厥或唐之故名,訖遼金間,西域人猶以此名呼之,謂之「八喇沙袞」,元人又略稱「八里沙」,此地名源流之可尋者也。更由地理上言則有三證:一、《唐志》引賈耽《皇華四達記》云,至熱海後百八十里,出谷,至裴羅將軍城。又西二十里至碎葉城【一五】。北有碎葉水,北四十里有羯丹山,十姓可汗每立君長於此。案:熱海者,今之特穆爾圖泊。碎葉水,今之吹河。是裴羅將軍城在吹河之南。而《元朝秘史》五云:「王罕又走去回回地面垂河行,入合剌乞塔種古兒皇帝處。」卷六蒙文同。又卷八云:「乃蠻古出魯克過委兀合兒魯種處,至回回地面垂河行,與合剌乞塔種人古兒罕相合了。」案:垂河即吹河;合剌乞塔即黑契丹,蒙古人以之呼西

【一五】又西二十里至碎葉城　「二」原作「四」,據《新唐書·地理志》改。

遼；古兒皇帝、古兒罕，即耶律大石自號之葛兒罕、《遼史·天祚紀》。若闊兒罕《元史·曷思麥里傳》。者也。是西遼都城地濱吹河。《西遊記》言：「西南過板橋渡河。晚至南山下，即大石林牙。」此河亦謂吹河。《西使記》：「契丹故居有河曰亦，句。運流洶洶東注。」亦河即葉河，亦即碎葉河之略。此一證也。今吹河之南，亦天山山脉，西人謂之阿歷山大嶺，《西遊記》之南山即謂此山。《西使記》云：「兩山間土平民夥，溝洫映帶。」則兼南山與水北之羯丹山而言。此二證也。《唐志》：自裴羅將軍城至呾羅斯之距離，凡三百五十里。據《大唐西域記》及《慈恩法師傳》則五百八九十里。兩書無裴羅將軍城，今以自素葉水城至呾邏私之里數加四十里計之。大抵賈耽所記，里數率較玄奘爲短，當由計里之單位或方法不同。徵之元人所記，則丘長春自大石林牙西行七八日始見一石城。此即呾羅斯，以長春前此沿山向西行，而至此山忽南去，乃并西南山行，與《西域記》自素葉至呾邏私皆西行，至呾邏私後方西南行者密合。常德以二月二十四日過亦堵。二十八日過塔賴寺，塔賴寺即長春所見之石城。所以有遲速者，長春以車行，常德以馬行，故遲速不同。即如自呾羅斯至賽藍，長春行五日，常德僅三日。自賽藍至尋斯干，長春行十四日，常德行八日。以比例求之，則常德五日之行程，正當長春七八日。是二書所記自西遼都城至呾羅斯之行程，正與唐人所記自裴羅將軍城至呾羅斯之里數相應。此三證也。雖此種證明亦得適用於碎葉城，然「八喇沙衮」之名與「裴羅將軍」四字對音最密，自不得不捨彼取此矣。考隋唐以來熱海以西諸城，碎葉爲大，突厥盛時已爲一大都會。《慈恩傳》言：「至素葉水城，逢突厥可汗方事畋遊，軍馬甚盛。」及唐高宗既滅賀魯，移安西都護府於龜兹，以碎葉備四鎮之一。《唐書·西域傳》。調露中，都護王方翼築碎葉城，四面十二門，爲屈曲隱伏之狀。《唐書·地理志》及《王方翼傳》。後突騎施烏質勒屯碎葉西北，稍攻得碎葉城，因徙居之。同《突厥傳》。開元十年，十姓可汗請居碎葉城，安西節度使湯嘉惠表以焉耆備四鎮。同《西域傳》。嗣後突騎施别種蘇禄子吐火仙復居之。同《突厥傳》。天寶七年，始爲北庭節度使王正見所毁。《通典》一九三引杜環《經行記》。後葛禄復據其地。唐中葉以後，與西域隔絶，其地遂無所聞。及耶律大石既平西域，思復契丹故地，乃東徙於此。然不都碎葉而居其東南四十里之裴羅將軍城者，蓋唐時碎葉故城已毁壞無餘故也。而《金史·忠義傳》言：「契丹所居屯營，乘馬行自旦至日中始周匝。」則其廣大當遠過於唐之碎葉，更無論裴羅將軍城矣。據《遼史·天祚紀》，自大石都此，訖直魯古之亡，凡七十有八年。其未東徙時則都於尋思干，此事雖不見於《遼史》，然謂「班師東歸，馬行二十日，得善地」，正與長春尋斯干詩所謂「大石東過二十程」者相合。故西遼名尋斯干爲河中府，東徙之後仍建爲陪都。《西遊記》云：「西南至尋思干，萬里外回紇最佳處，契丹都焉。」即以其西都言之。耶律文正《湛然集》二《和裴子法見寄》云：「扈從出天山，從容遊大石【一六】。」此大石謂尋斯干，蓋尋斯干與虎思斡耳朶爲契丹東西二京，故并得大石之名耳。西遼都城自來未有真切言之者，故聊發其概焉。

其國王，遼後也。自金師破遼，大石林牙領衆數千走西北，移徙十餘年，方至此地。其風土氣候與金山以北不同，平地頗多，以農桑爲務，釀蒲萄爲酒，果實與中國同。惟經夏秋無雨，皆疏河灌溉，百穀用成。

《通典》一九三：「從碎葉川至西海，自三月至九月，天無雲雨，皆以雪水種田，宜大麥、小麥、稻禾、豌豆、畢豆，飲蒲萄酒、麋酒、醋乳。」

東北、西南，左山右川，延袤萬里，傳國幾百年。乃滿失國，依大石，士馬復振，盜據其土。繼而算端西削其地。天兵至，乃滿尋滅，算端亦亡。

《遼史·天祚紀》：「仁宗次子直魯古即位，改元天禧，在位三十四年。時秋出獵，乃蠻屈出律以伏兵八千擒之，而據其位。」《元史譯文證補·太祖本紀》：龍年，乃蠻太陽汗子古出魯克西奔哈剌乞解【一七】，古兒汗收撫之爲義子，嫁以女。虎年【一八】，哲別逐古出魯克至巴達克山撒里黑庫爾之地，殺之。先是，古出魯克知古兒汗無能，東方屬部皆叛從蒙兀，西域亦叛。又聞其父敗殘，舊部尚在藏匿，思得其衆，以奪國土。言於古兒汗曰：「我離舊地已久，今蒙兀兒往征乞解，乘今之時，我

【一六】從容遊大石　「容」原作「客」，據文淵閣四庫本《湛然居士文集》卷二改。

【一七】乃蠻太陽汗子古出魯克西奔哈剌乞解　「子」字原缺，《元史譯文證補·太祖本紀譯證上》：「太陽汗之子古出魯克逃依其叔不亦魯黑。」據補。

【一八】虎年　「虎」原作「鼠」，據清光緒刊本《元史譯文證補·太祖本紀譯證下》改。

往葉密里、哈押立克、別失八里招集潰卒，衆必來從，可藉其力，以衛本國。」古兒汗信之。既東行，乃鑾舊衆果來附，復遇貨勒自彌之使，欲共謀古兒汗，即約東西夾攻。議既定，古出魯克即進八喇沙衮，古兒汗與戰，敗之。古出魯克退而集衆，而貨勒自彌與撒馬爾干之兵已至塔剌思。古出魯克乘機再進，獲古兒汗，陽爲尊崇，實則篡國。越二載，古兒汗以憂恚卒。古出魯克既得位，諭令民間奉佛，不得奉謨罕默德。帝聞之，遣哲別往征。古出魯克在喀什噶爾，軍未至，先遁。沿路居民皆不容納，將入巴達克山，而哲別追及於撒里黑庫爾山徑窄隘處，殺之。

又聞前路多阻，適壞一車，遂留之。十有八日，沿山而西。七八日，山忽南去，一石城當路，石色盡赤，

　即呾羅斯城，《大唐西域記》：自素葉水城至呾邏私皆西行，自呾邏私以往乃西南行。正與此合。

有駐軍古跡。西有大冢，若斗星相聯。又渡石橋，并西南山行，五程至塞藍城，有小塔。回紇王來迎入館。

　劉郁《西使記》：「二十八日，過塔賴寺。三月一日，過賽藍城，有浮圖，諸回紇祈拜之所。」《明史·西域傳》：「賽藍，在達失干之東，西去撒馬兒罕千餘里。有城郭，周三四里。」案：此城名未見古書。《大唐西域記》：呾邏私西南行二百餘里，

至白水城。又行二百餘里，至恭御城。從此南行四五十里，至笯赤建國。又云：笯赤建國周千餘里，從此西行二百餘里，至赭時國。唐言石國。以此《記》及《西使記》所記賽藍地望定之，正與唐初之笯赤建國相當，且其國有王，乃國名非城名之證。

十一月初，連日雨大作。四日，土人以爲年，旁午相賀。是日虚静先生趙九古語尹公曰：「我隨師在宣德時，覺有長往之兆，頗倦行役。嘗蒙師訓，道人不以死生動心，不以苦樂介懷，所適無不可。今歸期將至，公等善事父師。」數日，示疾而逝，蓋十一月五日也。師命門弟子葬九古於郭東原上，即行。西南復三日，至一城，其王亦回紇，年已耄矣，備迎送禮，供以湯餅。明日又歷一城。

案：即今塔什干城，古石國也。《西域記》：從笯赤建國西行二百餘里，至赭時國。唐言石國。

《西使記》：「三月一日，過賽藍城。三日，過别失蘭，諸回紇貿易如上巳節。四日，過忽章河。」此一城即别失蘭，亦即拉施特書之「白訥克特」也。

復行二日，有河，是爲霍闡没輦。

今錫爾河，其南有霍闡城，故稱霍闡没輦。《西使記》及《元史·郭寶玉傳》作「忽章河」，《明史·西域傳》作「火站河」，《唐書·西域傳》石國南二百里所「俱戰提」，《西遊録》塔剌思城西南四百餘里有苦盞城，即此霍闡也。

由浮橋渡，泊於西岸。河橋官獻魚於田相公，巨口無鱗。其河源出東南二大雪山間，色渾而流急，深數丈，勢傾西北，不知其幾千里。河之西南，絶無水草者二百餘里。即夜行，復南望大雪山，而西山形與邪米思干之南山相首尾。復有詩云：「造物峥嶸不可名，東西羅列自天成。南横玉嶠連峰峻，北壓金沙帶野平。下枕泉源無極潤，上通霄漢有餘清。我行萬里慵開口，到此狂吟不勝情。」

《湛然居士文集》二《過陰山和人韻》之四即用此詩韻。

又至一城，得接水草。

今烏剌塔白城，古東曹國也。《唐書・西域傳》：「東曹，或曰率都沙那、蘇對沙那、劫布呾那、蘇都識匿，凡四名。東北距俱戰提霍闡。二百里，北至石，西至康，邪米思干。東北寧遠，皆四百里。」《大唐西域記》：窣堵利瑟那國西北入大沙磧，絶無水草。又云從此至颯秣建國五百餘里。均與此城位置合。

復經一城，回紇頭目遠迎，飯於城南，獻葡萄酒，且使小兒爲緣竿舞刀之戲。再經二城，山行半日，入南北平川，宿大桑樹下，其樹可蔭百人。前至一城，臨道一井，深逾百尺，有回紇叟驅一牛挽轆轤汲水，以飲渴者。初，帝之西征也，見而異之，命蠲其賦役。仲冬十有八日，過大河，至邪米思干大城之北。

邪米思干，前作「尋思干」，《元史·地理志》作「撒馬耳干」，古康國也。《隋書·西域傳》：「康國都於薩寶水上阿禄迪城。」《唐書·西域傳》：「康者，一曰薩末鞬，亦曰颯末建，元魏所謂悉萬斤者。在那密水南。」上文所過之大河即薩寶水。那密水，今薩剌夫商河。

太師移剌國公

《元史·耶律阿海傳》：「阿海以功拜太師，從帝攻西域，下蒲華、尋斯干等城，留監尋斯干，專任撫綏之責。」

及蒙古、回紇帥首載酒郊迎，大設帷幄，因駐車焉。宣使劉公以路梗留，座中白師曰：「頃知千里外有大河，以舟梁渡，

謂阿母河。

土寇壞之。况復已及深冬，父師似宜來春朝見。」師從之。少焉，由東北門入。其城因溝岸爲之，秋夏常無雨，國人疏二河入城，分繞巷陌，比户得用。方算端氏之未敗也，城中常十萬餘户。國破而來，存者四之一。其中大率多回紇人，田園不能自主，須附漢人及契丹、河西等。其官長亦以諸色人爲之。漢人工匠雜處城中。有岡高十餘丈，算端氏之新宫據焉。太師先居之，以回紇艱食，盗賊多有，恐其變，出居於本無「於」字，从藏本補。水北。師乃住宫，嘆曰：「道人任運，逍遥以度歲月，白刃臨頭，猶不畏懼，况盗賊未至，復預憂

乎？且善惡兩途，決不相害。」從者安之。太師作齋，獻金段十，師辭不受。遂月奉米、麪、鹽、油、果、菜等物，日益尊敬。公見師飲少，請以蒲萄百斤作新釀。師曰：「何必酒耶？但如其數得之，待賓客足矣。」其蒲萄經冬不壞。又見孔雀、大象，皆東南數千里印度國物。師因暇日，出詩一篇云：「二月經行十月終，西臨回紇大城墉。塔高不見十三級，以甎刻，刻鏤玲瓏，外無層級，內可通行。山厚已過千萬重。秋日在郊猶放象，夏雲無雨不從龍。嘉蔬麥飯蒲萄酒，飽食安眠養素慵。」

《湛然居士文集》五《河中春遊有感五首》即用此詩韻。

師既住冬，宣使洎相公鎮海遣曷刺等，同一行使臣領甲兵數百，前路偵伺。漢人往往來歸依。時有算歷者在旁，師因問五月朔日食事。其人曰：「此中辰時，食至此二字據藏本補。六分止。」師曰：「前在陸局河，午刻見其食既。又西南至金山，人言巳時食至七分。此三處所見各不同。案孔穎達《春秋》疏：月體映日則日食。以今料之，蓋當其下則藏本作「即」。見其食既，在旁者則千里漸殊耳。正如以扇翳燈，扇影所及，無復光明。其旁漸遠，則燈光漸多矣。」師一日至故宮中，遂書《鳳棲梧》二詞於壁，其一云：「一點靈明潛啓悟。天上人間，不見行藏處。四海八荒惟獨步，不空不有誰能睹。瞬目揚眉全體露。混混茫茫，法界超然去。萬劫輪回遭一遇，九元齊上三清路。」其二云：「日月循環無定止。春去秋來，多少榮枯事。五帝三王千百禩，一興一廢長如此。死去生來生復死。生死輪回，變化何時已。不到無心休歇地，不能清净超於彼。」又詩二首，其一云：「東海西秦數十年，精思道德究重玄。日中一食那求飽，夜半三更强不眠。實迹未諧霄漢舉，虚名空播朔方傳。直教大國垂明詔，萬里風沙走極邊。」其二云：「弱冠尋本作「奉」，據藏本改。真傍海濤，中年遁迹隴山高。河南一别昇黄鵠，塞北重宣釣巨鼇。無極山川行不盡，有爲心迹動成勞。也和六合三千界，不得神通未可逃。」是歲閏十二月將終，偵騎回，同宣使來白父師，言二太子發軍，復整舟梁，土寇已滅。曷剌等詣營謁太子，言師欲朝帝所。復承命云：「上駐蹕大雪山之東南，

時太祖在辛目連河即印度河。

今則雪積山門百餘里，深不可行，此正其路。爾爲我請師來此，聽候良便。來時當就彼城中遣蒙古兵藏本作「軍」。護送。」師謂宣差曰：「聞河以南千里絶無種養，吾食須米麪蔬菜，可回報太子帳下。」壬午之春正月，杷欖始華，類小桃，俟秋采其實，食之味如胡桃。

《曲洧舊聞》四：「巴欖子如杏核，色白，褊而長。産自西蕃，比年近畿人種之亦生，樹似櫻桃，枝小而極低。惟前馬元忠家開花結實，後移入禁籞。予嘗遊其圃，有詩云：『花到上林開』，即謂此也。」

二月二日春分，杏花已落，司天臺判李公輩

《元史・百官志》：「中統元年，因金人舊制，立司天臺。」是太祖時尚未有司天

臺官。然雖無其名，實有其職。太祖西征，時日卜筮之官皆從，耶律文正在太祖時亦任此職。其《進西征庚午元歷表》云：「欽承皇旨，待罪清臺。」清臺者，漢上林中候氣之所也。又於太宗初年《謝非熊召飯》詩：「聖世因時行夏正，愚臣嗜數愧春官。」是文正未拜中書令時尚任此職也。此云臺判，蓋以其職稱之。

請師遊郭西，宣使洎諸官載蒲萄酒以從。是日天氣晴霽，花木鮮明。隨處有臺池樓閣，間以蔬圃，

《西遊録》：「尋思干環城數十里皆園林，飛渠走泉，方池員沼，花木連延，誠爲勝概。」

憩則藉草，人皆樂之。談玄論道，時復引觴，日昃方歸。作詩云：「陰山西下五千里，大石東過二十程。雨霽雪山遥慘淡，春分河府近清明。邪迷思干大城，大石有國時名爲河中府。園林寂寂鳥無語，花木雖茂，并無飛禽。風日遲遲花有情。同志暫來閑睥睨，高吟歸去待昇平。」

《湛然居士文集》五《壬午河中春遊十首》即用此詩韻，其一云：「幽人呼我出東城，本作「城東」，據藏本改。信馬尋芳莫問程。春色未如華藏富，湖光不似道心明。土牀設饌談玄旨，石鼎烹茶唱道情。世路崎嶇太尖險，隨高逐下坦然平。」是文正此日亦與其遊。

望日，乃一百五旦太上真元節也。

《遺山先生文集》三十五《忻州天慶觀重修功德記》：「每歲二月望，道家以爲真元節，云是玄元誕彌之日。」

時僚屬請師復遊郭西，園林相接百餘里，雖中原莫能過，但寂無鳥聲耳。遂成二篇以示同遊。其一云：「二月中分百五期，玄元下降日遲遲。正當月白風清夜，更好雲收雨霽時。匝地園林行不盡，際天花木坐觀奇。未能絶粒成嘉遁，且向無爲樂有爲。」其二云：「深蕃古迹尚横陳，大漢良朋欲遍巡。舊日亭臺隨處列，向年花卉逐時新。風光甚解流連客，夕照那堪斷送人。竊念世間酬短景，何如天外飲長春。」

《湛然居士文集》五《遊河中西園和王君玉韻四首》實用此第一首韻，兹録其一云：「萬里東皇不失期，園林春晚我來遲。漫天柳絮將飛日，遍地梨花半謝時。異域風光特秀麗，幽人佳句自清奇。臨風暢飲題玄語，方信無爲無不爲。」又《河中遊西園四首》用第二首韻，録其一云：「河中春晚我邀賓，詩滿雲箋酒滿巡。對景怕看紅日暮，臨池羞照白頭新。柳添翠色侵凌草，花落餘香著莫人。且著新詩與芳酒，西園佳處送殘春。」案：二月二日之遊，李公輩爲主，所謂「幽人呼我出東城」也。望日之遊，文正爲主，所謂「河中春晚我邀賓」也。文正與長春同遊，并和其詩，乃集中絶不著長春之名，而託云和王君玉韻，則以二人道不同不相爲謀故也。《至元辨僞録》卷三謂：長春問湛然中書《觀音贊》意，中書輕而不答。有識聞之，莫不絶倒。又謂湛然居士《西遊録》備明丘公十謬。卷五又載《西遊録》一則，極論全真教人佔居佛寺之非。今我國《西遊録》全書雖佚，而日本圖書寮尚藏足本，其攻擊長春處甚多。且文正集中《西遊録序》已明斥全真爲老氏之邪，又《和劉子中韻》詩序惜其幼依全真，有「擇術不可不慎」之語，則文正不滿於長春可知。又文正集中詩用長春韻者凡四十四首，至此二首而止，此下諸詩遂不復和。蓋文正於此會後，不復與長春相晤矣。此爲釋、道二家一重公案，故附著之。

三月上旬，阿里鮮至自行宫，傳旨曰：「真人來自日出之地，跋涉山川，勤勞至矣。今朕已回，亟欲聞道，無倦迎我。」次諭宣使仲禄曰：「爾持詔徵聘，能副朕心，他日當置汝善地。」復諭鎮海曰：「汝護送真人來，甚勤，余惟汝嘉。」仍敕萬户播魯只

即博爾朮也。《元史·博爾朮傳》：「以博爾朮及木華黎爲左、右萬户。」

以甲士千人衛過鐵門關。藏本無「關」字。師問阿里鮮以途程事，對曰：「春正月十有三日，自此初發，馳三日，東南過鐵門。又五日，過大河。

《大唐西域記》一：「出鐵門，至覩貨邏國，其地南北千餘里，東西三千餘里，東阨葱嶺，西接波剌斯，南大雪山，北據鐵門，縛芻大河中境西流。」

二月初吉，東南過大雪山。積雪甚高，馬上舉鞭測之，猶未及其半，下所踏者復五尺許。南行三日，至行宫矣。

阿里鮮於渡阿母河後十四日至行宫。案：此行宫蓋即辛巳年避暑之塔里寒寨。《馬哥波羅紀行》謂塔里寒距班勒紇十二日程，而自河橋至班勒紇城不及一日程。則自阿母河至塔里寒，當得十三日程。阿里鮮行十四日者，或因積雪難行故也。至長春四月中所至之行宫，則渡河後五日即達，非阿里鮮正月中所至者矣。

且師至，次第奏訖。上悦，留數日方回。」師遂留門人尹公志平輩三人於館，以侍行五六人同宣使輩，三月十有五日啓行，四日過碣石城。

《明史·西域傳》：「渴石在撒馬兒罕西南三百六十里。」案：此西域古國也，《北史·西域傳》：「伽色尼國，都伽色尼城，在悉萬斤南。」《唐書·西域傳》：「史，或曰佉沙，或曰羯霜那。隋大業中築乞史城。」《大唐西域記》：「從颯末建國西南行三百餘里至羯霜那國【一九】。唐言史國。」

預傳聖旨，令萬户播魯只領蒙古、回紇軍一千，護送過鐵門。東南度山，山勢高大，亂石縱横，衆軍挽車，兩日方至山前。

《大唐西域記》：「從羯霜那西南行二百餘里入山，山路崎嶇，蹊徑危險，既絶人里，又少水草。東南山行三百餘里，入鐵門。鐵門者，左右帶山，山極峭峻，雖有狹徑，加之險阻，兩旁石壁，其色如鐵。既設門扉，又以鐵扃，多有鐵鈴懸諸户扇。因其險固，遂以爲名。」

【一九】從颯末建國西南行三百餘里至羯霜那國　「里」字原缺，據《大唐西域記》卷一補。

沿流南行，軍即北入大山剿藏本無「剿」字。破賊。五日至小河，亦船渡。兩岸林木茂盛。七日，舟濟大河，即阿母没輦也。

即《史記·大宛傳》之嬀水、《大唐西域記》之縛芻河。

乃東南行，晚泊古渠上。渠邊蘆葦滿地，不類中原所有。其大者，經冬葉青而不凋，因取以爲杖，夜横轅下，轅覆不折。其小者，葉枯春换。少南，山中有大實心竹，士卒以爲戈戟。

《湛然居士文集》六《西域河中雜詠》：「强策渾心竹。」

又見蜥蜴，皆長三尺許，色青黑。

《北使記》：「蛇有四跗。」《西使記》：「過訖立兒城【二〇】，所産蛇皆四跗，長五尺餘，首黑身黄，皮如鯊魚，口吐紫焰。」

時三月二十九日也。因作詩曰：「志道既無成，天魔深有懼。東辭海上來，西望日邊去。雞犬不聞聲，馬牛更遞鋪。千山及萬水，不知是何處。」又四日，得達行在。

距阿母河四五日程。

上遣大臣喝剌播得來迎，時四月五日也。館舍定，即入見。上勞之曰：「他國徵聘皆不應，今遠逾萬里而來，朕甚嘉焉。」對曰：「山野奉詔而赴者，天也。」上悦，賜坐。食次，問：「真人遠來，有何長生之藥以資朕乎？」師曰：「有衛生之道，而無長生之藥。」上

【二〇】過訖立兒城　「訖立」原作「立訖」，據王國維校注本《西使記》乙正。

嘉其誠，藏本「誠」下有「實」字。設二帳於御幄之東以居焉。譯者問曰：「人呼師爲騰吃利蒙古孔，譯語謂天人也。自謂之耶？人稱之耶？」師曰：「山野非自稱，人呼之耳。」譯者再至曰：「舊奚呼？」奏以「山野四人事重陽學道，三子羽化矣，惟山野處世，人呼以先生」。上聞鎮海曰：「真人當何號？」鎮海奏曰：「有人尊之曰師父者、真人者、藏本此下有「曰」字。神仙者。」上曰：「自今以往，可呼神仙。」時適炎熱，從車駕廬於雪山避暑。

《聖武親征録》：「癸未夏，上避暑於八魯灣川。」《録》記太祖征西域事皆後一年，則此實壬午年事，則此雪山即八魯灣也。八魯灣川，《秘史》作「巴魯安客額兒」，「客額兒」本野甸之義。

上約四月十四日問道，外使田鎮海、劉仲禄、阿里鮮記之，内使近侍三人記之。將及期，有報回紇山賊指斥者，上欲親征，因改卜十月吉。師乞還舊館，上曰：「再來不亦勞乎？」師曰：「兩旬可矣。」上又曰：「無護送者？」師曰：「有宣差楊阿狗。」又三日，命阿狗督回紇酋長以千餘騎從行，由他路回。遂歷大山，山有石門，望如削蠟。有巨石横其上，若橋焉。其流甚急，騎士策其驢以涉，驢遂溺死，水邊尚多横屍。此地蓋關口，新爲兵所破。出硤，復有詩二篇。其一云：「水北鐵門猶自可，水南石峽太堪驚。兩崖絶壁攙天聳，一澗寒波滚地傾。夾道横屍人掩鼻，溺溪長耳我傷情。十年萬里干戈動，早晚回軍望太平。」其二云：「雪嶺皚皚上倚天，晨光燦燦下臨川。仰觀峭壁人横度，俯視危崖柏倒縣。五月嚴風吹面冷，三焦熱病當時痓。我來演道空回首，更卜良辰待下元。」始師來覲，三月竟，草木繁盛，羊馬皆肥。及奉詔而回，四月終矣，百草悉枯。又作詩云：「外國深蕃事莫窮，陰陽氣候特無從。纔經四月陰魔盡，春冬霖雨，四月純陽絶無雨。却早彌天旱魃凶。浸潤百川當九夏，以水溉田。摧殘萬草若三冬。我行往復三千里，三月去，五月回。不見行人帶雨容。」

《北使記》：「其回紇國，地廣袤，際西不見疆畛。四五月，百草枯如冬。其山暑伏有積雪。日出而燠，日入而寒，至六月，衾猶綿。夏不雨，迨秋而雨，百草始萌。及冬，川野如春，卉木再華。」

路逢征西人回，多獲珊瑚，有從官以白金二鎰易之，近五十株，高者尺餘，以其得之馬上，不能完也。繼日乘涼宵征，五六日達邪米思干城。大石名河中府。諸官迎師入館，即重午日也。

校勘記

卷下

宣差李公東邁以詩寄東方道衆云：「當時發軔海邊城，海上干戈尚未平。道德欲興千里外，風塵不憚九夷行。初從西北登高嶺，即野狐嶺。漸轉東南指上京。陸局河東畔，東南望上京也。迤邐直西南下去，西南四千里到兀里朶，又西南二千里到陰山。陰山之外不知名。」陰山西南一重大山，一重小水，數千里到邪米思干大城。師館於故宮。師既還館，館據北崖，俯清溪十餘丈，溪水自雪山來，甚寒。仲夏炎熱，就北軒風卧，夜則寢屋顛之臺。六月極暑，浴池中。師之在絶域自適如此。河中壤地宜百穀，惟無蕎麥、大豆。四月中麥熟，土俗收之，亂堆於地，遇用即碾，六月斯藏本作「始」。畢。

《湛然居士文集》六《西域河中雜詠》「衝風磨舊麥」，自注云：「西人作磨，風動機軸以磨麥。」

太師府提控李公獻瓜田五畝，味極甘香，中國所無，間有大如斗者。六月中，藏本作「間」。二太子回，劉仲禄乞瓜獻之，十枚可重一擔。果菜甚贍，所欠者芋、栗耳。茄實若粗指而色紫黑。男女皆編髮，男冠則或如遠山。帽飾以雜綵，刺以雲物，絡之以纓。自酋長以下，在位者冠之。庶人則以白麼斯布屬。六尺許盤於其首。

尹志平《葆光集》上：「師適有他往，而雲水高人踵門者日無一二，唯太守家李提控日逐一過。」

《輟耕録》二十《嘲回回》條：「氀絲脱兮塵土昏，頭袖碎兮珠翠黯。壓倒象鼻塌，不見猫睛亮。」注：氀絲、頭袖、象鼻、猫睛，其飾也。案：氀絲即此麼斯，頭袖即下文之襯衣也。

酋豪之婦纏頭以羅，或皂或紫，或繡花卉、織物象，長六七尺。髮皆垂，有袋之以緜者，或素或雜色，或以布帛爲之者。不梳髻，以布帛蒙之，若比丘尼狀，庶人婦女之首飾也。衣則或用白氎，縫如注袋，窄上寬下，綴以袖，謂之襯衣，男女通用。

《北使記》：「其俗衣縞素，衽無左右。」

車舟農器制度頗異中原，國人皆以鍮石、銅爲器皿，間以磁，有若中原定磁者。酒器則純用琉璃，兵器則以鑌。市用金錢，無輪孔，兩面鑿回紇字。

《湛然居士文集》六《西域河中雜詠》：「難穿無眼錢。」注：「其金銅牙錢無孔郭。」

其人多魁梧，有膂力，能負戴重物，不以擔。婦人出嫁，夫貧則再嫁。遠行逾三月者，則亦聽他適。異者或有鬚髯。

《湛然居士文集》五《贈蒲察元帥》：「碧髯官妓撥胡琴。」又十二《贈高善長一百韻》：「佳人多碧髯，皎皎白衣裳。」又六《戲作二首》：「歌姬窈窕髯遮口。」

《北使記》：「回紇婦人，間有髯者。」

國中有稱大石馬者，識其國字，專掌簿籍。

《元史·世祖紀》：「三月己未，括木速蠻、畏吾兒、也里可温、答失蠻等户丁爲兵。」又：「至元元年正月癸卯，命儒、釋、道、也里可温、達失蠻等户，舊免租税，今并徵之。」以後本《紀》屢見。此「大石馬」即「答失蠻」「達失蠻」之異譯，謂回回教僧侣也。

遇季冬，設齋一月，比暮，其長自刲羊爲食，與席者同享，自夜及旦。餘月則設六齋。又於危舍上跳出大木如飛檐，長闊丈餘，上構虚亭，四垂瓔珞。每朝夕，其長登之，禮西方，謂之告天。不奉佛，不奉道，大呼吟於其上。丁男女聞之，皆趨拜其下。舉國皆然，不爾則棄市。衣與國人同，其首則盤以細麽斯，長三丈二尺，骨以竹。師異其俗，作詩以紀其事云：「回紇丘墟萬里疆，河中城大最爲强。滿城銅器如金器，一市戎裝似道裝。翦簇黄金爲貨賂，裁縫白氎作衣裳。靈瓜素椹非凡物，赤縣何人構得嘗。」當暑，雪山寒甚，藏本作「甚寒」。煙雲慘淡，師乃作絶句云：「東山日夜氣洪濛，晚藏本作「曉」。色彌天萬丈紅。明月夜來飛出海，金光射透碧霄空。」師在館，賓客甚少，以經書遊戲，復有絶句云：「北出陰山萬里餘，西過大石半年居。遐荒鄙俗難論道，静室幽巖且看書。」七月哉生魄，遣阿里鮮奉表詣行在，藏本作「宮」。稟論道日期。八月七日得上所批答，八日即行。太師相送數十里，師乃曰：「回紇城東新叛者二千户，夜夜火光照城，人心不安，太師可回安撫。」太師曰：「在路萬一有不虞，奈何？」師曰：「豈關太師事？」乃回。十有二日，過碣石城。十有三日，得護送步卒千人、甲騎三百，入大山中，即鐵門外別路也。涉紅水澗，有峻峰高數里。谷東南行，山根有鹽泉流出，見日即爲白鹽。因收二斗，隨行日用。又東南上分水嶺，西望高澗若冰，乃鹽耳。山上有紅鹽如石，親嘗見之。東方惟下地生鹽，此方山間亦出鹽。

《北史·西域傳》【二】：「伽色尼國，在悉萬斤南，土出赤鹽，多五果。」此地極肥，山亦出鹽。《北使記》：「回紇，其鹽出於山。」

回紇多餅食，且嗜鹽，渴則飲水。冬寒，貧者尚負瓶售之。十有四日，至鐵門西南之麓。將出山，其山門嶮峻，左崖崩下，澗水伏流一里許。中秋抵河上，謂阿母河。其勢若黃河，流西北，乘舟以濟。宿其南岸，西有山寨名團八剌，藏本無小注「謂阿母河」四字。

《西遊録》：「又西濱大河有班城。又西有磚城。」案：班城即下班里城，則磚城即此團八剌也。「八剌」即「八里」，華言城。

山勢險固。三太子之醫官鄭公

案：鄭公即鄭景賢。《湛然居士文集》三《和鄭景賢韻》云「託身醫隱君謀

【二】北史西域傳　「北史」原作「隋書」，此處下引文字出自《北史·西域傳》，據改。

妙」，又云「龍岡醫隱本知機」。又十四《報景賢》詩序云：「余愛客，多設鹿尾漿。今年上獵於秋山，龍岡託以鹿尾可入藥，得數十枚，悉以遺余。」是景賢實以醫事太宗，此三太子之醫官鄭公，必景賢也。鄭公，其字景賢，其號龍岡，而名則無考。鮮于伯機《困學齋雜録》記京師名琴有鄭太醫家琴「雷霄斵」，蓋伯機已不能舉其名矣。姚燧《牧庵集》三有《鄭龍崗先生挽詩序》云：「今年來關中，公孫有文示吾友江西行省郎中高道凝所撰埋銘【二】，而得見公大節有三：一曰廉。太宗賜銀五萬兩，辭；今上賜鈔二千緡償責，辭。二曰讓。太宗再富以地，比諸侯王，再辭；貴以上相，位兩中書右，又辭。三曰仁。金以蹙國，汴都尚城守，太宗怒其後服，拔將甘心。公佛逆，曲折陳解，城賴不屠，所全毋慮數十萬人」云云。據此，則太宗之於景賢，恩禮至篤。所謂「貴以上相，位兩中書右」者，蓋太宗本欲以處耶律文正者處之。而汴京之得不屠，亦文正之所力争而始得者，實由景賢之助。然則文正之相，與其得君行政之專且久，恐亦景賢調護之力。文正在西域即友景賢，至於暮年，交誼尤篤。《湛然集》中與景賢唱和之作多至七十五首，可見二公相與之深。雖名字翳如，其人品概功績，固不在文正下也。

途中相見，以詩贈云：「自古中秋月最明，凉風届候夜彌清。一天氣象沈銀漢，四海魚龍耀水精。吴越樓臺歌吹滿，燕秦部曲酒肴盈。我之帝所臨河上，欲罷干戈致太平。」溯

【二】公孫有文示吾友江西行省郎中高道凝所撰埋銘「銘」原作「名」，據文淵閣四庫本《牧庵集》改。

河東南行三十里，乃無水。即夜行，過班里城，甚大，其衆新叛去，尚聞犬吠。

班里城，《聖武親征録》及《元史·太祖紀》作班勒紇城，《元史·地理志·西北地附録》作巴里黑，《察罕傳》作板勒紇城，即《大唐西域記》之縛喝國也。案《親征録》：「太祖辛巳，上親克迭爾密城，又克班勒紇城。」此《元史》所本。拉施特書：「蛇年春，至巴而黑，紳民餽禮物。查閲户口，令民出城，分於各軍，既而盡殺之，平毁民居。」而程文海《雪樓文集》十八《河東郡公伯德那神道碑銘》云：「公諱伯德那，西域班勒紇人。國初，歲在庚辰，大兵西征，班勒紇平。」《元史·察罕傳》亦云：「西域板勒紇人。父伯德那。庚辰歲，國兵下西域，舉族來歸。」則又以爲庚辰年事。案：太祖初克是城，自是庚辰年事。若屠城之事，則在壬午之秋。此云「其衆新叛去，尚聞犬吠」，則距屠城不過數日間事。拉施特書誤合二事爲一，且繫之蛇年，而核其文義，又似馬年春事。洪侍郎譯拉氏書，因改蛇年爲馬年，胥失之矣。

黎明飯畢，東行數十里。有水北流，馬僅能渡。東岸憩宿。二十二日，田鎮海來迎。及行宫，上復遣鎮海問曰：「便欲見耶？且少憩耶？」師曰：「入見是望。且道人從來見帝，無跪拜禮，入帳折身叉手而已。」既見，賜湩酪。竟，乃辭。上因問：「所居城内支供足乎？」師對：「從來蒙古、回紇，太師支給。邇者食用稍難，太師獨辦。」翌日，又遣近侍官合住傳旨曰：「真人每日來就食，可乎？」師曰：「山野修道之人，惟好静處。」上令從便。二十七日，車駕北回，在路屢賜蒲萄酒、瓜、菜藏本作「茶」。食。九月朔，渡航橋而北。師奏：「話期將至，可召太師阿海。」其月望，上設幄齊莊，退侍女左右，燈燭煒煌，惟闍利必鎮海、

《元史·鎮海傳》：「壬申，佩金虎符，爲闍里必。」

宣差仲禄侍於外。師與太師阿海、阿里鮮入帳坐，奏曰：「仲禄萬里周旋，鎮海數千里遠送，亦可入帳，與聞道話。」於是召二人入。師有所説，即令太師阿海以蒙古語譯奏，頗愜聖懷。十有九日清夜，再召師論道，上大悦。二十有三日，又宣師入幄，禮如初。上温顔以聽，令左右録之，仍敕誌以漢字，意示不忘。謂左右曰：「神仙三説養生之道，我甚入心，使勿泄於外。」自是藏本作「爾」。扈從而東，時敷奏道化。

《至元辨僞録》三：「壬午八月後旬，丘公復至行宫，凡有所對，皆平平之語，無可採聽。問其年甲多少，僞云不知。考問神仙之要，惟論固精養氣，出神入夢，以爲道之極致。美林靈素之神遊，愛王害風之入夢。又舉馬丹陽，恒云聖賢提奬，真性遨遊異域。又非禪家多惡夢境，蓋由福薄不能致好夢也。」又四云：「初，丘公西行，壬午年年中見太祖時，有七十四五，至於遷化，纔近八十。而劉温誑詐太祖，言丘公有三百餘歲。及太祖問以年甲，僞云不知。故湛然居士編此語在《西遊録》中，標其

罔主。」

又數日，至邪米思干大城西南三十里。十月朔，奏告先還舊居，從之。上駐蹕於城之東二十里。是月六日，暨太師阿海入見。上曰：「左右不去如何？」師曰：「不妨。」遂令太師阿海奏曰：「山野學道有年矣，常樂靜處。行坐御帳前，軍馬雜遝，精神不爽。自此或在先，或在後，任意而行，山野受賜多矣。」上從之。既出，上使人追問曰：「要禿鹿馬否？」師曰：「無用。」於時微雨始作，青草復生。仲冬過半，則雨雪漸多，地脉方透。自師之至斯城也，有餘糧則惠飢民，又時時設粥，活者甚衆。二十有六日即行。十二月二十三日，雪寒，在路牛馬多凍死者。又三日，東過霍闡没輦。大河也。至行在，聞其航橋中夜斷散，蓋二十八日也。帝問以震雷事，對曰：「山野聞，國人夏不浴於河，

多桑書云：「成吉思之法，春夏浴流水者，處以死刑。一日，察哈台與窩闊台出獵，見一回人方浴，察哈台欲斬之。窩闊台竊投金錢於河，教之曰：『汝但言入水求錢，則可赦矣。』」

不浣衣，不造氈。野有菌，則禁其采，藏本「采」下有「者」字。畏天威也。此非奉天之道也。本無「也」字，據藏本補。嘗聞三千之罪，莫大於不孝者，天故以是警之。今聞國俗多不孝父母，帝乘威德，可戒其衆。」上悦，曰：「神仙是言，正合朕心。」敕左右記以回紇字。師請遍諭國人，上從之。又集太子、諸王、大臣曰：「漢人尊重神仙，猶汝等敬天。我今愈

信，真天人也。」乃以師前後奏對語諭之，且云：「天俾神仙爲朕言此，汝輩各銘諸心。」師辭退。逮正旦，將帥醫卜等官賀師。十有一日，馬首遂東，西望邪米思干千餘里。駐大果園中。十有九日，父師誕日，衆官炷香爲壽。二十八日，太師府提控李公別去，師謂曰：「再相見也無？」李公曰：「三月相見。」本無此二字，據藏本補。師曰：「汝不知天理，二三月即藏本作「決」。東歸矣。」二十一日，東遷一程，至一大川，東北去賽藍約三程。水草豐茂，可飽牛馬，因盤桓焉。二月上七日，師入見，奏曰：「山野離海上，約三年回。今茲三年，復得歸山，固所願也。」上曰：「朕已東矣，同途可乎？」對曰：「得先行便。來時漢人問山野以還期，嘗答云三歲。今上所諮訪敷奏訖。」因復固辭，上曰：「少俟三五日，太子來。前來道話，有所藏本作「所有」。未解者，朕悟即行。」八日，上獵東山下，射一大豕。馬踣失馭，豕旁立不敢前。左右進馬，遂罷獵，還行宮。師聞之，入諫曰：「天道好生。今聖壽已高，宜少出獵。墜馬，天戒也。豕不敢前，天護之也。」上曰：「朕已深省，神仙勸我良是。我蒙古人騎射少所習，未能遽已。雖然，神仙之言在衷焉。」上顧謂吉息利答剌汗曰：

《元史·哈剌哈孫傳》：「曾祖啓昔禮，始事王可汗。王可汗與太祖約爲兄弟，及太祖得志，陰忌之，謀害太祖。啓昔禮以其謀來告，太祖乃與二千餘人一夕遁去，諸部聞者多歸之，還攻滅王可汗，併其衆。擢啓昔禮爲千户，賜號答剌罕，從平河西、西域諸國。」案：吉息利、啓昔禮，《元秘史》作「乞失里黑」，《聖武親征録》及《元史・太祖紀》作「乞力失」，乃「乞失力」之誤。

「但神仙勸我語，以後都依也。」自後兩月不出獵。二十有四日，再辭朝。上曰：「神仙將去，當與何物，朕將思之，更少待幾日。」師知不可遽辭，回翔以待。三月七日又辭，上賜牛馬等物，師皆不受，曰：「祇得驛騎足矣。」上問通事阿里鮮曰【三】：「漢地神仙弟子多少？」對曰：「甚衆。神仙來時，德興府龍陽觀中嘗見官司催督差發。」上曰：「應干門下人悉令蠲免【四】。」仍賜聖旨文字一通，且用御寶。

聖旨見《附録》。

因命阿里鮮河西人也。爲宣差，以蒙古帶、

《附録》作「蒙古打」。

喝剌八海副之，護師東還。十日，辭朝。行，自答剌汗以下，皆攜蒲萄酒、珍果相送數十里。臨別，衆皆揮涕。三日，至賽藍大城之東南。山有蛇，兩頭，長二尺許，土人往往見之。望日，門人出郊，致奠於虚静先生趙公之墓，衆議欲負其骨歸。師曰：「四大假軀，終爲朽藏本作「棄」。物。一靈真性，自在無拘。」衆議乃息。師明日遂行。二十有三日，宣差阿狗

上作「楊阿狗」，蓋「阿狗」其本名，「楊」則其所加之漢姓也。《雙溪醉隱集》一《凱歌凱樂詞》自注：「辛巳歲，宋遺苟夢玉通好乞和，太祖皇帝許之，敕宣

【三】上問通事阿里鮮曰 「問」原作「聞」，據《正統道藏》本、《連筠簃叢書》本改。

【四】應干門下人悉令蠲免 「干」原作「於」，據《正統道藏》本改。

差噶哈護送還其國。」「噶哈」即「阿狗」之對音，李侍郎以阿海當之，誤也。追餞師於吹没輦之南岸。又十日，至阿里馬城西百餘里，濟大河。四月五日，至阿里馬城之東園，二太子之大匠張公

疑即張榮也。《元史・張榮傳》：戊寅，領軍匠從太祖征西域諸國。庚辰八月，至西域莫蘭河，不能涉。太祖召問濟河之策，榮請造舟。乃督工匠造船百艘，遂濟河。案：莫蘭河即「阿梅沐漣」之略，即阿母河。是阿母河航橋本榮所造。此《記》上言「千里外有大河，以舟梁渡，土寇壞之」，又言「二太子發兵，復整舟梁，土寇已滅」，亦謂阿母河航橋。當二太子復整舟梁時，榮亦必與其役，自是蓋常在二太子軍中，故此云「二太子之大匠張公」也。

固請曰：「弟子所居營三壇四百餘人，晨參暮禮，未嘗懈怠。且預接數日，伏願仙慈渡河，俾壇衆得以請教，幸甚。」師辭曰：「南方因緣已近，不能遷路以行。」復堅請，師曰：「若無他事，即當往焉。」翌日，師所乘馬突東北去，從者不能挽。於是張公等悲泣而言曰：「我輩無緣，天不許其行矣。」晚抵陰山前宿。又明日，復度四十八橋，緣溪上本無「上」字，據監本補。五十里，至天池海。東北過陰山後，行二日，方接原歷金山南大河驛路。

徐星伯曰：「長春過賽喇木淖爾後，不復東折而東北行。其分路處在干珠罕卡

倫地。東北山行，由沁達蘭至阿魯沁達蘭【五】，入塔爾巴哈台界，以至原歷之金山大河驛。其途徑較直，然計自阿里馬城至金山，亦不下二千里。而《記》言至天池海，過陰山後，『行二日，方接原歷金山南大河驛』。山路崎嶇，必不能速進如此。且『方接』云者，久詞也，蓋『二』字下脱『十』字。」案：長春歸途，蓋取《西使記》常德西行之道。

復經金山南，東北藏本作「東南」。傍山行。四月二十八日，大雨雪。翌日，滿山皆白。又東北并山行，三日至阿不罕山前。門人宋道安輩九人，同長春玉華會衆、宣差郭德全輩遠迎，入栖霞觀，歸依者日衆【六】。師下車時，雨再降。人相賀曰：「從來此地經夏少雨，縱有雷雨，多於南北兩山之間。今日霑足，皆我師道廕所致也。」居人常歲疏河灌田圃，藏本作「圃」。至八月麋麥始熟，終不及天雨。秋成則地鼠爲害，鼠多白者。此地寒多，物晚結實。五月河岸土深尺餘，其下堅冰亦尺許，齋後日使人取之。南望高嶺積雪，盛暑不消，多有異事。少西，海子傍有風冢，其上土白堊，多粉裂其上。二三月中即風起，南山巖穴先鳴，蓋先驅也。風自冢間出，初旋動如羊角者百千數。少焉，合爲一風，飛沙走石，發木拔屋，藏本作「發屋拔木」。勢震百川，息於巽隅。又東南澗後有水磨三四，至平地則水漸微而絶。山出石炭。又東有二泉，三冬暴漲如江湖，復潛行地中，俄而突出，魚蝦隨之，或漂没居民。仲春漸消，地乃陷。西北千餘里，儉儉州

【五】由沁達蘭至阿魯沁達蘭　「阿魯沁達蘭」原作「阿魯沁蘭」，據卷後徐松跋補。

【六】歸依者日衆　此五字原缺，據《正統道藏》本、《連筠簃叢書》本補。

《元史・地理志・西北地附録》：「謙州亦以河爲名，去大都九千里，在吉利吉思東南，謙河西南，唐麓嶺之北。居民數千家，悉蒙古、回紇人。有工匠數局，蓋國初所徙漢人也。地沃衍，宜稼，夏種秋成，不煩耘耔。」案：謙州，《世祖紀》及《賈塔剌海傳》作謙謙州，《良吏傳》作欠欠州，即此儉儉州也。

出良鐵，多青鼠，亦收穈麥。漢匠千百人居之，織綾羅錦綺。

《元史・地理志》：「謙州有工匠數局，皆國初所徙漢人。」又《世祖紀》：「至元二年，敕徙鎮海、百八里【七】、謙謙州諸色匠户於中都。」

道院西南望金山，其山多雨雹。五六月間或有大雪，深丈餘。北藏本作「此」。地間有沙陀，生肉蓯蓉，國人呼曰唆眼。

《癸辛雜識》：「韃靼野地有野馬與蛟龍合，所遺精於地，遇春時則勃然如笋出地中。大者如猫兒頭笋，上豐下儉，其形不雅，亦有鱗甲筋脉。其名曰鎖陽，即所謂肉蓯蓉之類也。」此云「唆眼」，即「鎖陽」之音轉。

水曰兀速，草曰愛不速。

《華夷譯語》上：「水曰兀孫，草曰額别孫。」《秘史》蒙文作「額别速」。

深入陰山，藏本作「山陰」。松皆十丈許。會衆白師曰：「此地深蓄，太古以來不聞正教，惟山精鬼魅惑人。自師立觀，疊設醮筵，旦望作會，人多以殺生爲戒。若非道化，何以得

【七】敕徙鎮海百八里　「徙」原作「選」，「百八里」原作「百里八」，據《元史・世祖紀三》改。

然？」先是，壬午年本無「年」字，據藏本補。道衆爲不善人妬害，衆不安。宋公道安晝寢方丈，忽於天窗中見虚静先生趙公曰：「有書至。」道安問：「從何來？」曰：「天上來。」受而視之，止見「太清」二字，忽隱去。翌日，師有書至，魔事漸銷。又醫者羅生，横生非毁，一日墜馬觀前，折其脛，即自悔曰：「我之過也。」對道衆服罪。師東行，書教語一篇示衆云：「萬里乘官馬，三年别故人。干戈猶未息，道德偶然陳。論氣當秋夜，對上論養生事，故云。還鄉及暮春。思歸無限衆，不得下情伸。」阿里鮮等白師曰：「南路饒沙石，鮮水草。使客甚繁，馬甚苦，恐留滯。」師曰：「分三班以進，吾徒無患矣。」五月七日，令宋道安、夏志誠、宋德方、孟志温、何志堅、潘德冲六人先行。十有四日，師挈尹志平、王志明、于志可、鞠志圓、楊志静、綦志清六人次之。餞行者夾谷妃、郭宣差、李萬户等數十人，送二十里，皆下馬，再拜泣别。師策馬亟進。十有八日，張志素、孫志堅、鄭志修、張志遠、李志常五人又次之。師東行，十六日過大山，山上有雪，甚寒。易騎於拂廬。十七日，師不食，但時時飲湯。東南過大沙場，有草木，其間多蚊虻。夜宿河東。又數日，師或乘車，尹志平輩諮師曰：「奚疾？」師曰：「余疾非醫可測，聖賢琢磨故也。卒未能愈，汝輩勿慮。」衆愀然不釋。是夕尹志平夢神人藏本脱「神人」。曰：「師之疾，公輩勿憂，至漢地當自愈。」行又經沙路三百餘里，水草絶少，馬夜進不息。再宿乃出。地臨夏人之北陲，廬帳漸廣，馬亦易得，後行者乃及師。六月二十一日，宿漁陽關，

《遼史・天祚紀》：「上率諸軍出夾山，下漁陽嶺，取天德、東勝、寧邊、雲内等州。」案：《金史・地理志》雲内州柔服縣下注「夾山在城北六十里」，則漁陽關亦當在柔服境。

師尚未食。明日度關而東，五十餘里至豐州。元帥以下來迎，宣差俞公請泊其家，奉以湯餅。是日輒飽食。既而設齋，飲食乃如故。道衆相謂曰：「清和前日之夢藏本「夢」下有「驗」字。不虚矣。」時已季夏，北軒涼風入座，俞公以繭紙求書，師書之曰：「身閑無俗念，鳥宿至雞鳴。一眼不能睡，寸心何所縈。雲收溪月白，氣爽谷神清。不是朝昏坐，行功扭捏成。」七月朔復起。三日至下水，

《遼史・天祚紀》：「南下武州，遇金人，戰於奄遏下水。」《三朝北盟會編》十引《燕雲奉使録》作「昂阿下水」。

元帥夾谷公

李庭《寓庵集》六《夾谷公墓誌銘》：「公居西京下水鎮深井村，父灰郃，伯通住。會天兵起朔方，相與歸命太祖承吉嗣皇帝，因擢通住爲千夫長，灰郃副焉。令將兵攻西京，連戰破之。太祖大悦，錫通住金符，加招討使，益分兵數萬人。因併力南下，徇城邑之未附者。既而累立大功，太祖愈加奬重，擢通住爲山西路行省兼兵馬都元帥。」案：此夾谷公即通住也。

出郭來迎，館於所居，來瞻禮者無慮千人。元帥日益敬。有雞雁三，七夕日，師遊郭外，放之海子中。少焉，翔戲於風濤之間，容與自得。賦詩曰：「養爾存心欲薦庖，逢吾善念不爲肴。扁舟送在鯨波裏，會待三秋長六梢。」又云：「兩兩三三好弟兄，秋來羽翼未能成。放歸碧海深沈處，浩蕩波瀾快野情。」翌日遂行。是月九日，至雲中，宣差總管阿不合與道衆出郭，以步輦迎歸於第。樓居二十餘日，總管以下晨參暮禮，雲中士大夫日來請教。以詩贈之曰：「得旨還鄉少，乘春造物多。三陽初變化，一氣自沖和。驛馬程程送，雲山處處羅。京城一萬里，重到即如何。」十有三日，宣差阿里鮮欲往山東招諭，懇求與門弟子尹志平行。師曰：「天意未許，雖往何益？」阿里鮮再拜曰：「若國主藏本作「王」。臨以大軍，生靈必遭殺戮，願父師一言垂慈。」師良久曰：「雖救之不得，猶愈於坐視其死也。」乃令清和同往，即付招諭書二副。又聞宣德以南諸方道衆來參者多，恐隨庵困於接待，令尹公約束，付親筆云：「長行萬里，一去三年，多少道人縱横無賴者。尹公到日，一面施行，勿使教門有妨道化。衆生福薄，容易轉流，上山即難，下坡省力耳。」宣德元帥移剌公遣專使持書至雲中，以所乘馬奉師。八月初，東邁楊河，歷白登、天城、懷安，渡渾河，凡十有二日至宣德。元帥具威儀，出郭西遠迎，師入居州之朝玄藏本作「元」。觀。道友敬奉，遂書四十字云：「萬里遊生界，三年別故鄉。回頭身已老，過眼夢何長。浩浩天空闊，紛紛事杳茫。江南及塞北，從古至今常。」道衆且云：「去冬有見虛靜先生趙公牽馬自門入者，衆爲之出迎，忽而藏本無「而」字。不見。又德興、安定亦有人見之。」河朔州府王官將帥及一切士庶争以書疏來請，若輻湊然，止回答數字而已。有云：「王室未寧，道門先暢。開度有緣，恢宏無量。群方帥首，志心歸向。恨不化身，分酬衆望。」十月朔，作醮於龍門川。望日，醮於本州朝玄藏本作「元」。觀。十一月望，宋德方等以向日過野狐嶺見白骨所發願心，乃同太君尹千億醮於德興之龍陽觀，濟渡孤魂。前數日稍寒，及設醮，二夜三日有如春。醮畢，元帥賈昌至自行在，傳旨：「神仙自春及夏，道途非易，所得食物、驛騎好否？到宣德等處，有司在意館穀否？招諭在下人户得來否？朕常念神仙，神仙無忘朕。」十二月既望，醮於蔚州三館。師於龍陽住冬，旦夕常往龍岡閑步。下視德興，以兵革之後，村落蕭條，作詩以寫其意云：「昔年喬木參天合，今日村坊遍地開。無限蒼生臨白刃，幾多華屋變青灰。」又云：「豪傑痛吟千萬首，古今能有幾多人。研窮物外間中趣，得脱輪回泉下塵。」甲申之春二月朔，醮於縉山之秋陽觀。

《秋澗先生文集》五十六《尹公道行碑》：「癸未，長春還燕，主太極宫。師雅志閑適，退居縉雲秋陽觀。」

觀在大翮山之陽，山川明秀，松蘿煙月，道家之地也。以詩題其概云：「秋陽觀後碧巖深，萬頃煙霞插翠岑。一徑桃花春水急，彎環流出洞天心。」又云：「群山一帶碧嵯峨，上有群仙日夜過。洞府深沈人不到，時聞巖壑藏本作「壁」。洞仙歌。」燕京行省金紫石抹

公、宣差便宜劉公

謂劉敏。《元史》本傳：「癸未，授安撫使，便宜行事，兼燕京路徵收税課、漕運、鹽場、僧道、司天等事，給以西域工匠千餘户，及山東、山西兵士，立兩軍戍燕。置二總管府，以敏從子二人佩金符，爲二府長，命敏總其役，賜玉印，佩金虎符。

以下諸官遣使者持疏，

疏文見《附録》。

懇請師住大天長觀，許之。既而以驛召，乃度居庸而南。燕京道友來迎於南口神遊觀。明旦，四遠父老士女以香花導師入京，瞻禮者塞路。初，師之西行也，衆請還期，師曰：「三載歸，三載歸。」至是果如其言。以上七日入天長觀，齋者日千人。望日，會衆請赴玉虚觀。是月二十二（藏本作「五」。）日，喝剌至自行宫，傳旨：「神仙至漢地，以清净道化人，每日與朕誦經祝壽，甚好。教神仙好田地内愛住處住。道與阿里鮮，神仙壽高，善爲護持。神仙無忘朕舊言。」仲夏，行省金紫石抹公、便宜劉公再三持疏，請師主持大天長觀。是月二十有二日赴其請。空中有數鶴前導，儀西北而去。自師寓玉虚，或就人家齋，嘗有三五鶴飛鳴其上。北方從來奉道者鮮，至是，聖賢欲使人歸向，以此顯化耳。八會之衆皆稽首拜跪，作道家禮，時俗一變。玉虚井水舊鹹苦，甲申、乙酉年西來道衆甚多，水味變甘，亦善緣所致也。季夏望日，宣差相公劄八傳旨：

【八】釋老丘處機傳亦云　「釋老」原作「方外」，據《元史》列傳第八十九改。

《蒙韃備録》：「劄八者，乃回鶻人，已老，亦在燕京同任事。」《元史・札八兒火者傳》：「札八兒火者，西域賽夷人，因以爲氏。火者，其官稱也。太祖留札八兒與諸將守中都，授黄河以北鐵門以南天下都達魯花赤。有丘真人者，有道之士也，隱居崑崙山中。太祖聞其名，命札八兒往聘之。丘語札八兒曰：『我嘗識公。』札八兒曰：『我亦嘗見真人。』他日偶坐，問札八兒曰：『公欲極一身貴顯乎？欲子孫繁衍乎？』札八兒曰：『百歲之後，富貴何在？子孫無恙，以承宗祀足矣。』丘曰：『聞命矣。』後果如所願云。」《釋老・丘處機傳》亦云【八】：「歲己卯，太祖自奈曼遣近臣札八兒、劉仲禄持詔求之。」案：此《記》「劄八」之名，至此始見，而聘丘詔書中但有劉仲禄，而無札八兒，《元史》蓋誤。屠敬山以阿里鮮當之，亦非，辨見卷上。

「自神仙去，朕未嘗一日忘神仙，神仙無忘朕。朕所有之地，愛願處即住。門人恒爲朕誦經祝壽則佳。」藏本作「嘉」。自師之復來，諸方道侶雲集，邪説日寢。京人翕然歸慕，若户曉家諭，教門四闢，百倍往昔。乃建八會於天長，曰平等，曰長春，曰靈寶，曰長生，曰明真，曰平安，曰消灾，曰萬蓮。師既歸天長，遠方道人繼來求法名者日益衆。嘗以四頌示之。其一曰：「世情無斷滅，法界有消磨。好惡縈心曲，漂淪奈爾何。」其二曰：「有物先天貴，無名不自生。人心常隱伏，法界任縱横。」其三曰：「徇物雙眸眩，勞生四大窮。

世間渾是假，心上不知空。」其四云：「昨日念無蹤，今朝事亦同。不如齊放下，度日且空空。」每齋畢，出遊故苑瓊華之上，

《金史·地理志》：「西園有瓊華島。」

從者六七人，宴坐松陰，或自賦詩，相次屬和。間因茶罷，命從者歌遊仙曲數闋。夕陽在山，澹然忘歸。於是行省及宣差劄八相公以北宮園池并其近地數十頃爲獻，且請爲道院。師辭不受，請至於再，始受之。既又爲頒文榜，以禁樵採。遂安置道侶，日益修葺。後具表以聞，上可其奏。自爾佳時勝日，師未嘗不往來乎其間。寒食日，作春遊詩二首。其一云：「十頃方池閑御園，森森松柏罩清煙。亭臺萬事都歸夢，花柳三春却屬仙。島外更無清絶地，人間惟有廣寒天。深知造物安排定，乞與官民種福田。」其二云：「清明時節杏花開，萬户千門日往來。島外茫茫春水闊，松間獵獵暖風回。遊人共歎斜陽逼，達士猶嗟短景催。安得大丹冥换骨，化身飛上鬱羅臺。」乙酉四月，宣撫王公巨川請師致齋於其第。公，關右人也，因話咸陽終南竹木之勝，本作「盛」，從藏本改。請師看庭竹。師曰：「此竹殊秀，兵火而後，蓋不可多得也。我昔居於磻溪，茂林修竹，真天下之奇觀也，本無「也」字，從藏本增。思之如夢。今老矣，歸期將至，當分我數十竿，植寶玄之北軒，聊以遮眼。」宣撫曰：「天下兵革未息，民甚倒縣。主上方尊師重道，賴師真道力，保護生靈，何遽出此言耶？願垂大慈，以救世爲念。」師以杖叩地，笑而言曰：「天命已定，由人乎

哉！」衆莫測其意。夏五月終，師登壽樂山顛，四顧園林，若張翠幄【九】，行人藏本作「者」。休息其下，不知暑氣之甚也。因賦五言律詩云：「地土臨邊塞，城池壓古今。雖多壞宫闕，猶有好園林。緑樹攢攢密，清風陣陣深。日遊仙島上，高視八紘吟。」一日，師自瓊島回，陳公秀玉來見。師出示七言律詩云：「蒼山突兀倚天孤，翠柏陰森繞殿扶。萬頃煙霞常自有，一川風月等閑無。喬松挺拔來深澗，異石嵌空出太湖。盡是長生閑活計，修真薦福邁京都。」九月初吉，宣撫王公以熒惑犯尾宿，主燕境灾，將請師作醮，問所費幾何。師曰：「一物失所，尚懷不忍，况闔境乎？比年以來，民苦徵役，公私交罄，我當以觀中常住物給之。但令京官齋戒，以待行禮足矣，餘無所用也。」於是約作醮兩晝夜。師不憚其老，親禱於玄壇。醮竟之夕，宣撫喜而賀之曰：「熒惑已退數舍，我輩無復憂矣。師之德感，一何速哉！」師曰：「余有何德？祈禱之事自古有之，但恐不誠耳。古人云『至誠動天地』，此之謂也。」重九日，遠方道衆咸集，或以菊爲獻。師作詞一闋，寓聲《恨歡遲》云：「一種靈苗體性殊。待秋風，冷透根株。散花開百億，黄金嫩，照天地清虚。　九日持來滿座隅。坐中觀，眼界如如。類長生，久視無凋謝，稱作伴閑居。」繼而有奉道者持繭紙大軸，來求親筆。以《鳳棲梧》詞書之云：「得好休來休便是。贏取逍遥，免把身心使。多少聰明英烈士，忙忙虚負平生志。　造物推移無定止。昨日歡歌，今日愁煩至。今日不知明日事，區區著甚勞神思。」一日，或有質是非於其前者，師但漠

【九】若張翠幄　「翠」字原缺，據《正統道藏》本、《連筠簃叢書》本補。

然不應，以道義釋之，復示之以頌曰：「拂，拂，拂，拂盡心頭無一物。無物心頭是好人，好人便是神仙佛。」其人聞之，自愧而退。丙戌正月，盤山請師黄籙醮三晝夜。

《至元辨僞録》三：「丘後至京師，使道徒王伯平騶從數十，縣牌出入，馳驛諸州，便欲通管僧尼。丘公自往薊州，特開聖旨，抑欲追攝甘泉本無玄和尚，望其屈節，竟不能行。」案：盤山在薊州，長春自往薊州開聖旨即在此時。又《録》云：「初，盤山中盤法興寺，亥子年間天兵始過，罕有僧人。海山本無老師之嗣振公長老，首居上方，橡栗充糧，以度朝夕。全真之徒挾丘公之力，謀占中盤，乃就振公，假言借住。振公以爲道人棲宿，猶勝荒凉，且令權止。占居既久，遂規永定。王道政、陳知觀、吴先生等乃改拆殿宇，打毀佛象，又冒奏國母太后娘娘，立碑改額爲『棲霞觀』。」

姬志真《雲山集》七《盤山棲雲觀碑》：「漁陽西北之山，本名四正。古有田盤先生者，棲遲此山，人因名此山爲盤山焉。玆山之顔，紫峰之下，懷抱爽塏，明秀端整，號曰中盤，縹渺雲霞之洞府也。累經劫代，爲浮屠氏所居。會金天失馭，劫火流行，陵谷推遷，物更人换，復爲茂林豐草，豺虎之所據焉。長春真人門下有棲雲子者，密通玄奥，頗喜林泉，飛舄擇地。其徒有張志格等，庚辰歲預及此山，薙荒擗徑，披尋故址，巧與心會，遂營卜築。辛巳春，承本州同知許公議請棲雲真人住持此山。丙戌，疏請長春真人作黄籙醮事，真人因題其額曰『棲雲觀』焉。」又卷八《開州神清觀記》「聞棲雲王老師開道盤山」，是棲雲王姓，殆即《至元辨僞録》之王道政也。

是日天氣晴霽，人心悦懌，寒谷生春。將事之夕，以詩示衆云：「詰曲亂山深，山高快客心。群峰争挺拔，巨壑太蕭森。似有飛仙至，殊無宿鳥吟。黄冠三日醮【一〇】，素服萬家臨。」五月，京師大旱，農不下種，人以爲憂。有司移市立壇，前後數旬無應。行省差官賫疏，請師爲祈雨醮三日兩夜。當設醮請聖之夕，雲氣四合，斯須雨降，自夜半及食時未止。行省委官奉香火來謝曰：「京師久旱，四野欲然，五穀未種，民不聊生。賴我師道力，感通上真，以降甘澍。百姓皆藏本作「僉」。曰神仙雨也。」師答曰：「相公至誠所感，上聖垂慈，以活生靈，吾何與焉？」使者出，復遣使來告曰：「雨則既降，奈久旱未霑足，何更得滂沱大作，此旱可解。願我師慈悲。」師曰：「無慮。人以至誠感上真，上真必以誠報人，大雨必至。」齋未竟，雨勢海立。是歲有秋，名公碩儒皆以詩來賀。一日，有吴大卿德明者以四絶句來，師復次韻答之。其一曰：「燕國蟾公即此州，

《磻溪集》一《嶺北西京留守夾谷清神索》詩：「直須早作彭城計，燕國家聲自不隤。」自注：「彭城乃海蟾公也。」

超凡入聖洞賓儔。一時鶴駕歸蓬島，萬劫仙鄉出土丘。」其二云：「我本深山獨自居，誰知天下衆人譽。軒轅道士來相訪，不解言談世俗書。」其三云：「莫把閑人作等閑，閑人無欲近仙班。不於此日開心地，更待何時到寶山。」其四云：「混沌開基得自然，靈明翻

【一〇】黄冠三日醮　「冠」原作「寇」，據《正統道藏》本、《連筠簃叢書》本改。

小大椿年。出生入死常無我，跨古騰今自在仙。」又題支仲元畫得一、元保、玄素《三仙圖》云：「得道真仙世莫窮，三仙何代顯靈蹤。直教御府相傳授，閲向人間類赤松。」又奉道者求頌，以七言絶句示之云：「朝昏忽忽急相催，暗換浮生兩鬢絲。造物戲人俱是夢，是非鄉日又何爲？」師自受行省已下二字據藏本增。衆官疏以來，閔天長之聖位殿閣、常住堂宇皆上頹下圮，至於窗户、階砌毁撤殆盡，乃命其徒日益修葺。罅漏者補之，傾斜者正之。斷手於丙戌，皆一新之。又創建寮舍四十餘間，不假外緣，皆常住自給也。凡遇夏月，令諸齋舍不張燈，至季秋稍親之，所以豫火備也。十月，下寶玄，居方壺，每日召衆師德以次坐，高談清論，或通宵不寐。仲冬十有三日夜半，振衣而起，步於中庭。既還坐，以五言律詩示衆云：「萬象彌天闊，三更坐地勞。參横西嶺下，斗轉北辰高。大勢無由遏，長空不可韜。循環諸主宰，億劫自堅牢。」丁亥，自春及夏又旱，有司祈禱屢矣，二字從藏本增。少不獲應。京師奉道會衆一日謁藏本作「請」。師爲祈雨醮，既而消災等會亦請作醮。師徐謂曰：「吾方留意醮事，公等亦建此議，所謂好事不約而同也。公等兩家但當殷勤。」遂約以五月一日爲祈雨醮，初三日爲賀雨醮。三日中有雨，名瑞應雨；過三日，雖得，非醮家雨也。或曰：「天意未可知，師對衆出此語，萬一失期，得無招小人之訾耶？」師曰：「非爾所知也。」及醮竟日，雨乃作。翌日，盈尺。越三日，四天廓清，以終謝雨醮。事果如其言。時暑氣煩燠，元帥張資允藏本作「胤」。者，請師遊西山，再三過觀。藏本作

「勤」，疑「勸」之訛。師赴之。翌日齋罷，雨後遊東山庵。師與客坐於林間，日夕將還，以絶句示衆云：「西山爽氣清，過雨白雲輕。有客林中坐，無心道自成。」既還元帥第，樓居數日，來聽道話者竟夕不寐。又應大谷庵請，次日清夢庵請。其夕，大雨自北來，雷電怒合，東西震耀。師曰：「此道之用也。得道之人，威光烜赫，無乎不在，雷電莫能匹也。」夜深客散，師偃息草堂。須臾，風雨駭至，怒霆一震，窗户幾裂。少焉收聲，人皆異之。或曰：「霹靂當洊至，何一舉而息耶？」有應者曰：「無乃至人在兹，雷師爲之霽威乎？」既還，五月二十有五日，道人王志明至自秦州，傳旨：

案：是歲春，太祖自西夏入金境，故王志明自秦州來傳旨也。

「改北宮仙島爲萬安宮，天長觀爲長春宮，詔天下出家善人皆隸焉。且賜以金虎牌，

《西遊録》：「道徒以馳驛故，告給牌符。王道人者騶從數十人，懸牌馳騁於諸州。中略。客曰：予聞諸行路之人云【一一】，其乞牌符事，亦非丘意。居士曰：若果非丘意，王道人既歸，宜將牌符封還。若果爲馳驛事而請，遇遣使時便當懸帶。傳聞王道人騶從數十人，横行諸州中，又安知非丘之意乎？」

道家事一仰神仙處置。」小暑後，大雨屢至，暑氣愈熾，以七言詩示衆曰：「溽暑熏天萬里遥，洪波拍海大川潮。嘉禾已見三秋熟，旱魃仍聞五月消。本作「潮」，從監本改。百姓共忻生有望，三軍不待令方調。實由道化行無外，暗賜豐年助聖朝。」自瓊島爲道院，樵薪

【一一】予聞諸行路之人云　「行」字原缺，據國圖藏王國維鈔本《西遊録》足本補。

捕魚者絶迹數年，園池中禽魚蕃育，歲時遊人往來不絶。

《遺山先生文集》九《出都》詩注：「壽寧宮有瓊華島，絶頂廣寒殿，近爲黄冠輩所撤。」此詩作於壬寅、癸卯間，則撤殿事或在長春死後也。

齋餘，師乘馬日凡一往。六月二十有一日，因疾不出，浴於宮之東溪。二十有三日，人報巳午間雷雨大作，太液池之南岸崩裂，水入東湖，聲聞數十里，黿鼉魚鼈盡去，池遂枯涸。北口山亦摧。師聞之，初無言，良久笑曰：「山摧池枯，吾將與之俱乎？」七月四日，師謂門人曰：「昔丹陽常授記於余云：『吾没之後，教門當大興，四方往往化爲道鄉，公正當其時也。道院皆敕賜名號，又當住持大宮觀，仍有使者佩符乘傳，句當教門事。此時乃公功成名遂、歸休之時也。』丹陽之言，一一皆驗，若合符契。況教門中句當人内外悉具，吾歸無遺恨矣。」師既示疾於寶玄，一日數如匽中，門弟子止之。師曰：「吾不欲勞人，汝等猶有分别在，且匽、寢奚異哉？」七月七日，門人復請曰：「每日齋會，善人甚衆。願垂大慈，還堂上以慰瞻禮。」師曰：「吾九日上堂去也。」是日午後，留頌云：「生死朝昏事一般，幻泡出没水長閑。微光見處跳烏兔，玄量開時納海山。揮斥八紘如咫尺，吹嘘萬有似機關。狂辭落筆成塵垢，寄在時人妄聽聞。」遂登葆玄藏本作「光」。堂歸真焉。異香滿室，

案《輟耕録》十，長春生於金皇統戊辰，至是年八十。《西遊録》：「丘公順世之際，據厠而終，其徒飾辭以爲祈福。」《至元辨僞録》三：「丘後毒痢發作，卧於厠

中，經停七日，弟子移之而不肯動，疲困羸極，乃許之曰：『且匽之與寢何異哉？』又經二日，竟據厠而卒。而門弟子外誑人云：『師父求福。』編丘公録者李浩然集來。即曰：『登葆玄而化，異香滿室。』此皆人人具知，尚變其説。餘不公者，例皆如此。故當時之人爲之語曰：『一把形骸瘦骨頭，長春一旦變爲秋。和濉帶屎亡圊厠，一道流來兩道流。』斯良證也。大道，四祖之語也。」

門人捻香拜别。衆欲哭臨，侍者張志素、武志攄等「等」字據藏本增。遽止衆曰：「真人適有遺語，令門人宋道安提舉教門事，尹志平副之，張志松又其次，王志明依舊句當，宋德方、李志常等同議教門事。」遂復舉示《遺世頌》，畢，提舉宋道安等再拜而受。黎明，具麻服行喪禮，奔走赴喪者萬計。宣差劉仲禄聞之，愕然歎曰：「真人朝見以來，君臣道合。離闕之後，上意眷慕，未嘗少忘。今師既昇去，速當奏聞。」首七之後，四方道俗遠來赴喪，哀慟如喪考妣，於是求訓法名者日益衆。一日，提舉宋公謂志常曰：「今月上七日，公暨我同受師旨，法名之事，爾其代書，止用吾手字印。此事已行，姑沿襲之。」既而清和大師尹公至自德興，行祀事。既終七，提舉宋公謂清和曰：「吾老矣，不能維持教門，君可代吾領之也。」讓至於再，清和受其託。遠近奉道，會中善衆不減往昔。本作「者」，從藏本改。戊子春三月朔，清和建議爲師構堂於白雲觀。或曰：「工力浩大，糧儲鮮少，恐難成功。」清和曰：「凡事要人前思。夫衆可與樂成，不可與慮始。但事不私己，教門竭力，何爲而不辦？况仙藏本作「先」。師遺德在人，四方孰不瞻仰？可不勞行化，自有人贊助此緣，公等勿疑。更或不然，常住之物，費用凈盡，各操一瓢，乃所願也。」宣差便宜劉公聞而喜二字從藏本增。之，力贊其事。遂舉鞠志圓等董其役。自四月上丁除地建址，歷戊、己、庚。俄有平陽、太原、堅、代、蔚、應等群道人二百餘，賫糧助力，肯構是堂，四月告成。期以其間同結兹緣者，不能備記。議者以爲締構之勤，雖由人力，亦聖賢陰有以扶持也。七月九日大葬仙師。六月間，霖雨不止，皆慮有妨葬事。既七月初吉，遽報晴霽，人心翕然和悦。前一日，將事之初，乃炷香設席，以嚴其祀。及啓柩，師容色儼然如生，遠近王官、士庶、僧尼、善衆觀者凡三日，日萬人，皆以手加額，歎其神異焉。既而喧布四方，傾心歸向、來奉香火者不可勝計，本宫建奉安道場三晝夜，豫告齋旬日。八日辰時，玄鶴自西南來，尋有白鶴繼至，人皆仰而異之。九日子時，設靈寳清醮三百六十分位。醮禮終，藏仙蜕於堂，異香芬馥，移時不散。臨午致齋，黄冠羽服，與坐者數千人，奉道之衆又復萬餘。既寧神，翌日大雨復降。人皆嘆曰：「天道人事，上下和應，了此一大事，非我師道德純備，通於天地，達於神明，疇克如此？藏本「此」下有「乎」字。諒非人力所能致也。」權省宣撫王公巨川，咸陽巨族也，素慕玄風。近歲又與父師相會於燕，雅懷照暎，道同氣合，尊仰之誠，更甚疇昔。故會兹葬事，自爲主盟，京城内外，屯以甲兵，備其不虞。罷散之日，略無驚擾。於是親榜其室曰「處順」，其觀曰「白雲」焉。師爲文，未始起藁，臨紙肆筆而成。後復有求者，復輒自增損，故兩存之。嘗夜話，謂門弟子曰：「古之得道人，見於書傳者，略而不傳、失其傳者可勝言哉！余屢對汝衆舉近世得道之士，皆耳目所親接者。其行事甚詳，其談道甚明。暇日當集《全真大傳》，以貽後人。」師既没，雖嘗口傳其概，而後之學者尚未見其成書，惜哉！

附録一

詔書

成吉思皇帝敕真人丘師：省所奏應詔而來者，備悉。惟師道逾三子，德重多方。命臣奉厥玄纁，馳傳訪諸滄海。時與願適，天不人違，兩朝屢詔而弗行，單使一邀而肯起。謂朕天啓，所以身歸。不辭暴露於風霜，自願跋涉於沙磧。書章來上，喜慰何言！軍國之事，非朕所期；道德之心，誠云可尚。朕以彼酋不遜，我伐用張，軍旅試臨，邊陲底定。來從去背，實力率之故然；久逸暫勞，冀心服而後已。是用載揚威德，略駐車徒。重念雲軒既發於蓬萊，鶴馭可遊於天竺。達磨東邁，元印法以傳心；老氏西行，或化胡而成道。顧川途之雖闊，瞻几杖以非遥。爰答來章，可明朕意。秋暑，師比平安好，指不多及。

聖旨

成吉思皇帝聖旨：道與諸處官員每，丘神仙應有底修行底院舍等，係逐日念誦經文，告天底人每，與皇帝祝壽萬萬歲者。所據大小差發賦税都休教著者。據丘神仙底應係出家門人等隨處院舍，都教免了差發稅賦者。其外詐推出家、隱占差發底人每，告到官司，治罪斷案主者。

《黑韃事略》：「或甲之奴盜乙之物，或盜乙之奴物，皆沒甲與奴之妻子畜産，而殺其奴及甲，謂之斷案主。」

奉到如此，不得違錯！須至給付照用者。右付丘（監本無「丘」字。）神仙門下收執。照使所據神仙，應係出家門人精嚴住持院子底人，并免差發稅賦。准此。癸未羊兒年三月　御寶　日。

宣差阿里鮮面奉成吉思皇帝聖旨：丘神仙奏知來底公事，也噉是（監本「是」字在「公事」下。）好。我前時已有聖旨文字與你來，教你天下應有底出家善人都管著者。好的歹的，丘神仙你就便理會，只你識者。奉到如此。癸未九月二十四日。

宣差都元帥賈昌傳奉成吉思皇帝聖旨：丘神仙，你春月行程別來至夏日，路上炎熱艱難來，沿路好底鋪馬得騎來麽？路裏飲食廣多不少來麽？你到宣德州等，官員好覷你來麽？下頭百姓得來麽？你身起心裏好麽？我這裏常思量著神仙你，我不曾忘了你，你休忘了我者。癸未年十一月十五日。

請疏

燕京行尚書省石抹公謹請仙人長春公住持天長觀者：竊以必有至人，而後可以啓個中機；必有仙闕，而後可以待方外士。天長觀者，人間紫府，天上福田。若非真神仙人，誰稱此道場地？仰維長春上人，識超群品，道悟長生。舌根有花木香，胸襟無塵土氣。實人天之眼目，乃世俗之津梁。向也乘青牛而西邁，不憚朝天；今也奉紫詔而南回，正堪藏本作「當」。傳道。幸無多讓，早賜光臨。謹疏。癸未八月　日。

宣撫使御史大夫王敦請真人師父住持燕京十方大天長觀者：竊以應變神龍，非蹄涔所能止；無心野鶴，亦何天不可飛。故蒙莊出遊，漆園增價；陳摶歸隱，雲臺生光。不到若輩人，難了如此事。伏維真人師父，氣清而粹，道大而高。已書絳闕之名，暫被玉壺之謫。以千載爲旦暮，以八極爲門庭。振柱史之宗風，提全真之法印。昔也三朝之教主，今兹萬乘之國師。幾年應詔北行，本擬借安於海内；一旦回轅南邁，可能獨善於山東？維太極之故宫，實大燕之宏構，國家元辰之所在，遠近取則之所先。必欲立接人之基，莫如宅首善之地。敢輒伸於管見，冀少駐於霓旌。萬里雲飛，藏本作「披」。式副人天之望；四方風動，舉聞道德之音。藏本作「香」。謹疏。癸未年八月　日。

燕京尚書省石抹公謹請丘神仙久住天長觀者：藏本無「者」字。竊以時止時行，雖聖人不凝滯於物；爰居爰處，而君子有恒久之心。於此兩端，存乎大致。長春真人，重陽高弟，四海重名。爲帝者之尊師，亦天下之教父。昔年應聘，還自萬里尋思干；今日接人，久住十方天長觀。上以祝皇王之聖壽，下以薦生靈之福田。頃因譏察於細人，非敢動摇於仙仗。不圖大老，遂有遐心。况京師者，諸夏之本根，而遠近取此乎法則。如或「或」原作「謂」，據藏本改。舍此而就彼，是謂下喬而入幽。輒敢堅留，幸不易動。休休莫莫，無爲深山窮谷之行；永永長長，而作太極瓊華之主。丙戌年八月　日。

侍行門人：

虚静先生趙道堅　　冲虚大師宋道安
清和大師尹志平　　虚寂大師孫志堅
清貞真人夏志誠　　清虚大師宋德方
葆光大師王志明　　冲虚大師于志可
崇道大師張志素　　通真大師鞠志圓
通玄大師李志常　　頤真大師鄭志修

玄真大師張志遠　悟真大師孟志穩卷下作「孟志温」。

清真大師綦志清　保真大師何志清卷下有何志堅，無何志清。

通玄大師楊志静　冲和大師潘德冲

特旨蒙古四人從師護持：

蒙古打　喝剌八海　宣差阿里鮮　宣差便宜使劉仲禄

丁卯正月據《正統道藏》本校一過，觀翁。

附録二

孫錫序

長春真人，蓋有道之士。中年以來，意此老人固已飛昇變化，侶雲將而友洪濛久矣，恨其不可得而見也。己卯之冬，流聞師在海上被安車之徵。明年春，果次於燕，駐車玉虚觀，始得一識其面。尸居而柴立，雷動而風行，真異人也。與之言，又知博物洽聞，於書無所不讀，由是日益敬藏本「敬」下有「聞」字。其風，而願執弟子禮者不可勝計。自二三遺老且樂與之遊，其餘可知也。居無何，有龍陽之行，及使者再至，始啓途而西。將别，道衆請還期。語以三載，時辛巳夾鍾之月也。迨甲申孟陬，師至自西域，果如其旨，識者歎異之。自是月七日入居燕京大天長觀，從疏請也。噫！今人將事行役，出門傍徨，有離别可憐之色。師之是行也，崎嶇數萬里之遠，際版圖之所不載，雨露之所弗濡，雖其所以禮遇之者不爲不厚，然勞憊亦甚矣。所至輒徜徉容與，以樂山水之勝，賦詩談笑，視死生若寒暑，於其胸中曾不芥蔕。藏本作「蔕芥」。非有道者而能如是乎？門人李志常，從行者也。掇其所歷而爲之記，凡山川道里之險易，水土風氣之差殊，與夫衣服、飲食、百果、草木、禽蟲之别，粲然靡不畢載，目之曰《西遊》，而徵序於僕。夫以四海之大，萬物之廣，耳目未接，雖大智猶不能遍知而盡識也，况四海之外者乎？所可考者，傳記而已。僕謂是集之行，不獨新好事者之聞見，又以見至人之出處，無可無不可，隨時之義云。戊子秋後藏本作「后」。二日，西溪居士孫錫序。

（王國維校注本卷首）

王國維序

《長春真人西遊記》二卷，題門人真常子李志常述。案：志常字浩然，道號通玄大師。長春將殁，命門人宋道安提舉教門事，尹志平副之。未幾，道安以教門事付志平。太宗十年戊戌，志平年七十，又舉志常自代。憲宗即位，以志常領道教事。戊午歲卒，凡主全真教事者二十有一年。至元間，釋祥邁撰《辨僞録》，載志常掌教時，侵占各路寺院四百八十二處，又令令狐璋、史志經等集《老子化胡成佛經》及《八十一化圖》，謗訕佛教。少林裕長老以聞，憲宗召少林及志常廷辨於和林萬安閣下。志常論詘，遂令毁《化胡》等經，及將所占寺院三十七處還付釋家。志常因此忿恚而卒。考此《録》本爲僧徒攻全真教而作，於長春師弟頗極醜詆，所記全真家占居僧寺一節，誠爲事實。然自金貞祐以來，河朔爲墟，巨刹精藍，鞠爲茂草，緇衣杖錫，百不一存。亂定之後，革律爲禪者不可勝數，全真之徒亦遂因而葺之，以居其人。坐以寇攘，未免過當。雖長春晚節以後頗憑藉世權以張其教，尹、李承之，頗乖重陽創教之旨，然視當世僧徒如楊璉真伽輩，則有間矣。然則祥邁所記，亦仇敵誣謗之言，安可盡信哉！此《記》作於長春没後，前有孫錫序，署戊子秋後二日，正當睿宗拖雷監國之歲。而卷末有庚寅七月大葬仙師事，蓋書成後所加入。考全真之爲道，本兼儒、釋，自重陽以下，丹陽、長春并善詩頌，志常尤文采斐然。其爲是《記》，文約事盡，求之外典，惟釋家《慈恩傳》可與抗衡，三洞之中未嘗有是作也。

乾隆之季，嘉定錢竹汀先生讀《道藏》於蘇州玄妙觀，始表章此書，爲之跋尾，阮文達遂寫以進秘府。道光間，徐星伯、程春廬、沈子敦諸先生迭有考訂，靈石楊氏因刊入《連筠簃叢書》。由是此書非復丙庫之附庸，而爲乙部之要籍矣。光緒中葉，吴縣洪文卿侍郎創爲之注，嘉興沈乙庵先生亦有箋記，而均未刊布。國維於乙丑夏日始治此書，時以所見疏於書眉，於其中地理、人物亦復偶有創獲。積一年許，共得若干條，遂盡一月之力，補綴以成此注。蓋病洪、沈二家書之不傳，聊以自便檢尋云爾。因略論作者事蹟，弁於其首云。丙寅孟夏，海寧王國維。

（王國維校注本卷首）

錢大昕跋

《長春真人西遊記》二卷，其弟子李志常所編。於西域道里、風俗多可資考證者，而世鮮傳本，予始從《道藏》鈔得之。村俗小説演唐玄奘故事，亦稱《西遊記》，乃明人所作。蕭山毛大可據《輟耕録》以爲出處機之手，真郢書燕説矣。《記》云：「辛巳歲十月，至塞藍城，回紇王來迎入館。十一月四日，土人以爲年，旁午相賀。」考回回術有太陽年，彼中謂之「宫分」。有太陰年，彼中謂之「月分」。而其齋期則以太陰年爲準，又不在第一月而在第九月，滿齋一月，至第十月一日，則相賀如正旦焉。其所謂月一日者，又不在朔，而以見新月爲準。其命日又起午正而不起子正，故有「十一月四日，土人旁午相賀」之語。然回回術有閏日，無閏月，與中國不同，故每年相賀之期無一定也。其云斡辰大王者，皇弟斡赤斤也。太師移剌國公者，阿海也。燕京行省石抹公者，明安之子咸得不也。吉思利答剌罕者，哈剌哈孫之曾大父啓昔禮也。乙卯閏二月辛亥晦，竹汀居士錢大昕書。

丘長春以丁亥七月卒，而元太祖之殂亦即在是月，此事之可異者，當拈出之。竹汀居士記。

（王國維校注本卷尾）

段玉裁識語

憶昔與竹汀遊玄妙觀，閲《道藏》。竹汀借此鈔訖，而爲之跋。今轉瞬已十年，竹汀於今歲十月二十歸道山矣。甲子十一月十八日，硯北居士段玉裁識。

（王國維校注本卷尾）

徐松跋

長春真人之經西域也，取道於金山，爲科布多之阿里泰山。《記》云金山南面有大河，「渡河而南」，是今額爾齊斯河。金山東北與烏魯木齊屬之古城，南北相直。今自科布多赴新疆，驛路直南抵古城，近古城之鄂倫布拉克台、蘇吉台、噶順台皆沙磧，是即白骨甸也。博克達山三峰高峙，去古城北數日程即見之，故《記》云涉大沙陀，南望陰山，若天際銀霞，詩云「三峰并起插雲寒」也。

云「陰山前三百里和州」者，謂博克達山南吐魯番爲古火州地，訛「火」爲「和」耳。唐北庭大都護府治在今濟木薩之北，府建於長安二年，《記》言楊何爲大都護，足補《新唐書·方鎮表》之闕。端府者，「端」即「都護」字之合音。輪臺縣亦長安二年置，縣治約在今阜康縣西五六十里。據《新唐書·地理志》，自庭州西延城，西至輪臺縣二百二十里。塞外沙磧難以計程，《記》云「三百餘里」，蓋約言之。《元和郡縣志》以爲輪臺在州西四十二里者，誤。輪臺東爲阜康縣，縣治在博克達山陰，故南望陰山。

九月十日，并陰山而西，約十程，「度沙場」。又六日，「至天池海」。沙場者，晶河城東至托多克，積沙成山，浮澀難行，東距阜康縣一千一百里，故曰十餘程。其間亂流而過，當有洛克倫河、呼圖壁河、瑪納斯河、烏蘭烏蘇河，《記》不顯言。塞外之水，山雪所融，夏日盛漲，過時則涸。九月正水竭之時，蓋不知有河也。自托多克過晶河，山行五百五十里，至賽喇木淖爾東岸。淖爾正圓，周百餘里，雪山環之，所謂天池海。并淖爾南行五十里，入塔勒奇山峽，諺曰果子溝。溝水南流，勢甚湍急，架木橋以度車馬。峽長六十里，今爲四十二橋，即四十八橋遺址。

《記》云出峽入東西大川，次及一程，「至阿里馬城」。今出塔勒奇山口，南行一百七十里，至惠遠城。阿里馬城者，即今西阿里瑪圖河，在拱宸城東北。出塔勒奇山口，西南至阿里瑪圖河僅百里。

《記》云又西行四日，「至答剌速沒輦」，水勢深闊，抵西北流，乘舟以濟。原注云：「沒輦，河也。」答剌速沒輦是今伊犁河，以西行四日計之，當在今察林渡之西。渡河南下，「至一大山」，疑今鉛廠諸山。又西行十二日，「度西南一山」，當是善塔斯嶺。又沿山而西，有駐軍古跡，「大冢若斗星相聯」，是今特默爾圖淖爾南岸，地多古翁仲。

《記》云又西南行六日，有霍闌没輦，由浮橋渡，色渾流急，深數丈，勢傾西北。霍闌没輦者，今之那林河。自渡伊犁河以南所經之程，即今伊犁戍喀什噶爾兵往來之路，出鄂爾果珠勒卡倫，傍特默爾圖淖爾，東南經布魯特遊牧，以至回疆。此長春真人赴行在時所經也。

其歸程則渡那林河而直北，由特默爾圖淖爾之西以達吹河之南，乃轉而東北渡伊犁河，其渡處在察林渡之東，故百餘里即至阿里馬城。自阿里馬城出塔勒奇山口，經賽喇木淖爾，與往時程同。過賽喇木淖爾，不復東折而東北行，其分路處在干珠罕卡倫地。東北山行，由沁達蘭至阿魯沁達蘭，入塔爾巴哈台界，以至原歷之金山大河驛。其途徑較直，然計自阿里馬城至金山，亦不下二千里。而《記》言至天池海，過陰山後，「行二日，方接元歷金山南大河驛」。山路崎嶇，必不能速進如此。且「方接」云者，久詞也，蓋「二」字下脱「十」字，真人以四月初六日自阿里馬城行，凡二十日至金山，爲是月二十五日。下文云：「并山行。四月二十八日，大雨雪。」二十八日尚未出金山，則謂二十五日至金山無疑矣。

適從龔定庵假讀此《記》，西域余所素經，識其相合者如此。道光二年四月，大興徐松跋。距長春真人歸抵金山之歲凡十一壬午矣。

（王國維校注本卷尾）

程同文跋

《長春西遊記》二卷，爲元丘長春弟子真常子李志常所述。《憲宗紀》：元年，「以道士李真常掌道教事」，即其人也。前有孫錫序，作於戊子二月，蓋睿宗監國之歲也。長春以太祖辛巳二月八日發軔宣德州，赴太祖西域之召，至癸未七月回至雲中，往返二年餘。真常實從，山川道里皆其親歷。且係元初之書，譯文得其本音，非爲世祖以後文人著述，則往往窒閡不能通者有之。此册爲葉雲素給諫所贈，龔定庵嘗借鈔。既而徐星伯復欲鈔於定庵，而爲之跋，他日以示余。星伯居伊犁者數年，於時松湘浦先生帥新疆南北兩路，屬星伯周咨彼中輿地，馳驅幾遍。今跋中疏證處皆其得之目驗，其中尤有得於余心者。謂天池海即今賽喇木淖爾，證以自晶河山行至賽喇木淖爾東岸，淖爾正圓，周百餘里。并淖爾南行五十里，入塔勒奇山峽，水勢南流湍急，架木橋以度車馬，峽長六十里，今爲四十二橋，即四十八橋遺址也。今昔情形如合符節，此爲其他書籍之所不載，非星伯身至其所，烏能得之？又謂長春回時，自天池海東北行至原歷金山南大河前驛路，於「二」字之下脱去「十」字，此有里程可稽，其爲傳寫遺誤無疑。至白骨甸即今古城北之沙磧，陰山三峰即今博克達山，端府之「端」爲「都護」之合音，霍闡没輦即今那林河，皆確不可易，余亟録存《記》尾。星伯謂余：凡《記》中所述，在今新疆者既粗具矣。其金山以東，那林河以西，則俟余補足之。噫！星伯所疏證精核乃爾，余何能爲役？顧余於《記》中地理皆嘗一一考之，惟足跡所未至，不過穿穴於故紙堆中，旁參互證，以爲庶幾得之耳。今具列於左，不獨以塞星伯之諸責，亦將求是正於星伯也。

長春之行也，二月十一日度野狐嶺，即《太祖紀》「敗金將定薛於野狐嶺」者也，在今張家口外。「十五日，東北過蓋里泊。」《金史》撫州之豐利縣有蓋里泊，今在張家口北百里。「三月朔，出沙陀，至魚兒濼」。魚兒濼，元時又曰答兒腦兒，太祖甲戌年賜弘吉剌按陳作分地。張德輝《紀行》云昌州以北入沙陀，凡六驛而出沙陀，又一驛，過魚兒泊。與此正同。今爲達兒海子，在克什克騰部落北。「沙河西北流入陸局河。四月朔，至斡辰大王帳下。」陸局河者，元時怯魯連河，亦曰臚朐河。陸局，「臚朐」之轉也，今爲喀魯倫河。斡辰大王，太祖第四弟鐵木哥斡赤斤，所謂國王斡嗔那顔者也。時太祖西征，斡嗔居守。五月十六日，「河勢繞西北山去，不得窮其源」。喀魯倫河發源肯特山，南流及平地，始轉東流。長春由河南岸溯河西行，故不見其北來之源也。

自此以下至窩里朶，數千里中俱無地名，惟長松嶺又係漢名，不知蒙古呼爲何山。然以長春行程考之，自陸局河西南濼驛路，至六月二十八日泊窩里朶之東，計行四十二日。窩里朶者，帳殿也。《地理志》：太祖於十五年遷都和林。於時皇后窩里朶當在和林，蓋必先審和林之所在，然後可以稽其驛程之所經。和林自太祖作都，至憲宗四朝皆都於此。

然《和林志》前明已無其書，《元一統志》近亦求之不得，《明一統志》於和寧城惟言西有哈喇和林河而已，而於哈喇和林河所在則又不詳。明《廣輿圖》據元朱思本圖爲藍本，而於北方地理疏漏殊甚，以昔令哥爲流入斡難河，則其他不足問矣。齊次風先生《水道提綱》於和林河亦兩歧其説，蓋《提綱》專據康熙中《皇輿圖》。《皇輿圖》於色勒格河之北有小河，南流入色勒格河者曰喀喇烏倫河，其音與「哈喇和林」相近，不能不疑當日都城或在此河之東。實則不然，歐陽圭齋《高昌偰氏家傳》：「和林有三水焉，一并城南山東北流，曰斡耳汗；一經城西北流，曰和林河；一發西北東流，曰忽爾班達彌爾。三水距城北三十里合流，曰偰輦傑河。」元人指述和林，未有如圭齋之明晰者。斡耳汗，今鄂爾渾河也；忽爾班達彌爾，今塔米爾河也；偰輦傑，今色勒格河也。然則和林在色勒格河以南明矣。其經和林城西而北流者，正今之哈瑞河也，當爲元時和林河。哈瑞河入色勒格河，其合流處當在和林北三十里，非三水俱合流也。若鄂爾渾合於色勒格，蓋在和林東北千餘里矣。

《記》云：「泊窩里朶之東，宣使往奏稟皇后，奉旨請師渡河。其水東北流，瀰漫没軸，絶流以濟。」此水乃今呼納伊河及哈瑞之支流也。其所謂長松嶺盛夏有冰雪，逾嶺百餘里，「有石河長五十里」者，即今鄂爾渾河東流將會喀拉河處，河經山峽，故曰石河。雍正中，西北距準噶爾，其時黑龍江至鄂爾坤軍營者，過汗山即西北渡土拉河，西北行，逾喀里呀拉山，乃濟鄂爾渾河。以長春行程推之，當亦經此。長松嶺或即喀里呀拉山，已在北極出地四十九度處，是以寒甚歟？然則先自西南濼驛路四程，「西北渡河」者，土拉河也。六月十四日「過山，渡淺河」者，博羅河也。其曰「西山連延」者，乃鄂爾渾河以西之山，故曰西山。長春於此渡河可見。山行五六日，峰回路轉，「嶺勢若長虹，壁立千仞，俯視海子，淵深恐人」，則已在厄勒墨河之側矣。

阿不罕山在金山東北，今阿集爾罕山也。《鎮海傳》：「太祖命屯田於阿魯歡，立鎮海城。」阿魯歡者，亦即阿集爾罕山也。八月八日，自阿不罕山前「傍大山西行」，又「西南約行三日，復東南過大山，經大峽。中秋日，抵金山東北，少駐，復南行。其山高大，深谷長坂，車不可行」，「乃命百騎挽繩，懸轅以上，縛輪以下。約行四程，連度五嶺，南出山前，臨河止泊」。長春由阿集爾罕山前西行，「傍大山」者，即傍阿爾泰山之東大幹，今烏蘭古木。中過青吉斯海子之北，乃向西南行，當取道於今科布多。再西南乃科布多河、額爾齊斯河發源處，爲阿爾泰最高之脊。所謂「東南過大山，經大峽。中秋日，抵金山」者，當謂此。又「行四程，連度五嶺」，南出山，臨大河，以地約之，則大河應爲烏隴古河，劉郁《西使記》所謂龍骨河，與別失八里「南北相直近五百里」者也。渡河行沙磧中，經北庭而西，星伯跋中詳之。

陰山後鼈思爲大城，問侍坐者，乃曰：此唐時北庭。案：鼈思即別失。歐陽圭齋曰：「北庭，今别失八里也。」則元時别失八里正在於此。「重九日至回紇昌八剌城。」《地理志·西北地附録》有彰八里，當即此。《耶律希亮傳》：中統元年，阿里不哥反。希亮「逾天山，至北庭都護府。二年，至昌八里城。夏，逾馬納思河」，則昌八里在今瑪納斯河之東也。自鼈思以西，惟昌八剌、阿里馬爲大城。星伯謂阿里馬在今拱宸城北阿里瑪圖河。余案：元初譯作「阿里馬」者，惟此《記》及《湛然集》有《從容庵録序》，末題曰：「移剌楚才晉卿序於西域阿里馬城。」其他見於《元史》者，或作「阿力麻里」，或作「葉密立」，或作「葉密里」，皆即此城。竊謂阿里馬本回紇所稱，自蒙古人稱之，則音異矣。再以漢文譯之，則又異矣。明時哈密以西付之茫昧，阿里馬先爲别失八里國所有，後爲瓦剌所有。我朝乾隆十九年以前，爲準噶爾大酋之庭，稱曰伊犂，亦稱其河爲伊犂河。「伊犂」恐即「葉密立」之轉。唐時雖有伊列河之名，有元一代絶無稱述，蓋已無知之者。準人不解載籍，粗有托忒文字，但能記籍帳耳，何從遠稽突厥名稱邪？瓦剌即額魯特，逐水草遷徙，無城郭。所謂阿里馬城者，久已平毁。至乾隆二十九年，乃即伊犂河北建惠遠城，今曰伊犂城，非依故址。則阿里馬所在，固無以知之。或即在阿里瑪圖河側邪？「答剌速没輦」與「塔剌斯」音近，然距阿里馬四日程，以遠近約之，則星伯謂即伊犂河者爲近。或伊犂河在元時有是稱，若今塔剌斯河遠在吹河之西，未必四程能達也。

大石林牙，遼宗姓，於遼亡後率衆西行，間關萬里，建國西土，是爲西遼。太祖滅乃蠻，殺太陽罕。其子屈出律奔契丹，既而襲執其罕，尊爲太上皇，據其位有之，仍契丹之號，亦稱乃蠻。事在戊辰、己巳之間。閲十餘年，太祖征西域，滅之。劉仲禄持敕召長春云在乃蠻奉詔者，此也。賽蘭城，據《西使記》在塔剌寺西四日程。塔剌寺者，今塔剌斯河也。《明史·外國傳》有賽蘭，在塔失干之東。塔失干，今塔什干城也，在錫林河之北，南距那林河猶遠。元時往西域之道必由賽蘭，蓋從塔剌斯西行，過賽蘭，乃西南行，渡霍闡河。長春自十一月五日發賽蘭，閲六日渡霍闡河，又閲十一日過大河，至邪米思干。此大河應指城東之河北流入那林河者。邪米思干，亦曰尋思干。「尋」即「邪迷」之合音。耶律晉卿又謂之尋思虔，譯曰：尋思，肥也；虔，城也。今謂之賽瑪爾罕。蓋自北庭至此，大率西行，過此則大率南行，最爲西征扼要之地。故於此宿兵，而以耶律楚材駐焉。

碣石，《地理志》作「柯傷」，《明史·外國傳》作「渴石」，云：南有大山屹立，「出峽口，有石門，色似鐵」，即《記》所謂鐵門也。《新唐書》吐火羅有鐵門山，其來舊矣。《大唐西域記》曰：「出鐵門，至覩貨邏國，其地東阨葱嶺，西接波剌斯，南抵大雪山，北據鐵門。」過雪山爲濫波國，即在北印度境。於時追若弗乂算端，南逾雪山，故謂之印度。太祖旋師後，復遣將追至忻都，窮及申河，算端死，乃返。則在印度國中矣。阿里鮮所言正月十三日自邪米思干初發，三日東南過鐵門，又五日過大河，二月初吉東南過大雪山，南行三日至行宫，蓋阿里鮮先赴行在，正太祖追算端至印度時，故逾雪山後又三日乃達。長春於四月五日達行在，則已回至雪山避暑。故長春過鐵門後，行十二日，抵雪山而止。所渡之阿母河，《元史》見他處者亦作暗木河，亦作阿木河，《元秘史》作阿梅河，即佛書之縛芻河也。其水今西北流入騰吉斯海。大雪山，今爲和羅三托山，自東而西，綿亘千里。長春之再見也，其行由鐵門外別路。「山根有鹽泉流出，見日即爲白鹽。東南上分水嶺，西望高澗若冰，乃鹽耳。」蓋在鐵門山之西，其西北即大鹽池，《郭寶玉傳》太祖封大鹽池爲惠濟王者也。《西使記》：二十六日，「過納商城」。二十九日，「山皆鹽，如水晶狀」。「納商」乃「渴石」之轉。長春亦於十二日過碣石城，十四至鐵門西南之麓，正同。出山抵河上，其勢若黄河西北流者，其水即流入大鹽池者也。葱嶺西流之水皆會於此，故其勢洶湧。九月朔，渡河橋而北者，即此河。蓋長春既見帝，遂扈從北行矣。

余讀《元史》，嘗疑《太祖紀》十九年甲申「帝至東印度國，角端見，班師」。《耶律楚材傳》亦云：甲申，帝至東印度，駐鐵門關，有一角獸作人言，謂侍衛曰：「汝主宜早還。」帝以問楚材，對曰：「此名角端，能言四方語，好生惡殺。天降符以告陛下也。」帝即日班師。蓋本於宋子貞所作《神道碑》，極以歸美文正，然非實録也。《唐書》：「東天竺際海，與扶南、林邑接。」太祖西征，無由至彼。角端能言，書契所無，晉卿何自知之?讀《湛然集》,晉卿在西域十年,惟及尋思干止耳,未嘗出鐵門也。今讀此《記》,則太祖追算端,惟過大雪山數程,其地應爲北印度。晉卿實未從征,無由備顧問。且頒師爲壬午之春,非甲申也。《元史》蕪漏特甚,有元載籍有關史學者亦少矣,此《記》豈可因其爲道家言而略之?道光壬午秋七月,桐鄉程同文。

（王國維校注本卷尾）

董祐誠跋

徐星伯先生出示《長春真人西遊記》,且詢《記》中日食事。案:元太祖辛巳,當宋嘉定之十四年、金興定之五年。前一年庚辰,耶律楚材進《西征庚午元術》,以本術推之,辛巳年天正朔丙戌,以里差進一日得丁亥,至五月朔得甲申,與宋、金二史《天文志》所書合。日食之異在里差。《記》言見食在陸局河南岸,陸局即臚朐,張德輝《記》謂之翕陸連,今曰克魯倫河。自發源南流,折而東北行,其曲處偏於京師西五度許。《記》以四月二十二日抵河南岸,「行十六日,河勢繞西北山去」,則見食之地距河曲六七程,偏西約二度,北極出地約四十七度。金山當今科布多之阿爾泰山,極高約四十八度,偏西約二十九度。邪米思干城即撒馬兒罕,其地極高四十三度,偏西五十度。以今時憲書步交食術約略上推,是時月在正交,日躔小滿後八度奇,值畢十度,與《宋志》所書日在畢合。陸局河南見食在正午，其食甚實緯在北二十五分奇，日晷高六十四度餘，南北差約二十五六分。則月心正當日心。且其時日近最高，月近最卑，日徑三十一分奇，月徑三十二分奇，日小月大，故見食既。金山偏於陸局河西約二十七度，子時當蚤七刻奇，日晷當高五十三度餘，南北差約三十五六分，月心當日心南約十分【二】，以減併徑三十二分與日徑三十一分相比，約得七分，故金山於巳刻見食七分也。邪米思干城偏於陸局河西約四十八度，於時當蚤十三刻，日晷當高四十三度餘，南北差約四十分，月心當日心南約十五六分，以減併徑與日徑相比，得五分強、六分弱，故邪米思干於辰刻見食六分也。雖視行隨地不同，則食甚時刻及食分亦異，然所差不遠，已足見其大略。里差之説，《素問》《周髀》已言之，元代疆域愈遠，故其理愈顯。歐邏巴人詡爲獨得，陋矣。

《記》又言，自陸局河西南行，夏至日影三尺六七寸。古人揆日，皆以八尺表，是地夏至日晷約高六十六度，北極出地約四十六七度，蓋當土拉河之南、喀嚕哈河之東，近今喀爾喀土謝圖汗中右旗地。《記》又言，辛巳十一月四日，塞藍城土人以爲年，傍午相賀。錢詹事《潛研堂集》云：回回齋期以太陰年爲準，第九月滿齋一月，至第十月則相慶賀如正旦。其所謂月一日者，以見新月爲準。其命日又起午正，故每年相賀之期無一定。詹事之説本宣城梅氏。今校回回術，太陽宫分年百二十八，年閏三十一日；太陰月分年三十，年閏十一日。開皇己未春正前日入太陰年三百三十一日。以此推開皇己未至

【二】月心當日心南約十分　「約」原作「日」，據《續修四庫全書》本《董方立文甲集》卷下《長春真人西遊記跋》改。

元太祖辛巳，太陽年積六百二十二，太陰年積六百四十一。辛巳白羊宫入太陰年之第一月，而中土之十一月爲彼中之第十月。貝琳《七政推步》例謂之「答亦月」，正回俗所言大節。其俗既以見新月之明日爲月之一日，又以午初四刻屬前日，則是年十一月四日傍午，適當彼中之正旦。詹事之説信矣。并書卷末，以質之先生。道光二年六月十三日，陽湖董祐誠跋。

（王國維校注本卷尾）

劉喜海跋

道光甲申九月，假得月汀藏本録出，鐙下校讀數夜。覲春盧先生、星伯中翰、方立孝廉各跋，此書足資考證者甚夥，不可以道家言薄之。向來流傳頗少，故亦未經采入。芸臺年伯采進遺書，始以舊鈔本著録焉。東武劉喜海燕庭氏志。

（國家圖書館藏清道光間劉喜海家鈔本封面）

塞北紀行

⊙張德輝撰

點校説明

《塞北紀行》一卷，張德輝撰。張德輝（一一九五—一二七四），字耀卿，號頤齋，冀寧路交城（今山西交城）人。《元朝名臣事略》稱其「天資剛直，博學有經濟器」。金貞祐年間，試補御史臺掾。金亡，爲史天澤聘充經歷官。窩闊台汗七年（一二三五），從史天澤南征。先後兩次被忽必烈召至和林。元世祖中統元年（一二六〇），拜河東宣撫使，政績顯著，入拜翰林學士、參議中書省事。出爲東平宣尉使，就僉山東行省，復召參議中書省事，表乞致仕。未幾，起爲侍御史，遂致仕歸。晚年與元好問、李治遊封龍山，著書講學，號稱「龍山三老」。世祖至元十一年（一二七四）卒，年八十。生平事迹見蘇天爵《元朝名臣事略》卷十《宣慰使張公》、王惲《故翰林學士河東南北路宣撫使張公挽詩序》等，《元史》卷一六三有傳。

《塞北紀行》乃張德輝於貴由汗二年（一二四七）夏六月，應忽必烈召首至和林所作，其往返共十月，主要記述由鎮陽出發往返和林之見聞。此書内容豐富，涉及自然地理、社會經濟、歷史文化、蒙古習俗等，且首次記述忽必烈駐帳和林之日常活動與生活細節，具有重要史料價值。

《塞北紀行》原載王惲《秋澗先生大全文集》卷一百，題名《紀行》，此後有《邊堠紀行》《塞北紀行》《嶺北紀行》諸稱。版本有元刊明修本、明刻本、清鈔本等。今人箋注本以姚從吾

《張德輝〈嶺北紀行〉足本校注》（《臺灣大學文史哲學報》第十一期，一九六二年）、賈敬顔《五代宋金元人邊疆行記十三種疏證稿》（中華書局二〇〇四年）最爲通行。姚氏以《四部叢刊初編》影印《秋澗先生大全文集》明弘治刻本爲底本，增補蘇天爵《國朝名臣事略》卷十及《元史》卷一六三《張德輝傳》相關内容，故稱「足本」。

本次點校以《四部叢刊初編》影印《秋澗先生大全文集》明弘治刻本爲底本，校以元至治元年二年嘉興路儒學刻明修《秋澗先生大全文集》本、《四部叢刊三編》影印《天下郡國利病書·九邊四夷》稿本及乾隆二十三年《口北三廳志》卷十三《藝文志二》所引《紀行》，參考姚從吾校注本、賈敬顔疏證本。

校勘記

歲丁未夏六月初吉，赴召北上。發自鎮陽，信宿過中山。時積陰不雨，有頃開霽，西望恒山之絶頂，所謂神峰者。聳拔若青蓋然。自餘諸峰，歷歷可數。因顧謂同侶曰：「吾輩此行，其速返乎？此退之衡山之祥也。」

翌日出保塞，過徐河橋，西望琅山，森若劍戟，而葱翠可挹。已而由良門、定興抵涿郡，東望樓桑蜀先主廟。經良鄉，度濾溝橋以達於燕。居旬日而行，北過雙塔堡、新店驛，入南口，度居庸關。出關之北口，則西行。經榆林驛、雷家店，及於懷來縣。縣之東有橋，中橫木，而上下皆石。橋之西有居人聚落，而縣郭蕪没。西過雞鳴山之陽，有邸店曰平輿，其巔建僧舍焉。循山之西而北，沿桑乾河以上，河有石橋。由橋而西，乃德興府道也。北過一邸曰定防，水經石梯子，至宣德州。

復西北行，過沙嶺子口，及宣平縣驛。出得勝口，抵扼胡嶺，下有驛曰孛落。自是以北，諸驛皆蒙古部族所分主也，每驛各以主者之名名之。由嶺而上，則東北行，始見毳幕氈車，逐水草畜牧而已，非復中原之風土也。尋過撫州，惟荒城在焉。北入昌州，居民僅百家，中有廨舍，乃國王所建也。亦有倉廩，隸州之鹽司。州之東有鹽池，周廣可百里，土人謂之狗泊，以其形似故也。州之北行百餘里，有故壘隱然，連亘山谷。壘南有小廢城，問之居者，云：「此前朝所築堡障也。」城有戍者之所居。自堡障行四驛，始入沙陀。際陀所及，無塊石寸壤。遠而望之，若岡陵丘阜然。既至，則皆積沙也。所宜之木，榆柳而已，又皆樗散而叢生。其水盡鹹鹵也。凡經六驛而出陀。

復西北行一驛，過魚兒泊。泊有二焉，周廣百餘里，中有陸道達於南北。泊之東涯有公主離宮，之外垣高丈餘，方廣二里許。中建寢殿，夾以二室，背以龜軒，旁列兩廡，前峙眺樓，登之頗快目力。宮之東有民匠雜居，稍成聚落。中有一樓，榜曰「迎暉」。自泊之西北行四驛，有長城頹址，望之綿延不盡，亦前朝所築之外堡也。

自外堡行一十五驛，抵一河，深廣約什滹沱之三，北語云「翕陸連」，漢言「驢駒河」也。夾岸多叢柳。其水東注，甚湍猛。居人云：「中有魚，長可三四尺【一】，春夏及秋捕之皆不能得，至冬可鑿冰而捕也。」瀕河之民，雜以蕃漢，稍有屋室，皆以土冒之。亦頗有種藝，麻麥而已。河之北有大山，曰「窟速吾」，漢言「黑山」也。自一舍外望之，黯然若有茂林者。迫而視之，皆蒼石也。蓋常有陰靄之氣覆其上焉。

自黑山之陽西南行九驛，復臨一河，深廣加翕陸連三之一，魚之大若翕陸連水中者【二】，捕法亦如之。其水始西流，深急不可涉。北語云「渾獨刺」，漢言「兔兒」也。遵河而西，行一驛，有契丹所築故城。可方三里，背山面水，自是水北流矣。由故城西北行三驛，過畢里紇都，乃弓匠積養之地。又經一驛，過大澤泊，周廣約六七十里，水極澄澈，北語謂「吾悮竭腦兒」。自泊之南而西，分道入和林城，相去約百餘里。泊之正西，有小故城，亦契丹所築也。由城四望，地甚平曠，可百里，外皆有山。山之陰多松林，瀕水

【一】長可三四尺　「三」原作「二」，據元刊明修本改。

【二】魚之大若翕陸連水中者　「翕陸連水中者」原作「水之」，據《口北三廳志》所引《紀行》改。

則青楊叢柳而已，中即和林川也。居人多事耕稼，悉引水灌之，間亦有蔬圃【三】。時孟秋下旬，糜麥皆槁，問之田者，云：「已三霜矣」。

由川之西北行一驛，過馬頭山。居者云：「上有大馬首，故名之。」自馬頭山之陰，轉而復西南行，過忽蘭赤斤，乃奉部曲民匠種藝之所。有水曰塌米河注之。

東北又經一驛，過石堠。石堠在驛道旁，高五尺許，下周四十餘步，正方而隅，巍然特立於平地，形甚奇峻，遥望之若大堠然，由是名焉。自堠之西南行三驛，過一河曰唐古，以其源出於西夏故也。其水亦東北流。水之西有峻嶺，嶺之石皆鐵如也。嶺陰多松林，其陽帳殿在焉，乃避夏之所也。迨中秋後始啓行。東由驛道過石堠子，至忽蘭赤斤山名，以其形似紅耳也。東北迤邐入陀山。自是且行且止，行不過一舍，止不過信宿。所過無名山大川，不可殫紀。

至重九日，王師麾下會於大牙帳【四】，灑白馬湩，修時祀也。其什器皆用樺木【五】，不以金銀爲飾，尚質也。十月中旬，方至一山崦間避冬。林木甚盛，水皆堅凝，人競積薪儲水，以爲禦寒之計。其服非毳革則不可，食則以羶肉爲常，粒米爲珍。比歲除日，輒遷帳易地，以爲賀正之所。日大宴所部於帳前，自王以下皆衣純白裘。三日後，方詣大牙帳致賀，禮也。正月晦，復西南行。二月中旬，至忽蘭赤斤，東行及馬頭山而止，趁春水飛放故也。四月九日，率麾下復會於大牙帳，灑白馬湩，什器亦如之。每歲惟重九、四月九，凡

【三】間亦有蔬圃　「圃」原作「浦」，據《天下郡國利病書》及《口北三廳志》所引《紀行》改。

【四】王師麾下會於大牙帳　「牙」原作「矛」，據元刊明修本改。

【五】其什器皆用樺木　「樺木」原作「禾樺」，《天下郡國利病書》作「木樺」，《口北三廳志》作「樺木」，據改。

致祭者再，其餘節則否。自是日始回，復由驛道西南往避夏所也。大率遇夏則就高寒之地，至冬則趨陽暖薪木易得之處以避之。過以往，則今日行而明日留，逐水草，便畜牧而已。此風土之所宜，習俗之大略也。

僕自始至迨歸，遊於王庭者凡十閱月。每遇燕見，必以禮接之。至於供帳、衾褥、衣服、食飲、藥餌，無一不致其曲，則眷顧之誠可知矣。自度衰朽不才，其何以得此哉！原王之意，出於好善忘勢，爲吾夫子之道而設，抑欲以致天下之賢士也，德輝何足以當之？後必有賢於隗者至焉。因紀行李之本末，故備誌之。戊申夏六月望日，太原張德輝謹誌。

附録

李庭《送張耀卿北上》

旌車走遍太行東，晚得嘉賓自幕中。莫比草茅參國論，已從槖籥補天工。四時葱嶺書年雪，六月松林解愠風。久識天孫機上石，更休擎下斗牛宫。

（李庭《寓庵集》卷二，《藕香零拾叢書》本）

王惲《宣慰使張公》

公名德輝，字耀卿，冀寧交城人。國初，爲丞相史忠武王幕官，尋召居潛邸。中統元年，拜河東宣撫使。入拜翰林學士、參議中書省事，出爲東平宣慰使，就僉山東行省，復召參議中書省事。表乞致仕。未幾，起爲侍御史，遂致仕歸。至元十一年卒，年八十。

公資穎悟，自童孺力學，凝然如成人。弱冠，有聲場屋間，四赴廷試。貞祐兵興，家業蕩盡，以世故試補御史臺掾。時有盜殺卜者，有司蹤跡之，獲僧匿一婦人，畏搒掠誣服，云嘗以私謀質問，故殺以塞口，獄具待報。公疑其冤，其後果得賊。趙禮部秉文、楊户部慥器其材，交口薦譽。其所遊者雷、李、元、白，皆當世名士。汲郡王公撰《行狀》

汴都下，北渡，僑居成安縣。故相史公開府真定，聞其名，聘充經歷官。乙未，從開府南征，凡籌畫調度，倚公爲重。軍士多避役亡去，獲必戮以勵餘者。公極言其不可，後配之守城而已。光州下，華山農民團結爲固，開府令攻之。公曰：「鄉民爲自保計，當以禍福開諭，如或旅拒，加兵未晚。」從之，皆相繼來降，全活者不可勝計。師還，兼提領真定府事。板蕩後，民耗弱不任差役，官從賈豎貸子錢，以充貢賦，謂之「羊羔利」，歲久來責所負，例配徵民伍，有破産不能償者。公言於開府，請於朝，止一本息付之。又料民定其等第，賦税之輸，豪富者先之，而貧窮者得比末減。升真定府參議，興滯補弊，多所裨益。由是聲望隆於諸鎮，而上達於闕庭矣。《行狀》

上在王邸，歲丁未，遣使來召。既見，王從容問曰：「孔子没已久，今其性安在？」對曰：「聖人與天地終始，無所往而不在。王能行聖人之道，即爲聖人，性固在此帳殿中矣。」王曰：「或云遼以釋廢，金以儒亡，有諸？」對曰：「遼事臣未周知，金季乃所親見。宰執中雖用一二儒臣，餘則武弁世爵，若論軍國大計，又皆不預，其内外雜職，以儒進者三十之一，不過閲簿書、聽訟、理財而已。國之存亡，自有任其責者，儒何咎焉？」王悦，乃詢以「祖宗法度具在，而未施設者甚多，將若之何？」公指御前銀槃曰：「創業之主，如製此器，精選白金、良匠，規而成之，畀付後人，傳之無窮。今當求謹厚者司掌，乃永爲寶用。否則不惟缺壞，恐有竊之而去者。」王良久曰：「此正吾心所不忘也。」又訪中國人材，公因舉魏璠、元好問、李治等二十餘人，王屈指數之，間有能道其姓名者。王問：「農家亦勞，何衣食之不贍？」對曰：「農桑天下之本，衣食所從出。男耕女織，終歲勤苦，擇其精美者輸之官，餘粗惡者將以仰事俯畜。而親民之吏復横斂以盡之，民則鮮有不凍餒者矣。」戊申，公釋奠，致胙於王。王曰：「孔子廟食之禮何居？」對曰：「孔子萬代王者師，有國者尊之，則嚴其廟貌，修其時祀。其崇與否，於聖人無所損益，但以見時君尊師重道之心何如耳。」王曰：「自今而後，此禮不廢。」王又問曰：「今之典兵與宰民者，爲害孰甚？」公曰：「典兵者，軍無紀律，專事殘暴，所得不償其失，罪固爲重；若司民者，頭會箕斂，以毒天下，使祖宗之民如蹈水火，蠹亦非細。」王默然良久曰：「然則奈何？」公曰：「莫若更選族人之賢如口温不花者，使主兵柄；勳舊如忽都思者，使主民政。則天下皆受其賜矣。」其年夏，公得告將還，因薦白文舉、鄭顯之、趙元德、李進之、高鳴、李槃、李濤數人。陛辭，又陳尊耆德、任元輔、擇人材、察下情、貴兼聽、親君子、信賞罰、節用度，規戒於王。公在朔庭期年，每進見，延訪聖人道德之旨，修身治國之方，古今治亂之由，詳明切直，多所開悟。故呼字賜坐，賚賜之禮殊渥。《行狀》

公奉旨教胄子孛羅等，及修理鎮之學官，内外焕然一新。會生徒行祀禮，衣冠濟濟，

有承平之舊。郡邑化之，文風翕然爲振。《行狀》

壬子，公與元好問北覲，奉啓請王爲儒教大宗師，王悦而受之。繼啓：「累朝有旨蠲免儒户兵賦，乞令有司遵行。」王爲降旨，仍命公提舉真定學校。《行狀》

王即皇帝位，起公爲河南北路宣撫使。汾、晉地廣物衆，官世守，吏結爲朋黨，侵漁貪賄，以豪强相軋，其視官府紀綱及民之疾苦，殆土苴然，而貧弱冤抑，終莫得伸。公下車，逮其姦贓之甚者忽察忽思數十人，械庭下，數其罪惡，杖而出之。於是搜剔吏弊，遴選官屬，庶政一新，所部肅然。訟牒日以百數，胥吏疲於傳命，公隨見隨決，剖析以理，折衷於法，皆情得而去，吏但受成而已。耆耋不遠數百里來觀，至以手加額云：「六十年不期復見此太平官府。」吏民戴之若神明焉。歲歉民乏食，請於朝，發常平粟貸之，及減其租税有差。河東賦役，素無適從，官吏囊槖爲姦，賦一徵十，民不勝其困苦，故多流亡。公閲實户編，均其等第，出納有法，數十年之弊一旦革去。西川元帥紐鄰重取兵一千一百人，守吏畏其威，莫敢申理。隸鳳翔屯田者八百餘人，屯罷，兵不歸籍。會僉防戍兵，河中浮梁故有守卒，不以充數。公皆條奏之，上可其請。兵後貧民多依庇豪右，及有以身庸籍衣食，歷年滋久，掩爲家人。驗籍質券，悉出之爲民。文水白氏婦嘗鬻二子，以償長男徒罪之贓。公至，翻異之，究其情，以鬻子故，取公使錢贖還之。《行狀》

二年春，考績於京師，爲十路最。陛見，上勞之，命疏時所急務，具四事以奏：一曰嚴保舉以取人，所以絶請託而得可用之才；二曰給俸禄以養廉能，所以禁贓濫不使侵漁子民；三曰易世官而遷都邑，所以考治績、革舊弊而攄民之冤；四曰正刑罰而勿屢赦，所以絶幸民、息盜賊而期於無刑。皆深切時事，上嘉納焉。《行狀》

拜東平路宣慰使。東平，巨鎮也，其政賦獄法之繁，視河東爲倍蓰。如李祐之苛，劉孟固、楊奇烈之贓姦，皆窮其根株不少貸。方春旱，種不下，祈於泰山，一夕甘澍沾足。宣慰使八剌、同知寶合丁，其下崔彦等數十人，假其權勢，干擾庶政。公廉知，繫之獄。彼力爲營救，公怒曰：「君欲黨姦人而違制令乎？」竟抵之罪。每一事，必與同署周折三數，乃得施行，彼雖有後言，中心自畏服焉。八剌以盜賊充斥，獲者欲處以死，公曰：「吾豈敢曲從汝妄殺乎？」八剌密以聞，有旨：「張耀卿所言准合條例，可從之。」奏免遠輸豆粟二十萬斛，和糴粟十萬斛。寶合丁議欲官賦繭絲，令民税之而後輸，公曰：「是富上以毒下也，且輸納後期之責孰任之？」遂罷其事。有寡婦馬氏，將鬻其女以完逋賦，分己俸代之，復蠲其額。《行狀》

至元三年秋，參議中書省事。宰相傳旨，令坐都堂議事，凡軍國大政，必諮訪而後行。有旨，令趙彝使日本，命都堂議敕高麗詔以進，公曰：「趙彝本宋人，萬一所言不實，恐妄生邊釁，貽笑遠邦。」明日，同宰執奏之，遂止。《行狀》

五年春，起公侍御史，同平章塔察兒行御史臺，辭不拜。有言沿邊將校冒功、軍士虚耗廩帑者，上怒，敕使按治，仍以其事諭公陳奏。公奏曰：「昔者將校備嘗艱阻，與士卒同甘苦。今年少子弟襲爵，或以微勞進用，豈知軍旅之事乎？致朝廷敕使覆按，此省院素失約束耳。若悉痛繩以法，則人不自安。今但易其部署，選武毅有才略者任之，則軍政自新，時委風憲官體究，庶革其弊。」宰執傳旨，命公議御史臺條例。公奏曰：「御史，執法官。今法令未明，何據而行？此事行之不易，又難中止，陛下宜慎思之。」後數日，復召公曰：「朕慮之已熟，卿當力行。」對曰：「若必欲行之，乞立宗正府以正皇族，外戚得以糾彈，女謁無令面奏，諸局承應人皆得究治。」上良久曰：「可徐行之。」公以衰老懇請，命舉可任風憲者，公手疏烏古論貞、張邦彦、張肅、李槃、張昉、曹椿年、孫汝楫、王惲、胡祇遹、周砥、李謙、魏初、鄭扆等十餘人以聞。又乞致仕，許之。《行狀》

公天資剛直，博學有經濟器，容色毅然不可犯，望之知爲端人正士。遇事風生，果於斷決，庭議剴切，矯矯然有三代遺直。其獎善良，疾姦惡，革弊政，美風化，要於濟時行道，盡忠所事，以實惠及民。成敗利鈍，初不計恤。其兩鎮巨藩，再入中書，雖權貴素以嚴厲稱者，與之往復論難，不毫髮相假貸。時或齟齬，其耿耿自信，氣終不下。既爲上所深知，凡大政令必諮決焉。論者謂：省臺肇建，進司儒學，開太平之基，公實爲啓迪之先。故譖毁不行，纔退復召，終始眷顧之禮不少衰。上問八剌：「張耀卿曾受賂否？」曰：「若言其受賂，豈不畏上蒼乎？」與人交，重然諾，不戲言笑，在尊俎間亦以禮法自持。故元遺山呼爲畏友，親舊不敢干以私。恤患難，周困急，至質衣典書無難色。儒士宋子昭羈於豪權家，言於上官出之。蜀儒古生售於人，鳩銀贖之，仍給據爲良。張新軒子琥已結婚，無以成禮，公輟俸以給。屢與遺山、敬齋遊封龍山，時人目爲「龍山三老」云。《行狀》

（蘇天爵《元朝名臣事略》卷十，《畿輔叢書》本）

王惲《故翰林學士河東南北路宣撫使張公挽詩序》

歲甲寅冬，先生被故經略史公召過衛，惲以諸生贄文上謁，承顧睞獨異。逮中統辛酉，先生自河東宣撫改授翰林學士，兼中書省參議。其秋，惲亦以都司就列，機務之暇，接論思殊款。至元二年，公以前東平宣慰起復，簽山東等路行省事，適惲從事在魯，又奉閒燕者兩月。六年己巳冬，不肖應御史辟出真定，候公於頤齋，尊酒從容，言笑竟日，因及西臺故事。時公精力未衰，慨然經世之懷，尚眷眷不置也。厥後惲官平陽，飫聞公鎮撫時，政績章章在人心不去者甚悉。私念自甲寅迄壬申歲廿年間，與公會合者五，聯事者再，似不偶然也，故知公爲頗詳。公資剛嚴，有經濟器業，遇事風生，果於斷劃。其庭議剴切，矯矯有長孺志節。至扶善良，嫉姦惡，又似夫王義方對仗時辭氣。生平素蘊，在河東展略盡至，今三晉間愛仰如神明，乃以「霹靂手」目焉。雖時致齟齬，其耿耿自信不疑者，氣終不少下。公歿後三年，甥王革來過，追惟疇昔，愴然動零落丘山之感，余亦爲歔欷也。想遺直之不復，悼斯文之如綫，勉爲哀挽，庶答顧遇知己之厚，且代封龍招來之些。魂而有靈，鑒兹哀悃。公字耀卿，姓張氏，太原交城人。早舉進士，聲籍場屋間，既而以臺掾進。爲人儀觀秀偉，山立揚休，望而知爲正人端士。壽八十，終鎮州，頤齋其自號云，不書名，貴之也。至元丁丑秋謹序。

（王惲《秋澗先生大全文集》卷四一，元刊明修本）

北使記

◉烏古孫仲端口述
◉劉　祁筆録

點校説明

《北使記》一卷，烏古孫仲端（「烏」或作「吾」）口述，劉祁筆録。烏古孫仲端（？—一二三三），女真人，本名卜吉，字子正，金章宗承安二年（一一九七）進士。宣宗時，累官禮部侍郎。宣宗興定四年（一二二〇）七月，與翰林待制安庭珍奉使蒙古求和，見太師國王木華黎後，仲端獨往西域覲見成吉思汗，於次年十二月還。劉祁贊其「以蒼生之命，挺身入不測之敵，萬里沙漠，嘻笑而還，氣宇恢然，殊不見衰悴憂戚之態。蓋其忠義之氣素貯乎胸中，故踐夷貊間若不出閨闥然」（《北使記》）。後歷官裕州刺史、御史中丞、權參知政事。後留守汴京，蒙軍攻城將破，自縊而亡。《金史》卷一二四有傳。劉祁（一二〇三—一二五〇），字京叔，號神川遁士，應州渾源（今山西渾源）人。出身官宦世家，「少穎異，爲學能自刻厲，有奇童目」（王惲《秋澗先生大全文集》卷五十八《渾源劉氏世德碑銘》）。八歲隨父宦遊，後長期生活於南京（今開封），多有結識名宦顯官與文人學士。興定五年（一二二一），科考廷試落第。金亡，歸鄉。蒙古窩闊台汗十年（一二三八），復起應試中第，選充山西東路考試官。乃馬真后三年（一二四四），入南行臺粘合幕。海迷失后二年（一二四九），往來於燕趙間。三年，卒於相臺（今河南安陽），年四十八。著有《神川遁士集》《歸潛志》《處言》等。生平見《歸潛志》自序、《金史・劉從益傳》、王惲《渾源劉氏世德碑》等。

《北使記》記述烏古孫仲端一行往返西域之見聞，乃仲端西域覲見返回後，由仲端口述，劉祁筆録而成。「公使歸時，備談西北所見，屬趙閑閑記之，趙以屬屏山，屏山以屬余，余爲録其事，趙書以石，迄今傳世間也。」（劉祁《歸潛志》卷六）《北使記》題曰「北使」，從經行路綫來看實乃「西使」。雖篇幅不長，所涉内容却很豐富，記述有關經行之地自然地理、風土人情、氣候物産、民族文化、宗教信仰、語言文字等，是研究十三世紀初期西遼、回紇及中亞歷史文化之重要史料。

《北使記》最初存於劉祁《神川遁士集》，該書已佚，後賴陶宗儀《遊志續編》載録得以流傳。清乾隆四十四年（一七七九）鮑廷博從萊陽趙起杲處鈔得劉祁《歸潛志》十四卷，并於卷十三末録入《北使記》作爲附録，收入《知不足齋叢書》。一九二五年，王國維以《遊志續編》錢磬室手鈔本爲底本校注，爲《古行記四種校録》之一。三十年代張星烺箋注，題爲《烏古孫仲端之〈北使記〉》（收於《中西交通史料彙編》第五册）。此後有閻宗臨《〈北使記〉箋注》（《山西地方史研究》第二輯，山西人民出版社一九六二年）、崔文印《知不足齋叢書》本《歸潛志》點校本（中華書局一九八三年）、楊建新《古西行記選注》（寧夏人民出版社一九八七年）、《王國維全集》（浙江教育出版社二〇〇九年）等點校本。《北使記》亦有外文譯本、單行本。光緒元年（一八七五），俄國白萊脱胥乃賓將《北使記》譯爲英文，載於其所著《中世紀研究》第一册。二〇〇一年，忽赤罕將《北使記》譯爲蒙古語，作爲單行本由内蒙古教育出版社出版。

本次點校以《王國維遺書》第十三册《古行記四種校録》影印本爲底本，保留其夾校夾注。校以《知不足齋叢書》本《歸潛志》，參考張星烺《烏古孫仲端之〈北使記〉》、崔文印《歸潛志》點校本。

興定四年七月，詔遣禮部侍郎吾古孫仲端使於北朝，翰林待制安庭珍副之。至五年十月復命。吾古孫謂余曰：「僕身使萬里，亘天之西，其所遊歷甚異，喜事者不可不知也，公其記之。」

自四年冬十二月初，出北界，行西北向，地浸高。並夏國前七八千里，山之東水盡東，山之西水亦西，地浸下。又前四五千里，地甚燠。歷城百餘，皆非漢名。訪其人，云有磨里奚、磨可里、紇里迄斯、乃蠻、航里、瑰古、途馬、合魯諸番族居焉。磨里奚、磨可里，即《秘史》之蔑兒乞、客列亦惕也；航里即康里，瑰古即畏兀兒，途馬即禿馬惕，合魯即葛邏禄也。又幾萬里，至回紇國之益离城，即回紇王所都。時已四月上旬矣。

大契丹大石者，在回紇中。昔大石林牙，遼族也。太祖愛其俊辯，賜之妻，而陰蓄異志。因從西征，挈其孥亡入山，後鳩集群糺，徑西北，逐水草居。行數載，抵陰山，雪石不得前，乃屏車，以駝負輜重入回鶻，攘其地而國焉。日益强，僭號德宗，立三十餘年。死，其子襲，號仁宗。死，其女弟甘氏攝政【一】，姦殺其夫，國亂，誅。仁宗者次子立，以用非其人，政荒，爲回紇所滅。今其國人無幾，衣服悉回紇也。

其回紇國，地廣袤，際西不見疆畛。四五月，百草枯如冬。其山暑伏有蓄雪。日出而燠，日入而寒。至六月，衾猶綿。夏不雨，迨秋而雨，百草始萌。及冬，川野如春，卉木再華。

校勘記

【一】其女弟甘氏攝政　「弟」字原缺，據《知不足齋叢書》本《歸潛志》卷十三附録《北使記》補。

其人種類甚衆，其須髯拳如毛，而緇黃淺深不一，面惟見眼鼻。其嗜好亦異。有没速魯蠻回紇者，性殘忍，肉必手殺而啖，雖齋亦酒脯自若。有遺里諸回紇者，頗柔懦，不喜殺，遇齋則不肉食。有印都回紇者，色黑而性愿。其餘不可殫記。其國王閹侍，選印度中之黔而陋者，火漫其面焉。

其國人皆邑居，無村落，覆土而屋，梁柱檐楹皆雕木，窗牖瓶器皆白琉璃。金銀珠玉、布帛絲枲極廣，弓矢車服、甲仗器皿甚異。甃甓爲橋，舟如梭然。惟桑、五穀頗類中國。種樹亦人力。其鹽産於山。釀蒲萄爲酒。瓜有重六十斤者。海棠色殊佳。有葱葅，美而香。其獸則駝而孤峰，牛有□脊【二】，羊而大尾。又有師、象、孔雀、水牛、野驢。蛇有四跗。有惡蟲，狀如蜘蛛，中人必號而死。自餘禽獸、草木、魚蟲，千態萬狀，俱非中國所有。

山曰塔必斯罕者，方五六十里，葱翠如屏，檜木成林，山足而泉。

其俗衣縞素，衽無左右，腰必帶。其衣衾茵幙，悉羊毳也。其毳植於地。其食則胡餅、湯餅而魚肉焉。其婦人衣白，面亦衣，止外其目。間有髯者，並業歌舞音樂。其織紝裁縫，皆男子爲之。亦有倡優百戲。其書契、約束並回紇字，筆葦其管。言語不與中國通。人死不焚，葬無棺槨，比斂，必西其首。其僧皆髮，寺無繪塑，經語亦不通，惟和、沙州寺像如中國，誦漢字佛書。

予曰：嘻，異哉，公之行也。昔張騫、蘇武銜漢命使絶域，皆歷年始歸，其艱難困苦，

【二】牛有□脊　此句張星烺《烏古孫仲端之〈北使記〉》作「牛有峰在脊」。

僅以身免。而公以蒼生之命，挺身入不測之敵，萬里沙漠，嘻笑而還，氣宇恢然，殊不見衰悴憂戚之態。蓋其忠義之氣素貯乎胸中，故踐夷貊間若不出閫閾然。身名偕完，森動當世，凛乎真烈丈夫哉！視彼二子亦無愧。故余樂爲之書，以備他日史官採云。

歸潛志

⊙劉祁撰

點校説明

《歸潛志》十四卷，劉祁撰。劉祁生平見《北使記》點校説明。

劉祁親歷壬辰之變，金亡歸故里，有感於「昔所與交遊，皆一代偉人，今雖物故，其言論談笑，想之猶在目。且其所聞所見可以勸戒規鑒者，不可使湮没無傳。因暇日記憶，隨得隨書，題曰《歸潛志》」。旨在「異時作史，亦或有取焉」。《歸潛志》内容豐富，卷一至卷六爲金末名人小傳，卷七至卷十雜記金朝遺事及典章制度，卷十一記開封城破金亡始末，卷十二記金代興衰之由及爲叛將崔立立碑事，卷十三、十四爲雜説、遊記、詩文。祁秉承史家精神，「所傳不真及不見不聞者，皆不敢録」，秉筆直書，既不没人之長，又不諱人之短，所録金人軼事，多具故事性與文學性，可見當時文人之生活觀念及詩文風尚，亦可窺金代社會真實面貌。所録所評，翔實可信，「修《金史》多採用焉」（《金史》卷一二六《劉從益傳》）。其史料價值，與元好問《壬辰雜編》相比，「雖微有異同，而金末喪亂之事猶有足徵者焉」（《金史》卷一一五《完顔奴申傳》）。

《歸潛志》於元至大年間由劉祁同鄉孫和伯首次刊行，十四卷。今存有八卷本、十四卷本。八卷本有清康熙四十二年（一七〇三）徐釚家藏鈔本、清有竹堂鈔本及《學海類編》本刻本等。十四卷本鈔本有明鈔本（藏國家圖書館，何煌校并跋，該本較爲接近元本面貌）、清初徐氏傳是樓鈔本、趙氏小山堂鈔本、乾隆十年（一七四五）張氏涉園鈔本、《四庫全書》本，以及黄丕烈、施國祁校本等，刊本有《武英殿聚珍本書》本、《知不足齋叢書》本等。《知不足齋叢書》本爲清人鮑廷博於乾隆四十四年（一七七九）刊刻，「此本傳鈔於萊陽趙太守起杲，再假文瑞樓、抱經堂諸本互相讎校，略采《宋史》《中州集》及諸家雜説以疏其異同」（鮑廷博跋），書部分卷中還附録有關《歸潛志》所涉文人作品、劉祁佚文、《北使記》及悼挽劉祁之詩文。書後附録一卷，收録《金史》中劉祁資料、王惲《渾源劉氏世德碑》（節録）及鮑氏新增王士禛、錢曾題跋。

本次點校以鮑氏《知不足齋叢書》本爲底本，保留其校注及附録。校以明鈔本，黄丕烈、施國祁校本及《武英殿聚珍版書》本（簡稱聚珍本），參考崔文印《歸潛志》點校本（中華書局一九八三年）。將底本原附録作爲「附録一」，原序跋與本次新增序跋等資料重新排序，作爲「附録二」。

目録

卷一

金海陵庶人，讀書有文才，爲藩王時，嘗書人扇云：「大柄若在手，清風滿天下。」人知其大志。正隆南征，至維揚，望江左賦詩云：「屯兵百萬西湖上，立馬吴山第一峰。」其意氣亦不淺。

宣孝太子，世宗子，章宗父也，追謚顯宗。好文學，作詩善畫，人物、馬尤工，迄今人間多有存者。

章宗天資聰悟，詩詞多有可稱者。《宫中絶句》云：「五雲金碧拱朝霞，樓閣崢嶸帝子家。三十六宫簾盡捲，東風無處不楊花。」真帝王詩也。《命翰林待制朱瀾侍夜飲》詩云：「夜飲何所樂，所樂無喧嘩。一云「所樂静無嘩」。三杯淡醽醁，一曲冷琵琶。坐久香成穗，夜深燈欲花。「夜深」一作「夜闌」。陶陶復陶陶，醉鄉豈有涯？」《聚骨扇》詞云：「幾股湘江龍骨瘦。巧樣翻騰，疊作湘波皺。金縷小鈿花草鬭。翠條更結同心扣。一作「綬」。金殿日長承宴久。招來暫喜清風透。忽聽傳宣須急奏。輕輕褪入香羅袖。」又《擘橙爲軟金杯》詞云：「風流紫府郎，痛飲烏紗岸。柔軟九回腸，冷怯玻瓈盌。一作「盞」。纖纖白玉葱，分破黄金彈。借得洞庭春，飛上桃花面。」嘗爲《鐵券行》數十韻，筆力甚雄。又有《送張建致仕歸》《吊王庭筠下世》詩，具載《飛龍記》中。

豫王允成【一】，世宗第四子也。好文，善歌詩，有《樂善老人集》行於世。

密國公璹，按《金史》，本名壽孫，世宗賜名。字仲實，按《金史》，字仲實，一字子瑜。世宗之孫，越王允功之子也【二】。幼有俊才，能詩，工書，自號樗軒居士。宣宗南渡，防忌同宗，親王皆有門禁。公以開府儀同三司奉朝請，家居止以講誦、吟詠爲樂。時時潛與士大夫唱酬，然不敢彰露。正大間，余入南京，因訪僧仁上人，會公至，相見欣然。其舉止談笑，真一老儒，殊無驕貴之態。後因造其第，一室蕭然，琴書滿案，諸子環侍無俗談，可謂賢公子矣。乃出其所藏書畫數十軸，皆世間罕見者。後余適陳，送以二詩，甚佳。又爲予先子集作後序。一時文士如雷希顔、元裕之、李長源、王飛伯皆遊其門。飛伯嘗有詩云：「宣平坊裏榆林巷，便是臨淄公子家。寂寞畫堂豪貴少，時容詞客聽琵琶。」蓋實録也。天興初，北兵犯河南，公已卧疾。予候之，因論及時事，公曰：「敵勢如此，不能支，止可以降，全吾祖宗。且本夷狄【三】，如得完顔氏一族歸我國中，使女直不滅，則善矣。餘復何望？」爾後數月薨。按元好問所作《如庵詩文序》，璹以天興壬辰五月薨，春秋六十一。五子，幼曰守禧，字慶之，年少亦有俊才，作詩與字畫亦可喜。狀貌白皙，丰神秀徹如仙人，公特鍾愛。嘗會予，指其書畫曰：「將以付斯人。」公薨，崔立之變，皇族皆聚於禁中。將北遷，慶之病死，年未三十。公平生詩文甚多，晚自刊其詩三百首、樂府一百首，號《如庵小藁》，趙閑閑序

【一】豫王允成　「成」原作「中」，據《金史》卷八五《世宗諸子》改。

【二】越王允功之子也　「功」原作「常」，據聚珍本及《金史》卷八五《世宗諸子》改。

【三】且本夷狄　「夷狄」原作「邊塞」，據明鈔本改。

之，行於世。其佳句有《聞閑閑再起爲翰林》，云：「蓮燭光中久廢吟，一朝超擢眷恩深。四朝耆舊大宗伯，三紀聲名老翰林。人道蛟龍得雲雨，我知麋鹿强冠襟。寶巖谽谷西窗夢，不信秋來不上心。」又《過胥相墓》云：「亭亭華表立朱門，「立」，《中州集》作「映」。始信征南宰相尊。「征南」，《中州集》作「征西」。下馬讀碑人不識，夷山高處望中原。」甚有唐人遠意。又《絶句》：「孟津休道濁於涇，若遇承平也敢清。河朔幾時桑柘底，只談王道不談兵。」不可謂無志者也。

趙學士秉文，字周臣，磁州滏陽人。少擢第，按《金史》，大定二十五年進士。作詩及字畫有名。王庭筠子端薦入翰林，因言事忤旨，外補。後再入館，爲修撰、待制，轉禮部郎中。出典岢嵐、平定、寧邊三郡。南渡，爲直學士，遷侍讀，拜禮部尚書，致仕。再起爲禮部，改翰林學士。天興改元，夏五月卒。按，元本作夏四月卒，考元遺山撰墓志云卒於五月十二日。予家有閑閑手書詩一卷，後遺山跋語亦云五月十二日下世。今據以改正。年七十三。按《金史》，卒年七十四。公幼年詩與書皆法子端，後更學太白、東坡，字兼古今諸家學。及晚年，書大進。詩專法唐人，魁然一時文士領袖。壽考、康寧、爵位，士大夫罕及焉。性疏曠，無機鑿，治民鎮静不生事，在朝循循無異言。家居未嘗有聲色之娱，夫人卒，不再娶。斷葷肉，粗衣糲食不恤也。酷好學，至老不衰。後兩目頗昏，猶孜孜執卷鈔録。上至「六經」解，外至浮屠、莊老、醫學、丹訣，無不究心。其所著有《太玄解》《老子解》《南華指要》《滏水集》《外集》，無慮數十萬言。自號閑閑居士云。

李翰林純甫，字之純，弘州襄陰人。祖安上，嘗魁西京進士。父采仲文，卒於益都府治中。公幼穎悟，異常兒。初爲詞賦學，後讀《左氏春秋》，大愛之，遂更爲經義學。逾冠，一作「始冠」。擢高第，按《金史》，承安二年經義進士。名聲烨然。爲文法莊周、左氏，故其詞雄奇簡古。後進宗之，文風由此一變。又喜談兵，慨然有經世志。泰和南征，兩上疏，策其勝負。章宗咨異，給送軍中，後多如所料。宰執奇其文，薦入翰林。及北方兵起，又上疏論事，不報。宣宗南渡，再入翰林。時丞相术虎高琪擅權，擢爲左司都事。公審其必敗，以母老辭去。俄而高琪誅死，識者智之。再入翰林，連知貢舉。正大末，由取人逾新格，出倅坊州。未赴，改京兆府判官，卒於南京，年四十七。公爲人聰敏，於學無所不通。少自負其才，謂功名可俯拾，作《矮柏賦》，以諸葛孔明、王景略自期。由小官上萬言書，援宋爲證，甚切。當路者以迂闊見抑，士論惜之。中年，度其道不行，益縱酒自放，無仕進意。得官未嘗成考，旋即歸隱。居閑，與禪僧、士子遊，惟以文酒爲事。嘯歌袒裼，出禮法外，或飲數月不醒。人有酒見招，不擇貴賤，必往，往輒醉。雖沈醉，亦未嘗廢著書。至於談笑怒駡，燦然皆成文理。天資喜士，後進有一善，極口稱推，一時名士，皆由公顯於世。又與之拍肩爾汝，忘年齒相歡。教育、撫摩，恩若親戚。故士大夫歸附，號爲「當世龍門」。嘗自作《屏山居士傳》，末云「雅喜推借後進」，如周嗣明、張瑴、李經、王權、雷淵、余先子姓名、宋九嘉，皆以兄呼。而居士使酒玩世，人忤其意，輒嫚駡之，皆其志趣也。其自贊曰：「軀幹短小而芥視九州，形容寢陋而蟻虱公侯，語言蹇吃而連環可解，筆札訛癡而挽回萬牛【四】。寧爲時所棄，不爲名所囚，是何人也邪？吾所學者，净名、莊周。」晚自類其文，凡論性理及關佛老二家者，號「内稿」，其餘應物文字，如碑誌、詩賦，號「外稿」，蓋擬《莊子》内外篇。又解《楞嚴》《金剛經》《老子》《莊子》，又有《中庸集解》《鳴道集解》，號爲「中國心學，西方文教」，數十萬言。嘗曰：「自莊周後，惟王績、元結、鄭厚與吾。」此其所學也。每酒酣，歷歷論天下事，或談儒釋異同，雖環而攻之，莫能屈，世豈復有此俊傑人哉！

【四】筆札訛癡而挽回萬牛　「癡」原作「廢」，據黃丕烈、施國祁校本改。

附録

重修面壁庵記　大金興定六年二月屏山居士李純甫撰

屏山居士，儒家子也。始知讀書，學賦以嗣家門，學大義以業科舉。又學詩以道意，學議論以見志，學古文以得虛名。頗喜史學，求經濟之術；深愛經學，窮理性之說。偶於玄學似有所得，遂於佛學亦有所入。學至於佛則無可學者，乃知佛即聖人，聖人非佛，西方有中國之書，中國無西方之書也。吾佛大慈，皆如實語，發精微之義於明白處，索玄妙之理於委曲中。學士大夫猶畏其高而疑其深，誣爲怪誕，詬爲邪淫，惜哉！龍宮海藏，琅函貝葉，無慮數千萬言，頂之而不觀，目之而不解。且數百年老師宿德，又各執其所見，裂於宗乘，汩於義疏，吾佛之意掃地矣，悲夫！

梁普通中，有菩提達摩大士自西方來，孤唱教外別傳之旨，豈吾佛教外復有所傳乎？特不泥於名相耳。真傳教者非別傳也。如有雅樂，非本色則不成宫商；如有甲第，非主人則不知户庭。自師之至，其子孫遍天下，多魁閎磊落之士，碩大光明，表表可紀，劇談高論，逕造佛心。漸於義學沙門，波及學士大夫，潛符密契，不可勝數。其著而成書者，清凉得之以疏《華嚴》，圭峰得之以鈔《圓覺》，無盡得之以解《法華》，潁濱得之以釋《老子》，吉甫得之以注《莊子》，李翶得之以述《中庸》，荆公父子得之以論《周易》，伊川兄弟得之以訓《詩》《書》，東萊得之以議《左氏》，無垢得之以説《語》論《孟》，使聖人之道不墮於寂滅，不死於虚無，不縛於形器，相爲表裏，如符券然。雖狂夫愚婦，可以立悟於便旋顧盼之頃，如分餘燈以燭冥室，顧不快哉！道冠儒履皆有大解脱門，翰墨文章亦爲遊戲三昧，此師之力也。

新學晚生，愧無以報，今因少林主人志隆命其侍者海浄問訊屏山，曰：「照了居士王知非暨劉菩薩并其徒儲道人重修面壁庵，既已落成，請記其歲月。」時大金興定四年中元之前一日也。隨喜之餘，又洗手焚香，而爲之贊曰：

玄關未啓【五】，玉鏁生苔；靈臺未洗，金鏡塵埋。鐵牛穿鼻，石女懷胎，孰爲具

【五】玄關未啓　「玄」原作「元」，避玄燁諱。下徑改，不再出校。

眼？鼻祖西來。舟行萬里，禪心如灰；壁觀九年，梵音如雷。不戒而戒，不齋而齋，一衣一鉢，五葉花開。或杖或拜，或嗔或舞，謦欬揚眉，顰呻舉武。或咄或咦，或吽或普，柏樹藥欄，燈籠露柱。彈指張弓，吹毛擊鼓，趺宕形容，逕庭言語。太漫汗中，剔渾淪處，有者箇在，又恁麽去。津然可口，如甘露漿；薰然入骨，如薝蔔香。如發管鑰，如施印章，金仙海藏，同時放光。竊吾糟粕，貸吾粃糠，粉澤孔孟，刻畫老莊。八萬四千，清涼道場，屏山説破，誰敢承當。按，屏山文字傳世絶少，偶從碑本録附，以見一斑。

雷翰林淵，字希顔，按《中州集》，別字季默。應州渾源人，與余同里閈，且姻家也。父思西仲，名進士，仕至同知北京轉運司。注《易》行於世。公幼喪父，以孤童入太學，讀書晝夜不休。雖貧甚，不以介意。按《金史》，希顔，西仲季子，庶出。三歲喪父，不爲諸兄所齒，七歲乃發憤入太學讀書。從李屏山遊，遂知名。俄中高第，調涇州録事。坐高庭玉獻臣之獄，幾死。後改東平，遷東阿令，授徐州觀察判官。興定末，召爲英王府文學。英王，《中州集》作荆王。按《金史》，宣宗第二子守純本名盤都，貞祐元年封濮王，興定三年進封英王，至哀宗正大元年始進封荆王。則興定末當稱英王，《中州集》稱荆王者誤也。俄入翰林，爲應奉。拜監察御史，言五事稱旨，又彈劾不避貴臣。出巡郡邑，所至有威譽，凡姦豪不法者，立箠殺之。坐此爲小人所訟，罷去。按，淵在蔡州杖殺五百人，時號「雷半千」。坐此爲人所訟，罷去。久之，起爲太學博士、南京轉運司户籍判官，遷翰林修撰。一夕暴卒，年四十八。按《遺山集·希顔墓誌》云，年四十六。公博學有雄氣，爲文章專法韓昌黎，尤長於叙事。詩雜坡、谷，喜新奇。好收古人書畫、碑刻藏於家，甚富。喜結交，凡當途貴要與布衣名士，無不往來。居京師，賓客踵門，未嘗去舍。後進經公品題以爲榮。家無餘貲，及待賓客，豐腆甚。莅官，喜立名。初登第，攝令遂平，一邑大震。嘗筦州魁吏，州檄召，不應，罷去。後凡居一職，輒震耀。亦坐此仕不達，然士論未嘗不壯之。嘗爲文祭高公獻臣，其詞高古，一時傳誦。工於尺牘，辭簡而甚文，朋友得之，輒以爲珍藏。發書頃刻數十軸，皆得體可愛。在館，與諸同年友制辭，皆摘其不及以箴之。如誥商衡平叔云：「將迎間有，亦須風節之自持。」誥聶天驥元吉云：「讀書大可益人，宜勤講學。」少年賦《松庵》詩曰：「庵中偃卧龍，閲世鬚髯古。人天共護持，半夜起風雨。」《過華山懷陳希夷》云：「五季乾坤半晦冥，先生有意俟澄清。齁齁四十年來睡，開眼東方日已明。」又《梅影》云：「維摩丈室冷於冰，千劫蕭然無盡燈。天女散花愁不寐，夜深高髻影鬅鬙。」人皆傳之。初善李屏山，後善馮公叔獻，後善高公獻臣，最後善趙公周臣、陳公正叔。早與余先子交，嘗同鄉校，同太學，後同朝。先子殁，公寄挽詩有云：「鄉校連裾春誦學，上庠同榻夜論心。」余因請爲墓誌。迄今，予家有公書簡甚多也。善飲啖，未嘗見大醉。酒間論事，口吃而甚辯，出奇無窮，此真豪士也。

宋翰林九嘉，字飛卿，夏津人。少遊太學，有詞賦聲。從屏山遊，讀書爲文，有奇氣，與雷希顏、李天英相埒也。至寧初，擢高第，歷關中四邑，以能稱。按《金史》，四邑爲藍田、高陵、扶風、三水。召補省掾，爲當軸者所忌，求去。已而爲延安帥府所辟，充經歷官，召爲南京右巡院使，風采甚著。以不能事權要罷官。俄入翰林，爲應奉。得風疾，引去。遭亂北還，道病歿。按《中州集》云，正大中，病失音，廢居，歿於癸巳之禍。年未五十，士大夫惜之。飛卿爲人剛直，英邁不群，能政能文，甚爲時望所屬，不幸中以病廢，哀哉！初，召至南京，時屏山亦在，予每從之遊。亂後，予居八仙館，與飛卿相邇，日相見屬和，其詩猶在予橐中。少時《題太白泛月圖》云：「江心月影盡一掬，船頭杯酒盡一吸。夜深風露點宮袍，天地之間一李白。」可想見其意氣也。文辭簡古，法宋祁《新唐書》。惜乎爲吏事所奪，不多著。性不喜佛，雖從屏山遊，常與爭辯。在關中時，因楊焕然赴舉，書與屏山薦之，曰：「焕然，佳士，往見吾兄，慎無以佛老乃嫚之也。」二句似有脱誤。屏山持之，示交遊以爲笑。其後西行，予以序送之，備論其守道不回。今兹云亡，豈復見此挺特之士乎？按《中州集》云，飛卿不喜佛法，自言平生有三恨：一恨佛老之説不出於孔氏前，二恨辭學之士多好譯經潤文，三恨大才而攻異端。其《題蓮社圖》詩云「惟有淵明挽不來」，蓋自況耳。

卷二

李經天英，錦州人，少有異才。入太學肄業，屏山見其詩曰：「真今世太白也。」盛稱諸公間，由是名大震。字畫亦絶人。再舉不第，拂衣歸。南渡後，其鄉帥有表至朝廷。士大夫識之，曰：「此天英筆也。」朝議以武功就命倅其州，後不知所終。天英爲詩刻苦，喜出奇語，不蹈襲前人，妙處人莫能及。號無塵道人。《題太真圖》云：「君前欲拜還未拜，花枝無力東風羞。」又《夜雨》云：「燈火萬家夜，蕭蕭簾下聲。」《晚望》云：「夕陽萬里眼，人立秋黄中。」《夜起》云：「夜半不得月，河漢空星辰。」又《步雲意》云：「一片崑崙心，夕陽小煙樹。」又四言云：「老峰蹙雲，壁立挽秀。林陰灑雨，蒼蒼玉鬬。虚明滿鏡，夜氣成晝。」此其詩體也。

張瑴伯玉，許州人，伯英運使弟也。少有俊才，美丰姿，髯齊於腹。爲人豪邁不羈，奇士也。初入太學，有聲。從屏山遊，與雷、李諸君及余先子善。雅尚氣任俠，不肯下人。再舉不中，遂輟科舉計。居許之郾城，有園囿田宅甚豐，日役使諸姪治生事，而已則以詩酒自放，偃然爲西州豪俠魁。邑令過使，皆下之。喜稱人善，交遊有患難，極力挈扶。俗子少不愜意，輒嫚罵。年四十餘不娶，有一妾，因小過以鐵簡殺之。嘗衣紫綺裘，半醉坐堂上，人望之如神。迨酒酣興發，引紙落筆，往往有天仙語。後病腦疽死，年未五十。麻九疇知幾爲文以祭，辯其爲人大略。少時與屏山飲燕市，有詩云：「日日飲燕市，人人識張翥。西山晚來好，飲酒不下驢。」又云：「昨日上高樓，西山翡翠堆。今日上高樓，西山如死灰。想見屏山老，療飢西山隈。餐盡西山色，高樓空崔嵬。」又賦《古鏡》云：「軒姿古鏡黑如漆，錦華鱗皴秋雨澀。」人以爲不減李長吉云。

周嗣明晦之，真定人。叔昂德卿，名士，文章氣勢一時流輩推之。屏山最愛之，嘗曰：「若德卿操履端重，學問淳深，真韓、歐輩人也。」晦之爲人有學，長於議論，自號放翁。屏山嘗與作真贊，與雷、宋、張、李輩頡頏。同余先子擢第後，從其叔北征，在軍中。軍敗，父子俱縊死。屏山《贅談》，晦之序也。屏山《送李天英》詩云：「髯張元是人中龍，喜如俊鶻盤秋空，怒如怪獸拔枯松。按，二「如」字別本俱作「時」。更著短周時緩頰，智囊無底眼如月，斫頭不屈面如鐵，一說未終復一說。勍敵相阨已錚錚，二豪同運又連衡，屏山直欲樹降旌，那得人間有阿英。阿英魁奇天下士，筆頭風雨三千字，醉倒謫仙元不死，時借奇兵攻二子。」可想見三人者也。

王權士衡，真定人，又名之奇。從屏山遊，屏山稱之。爲人跌宕不羈，喜功名，博學，無所不覽。酣飲放歌，人以爲狂，屏山爲作《狂真贊》。與余先子同年進士，然仕宦連蹇。晚召入朝，爲部勾當官。俄辟爲縣令，未赴。家魯山，爲縣吏所辱，憤惋發疾死。貞祐初，余先子攝許州幕，時屏山，「二張」伯英、伯玉，雷、魏諸公皆在焉，日會飲爲樂。忽高公獻臣將赴河南，來過，諸公詣之。及夕，獨希顔、士衡留宿。高既去，未幾，爲主帥所誣陷以有異志，逮捕諸黨與。符下潁川，械二公，赴洛獄，搒掠萬端，會赦方得免。然自兹士衡無仕進之意矣。

麻九疇知幾，初名文純，易州人。按《中州集》云，莫州人。幼穎悟，善草書，按《金史》，三歲識字，七歲能草書，作大字有及數尺者。能詩，號神童。既長，入太學，刻苦自勵，爲趙閑閑、李屏山所知。南渡後，居郾、蔡間，入遂平西山讀書。爲經義學，精甚。興定末，試開封府，詞賦乙，經義魁。再試南省，復然。聲譽大振，南都婦人、小兒皆知名。及廷試，以誤絀，士論惜之。已而隱居，不爲科舉計。正大初，門人王説、王采苓俱中第，上以其年幼，怪而問之，具知知幾爲師，近臣言其有才學，平章政事侯公摯、翰林學士趙公秉文俱薦之，特召賜進士第。盧亞榜。以病，不拜官，告歸。病已，赴調，授太常寺太祝。俄入翰林，復以病去，居郾。久之，北兵入河南，天興元年。知幾挈其孥入確山避亂。後復出，爲兵士所得，驅之北邊，至廣平病死。按《金史》，年五十九。知幾爲人耿介清苦，雖居貧，不妄干求，卓然以道自守。然性隘狹，交遊少不愜意，輒怒去，蓋處士之剛者也。初，因經義學《易》，後喜邵堯夫《皇極書》，因學算數。又喜卜筮、射覆之術。晚更喜醫方，與名醫張子和遊，盡傳其學。爲文精密巧健，詩尤奇峭，妙處似唐人。嘗作《透光鏡》《篆韻》詩，按，二詩載《中州集》。人争傳寫。後以避謗畏時忌，持戒不作詩，益潛心爲《易》學。與張伯玉、宋飛卿、雷希顔、李欽叔及余先子善。先子初攝令鄽城，日與唱酬爲友。後知幾試開封，先子爲御史，監試，而王翰林從之、李翰林之純爲有司，因相與讀舉子之文，見其有雄麗者，相謂曰：「是必知幾。」因擢爲魁，已而果然，士林以得人相賀。晚最爲趙閑閑所知【一】，有《送麻徵君序并詩》云。

辛愿敬之，河南人，按《金史》，福昌人。自號女几野人，又號溪南詩老。幼嗜書，苦學，坐環堵數年，由是「六經」「百家」無不通貫。喜作詩，五言尤工，人以爲得少陵句法。平生不爲科舉計，且未嘗至京師，砉然中州一逸士也。爲人質古，不嫺世事，麻絛草屨，或倚杖讀書，市中人訝之亦不恤。嘗謂王鬱飛伯曰：「王侯將相，世所其嗜者，聖人有以得之亦不避。得之不以道，與夫居之不能行己之志，是欲澡其身而伏於厠也。此言他人難聞，子宜保之。」此可見其志趣也。貞祐初，先子主長葛簿，敬之素不識，聞其名來謁，相得甚懽。及别，厚贈之。歸而買牛，使其子躬耕以自給。居女几山下，往來長水、永寧間，惟以吟詠講誦爲事，朝士大夫願交而不得也。正大中，先子令葉，復來遊，後歸洛下，病歿。有詩數千首，常在行橐中。其佳句有云：「院静寛留月，窗虚細度雲。」又：「鶯銜晚色啼深樹，燕掠春陰入短墻。」又：「波摇朗月浮金鏡，嶺隔華星斷玉繩。」又：「箕山潁水春風裏，喚起巢由共一杯。」又：「黄綺暫來爲漢友，巢由終不是唐臣。」真處士詩也。

【一】晚最爲趙閑閑所知　「最」原作「景」，據明鈔本改。

趙宜祿宜之，忻州人。幼舉童子第。及壯，病目失明，自號愚軒居士。高才能詩，其所讀書皆自少時不忘。居西山下，止以吟詠爲樂，名士無不與遊，趙、李諸公甚重之。屏山嘗賦《愚軒》云：「我雖有眼不如無，安得恰似愚軒愚？」後病歿，有《愚軒集》。其《題嵩陽歸隱圖》云：「嵩陽」一作「嵩山」。「風煙萬頃一椽茅，「一椽」一作「十椽」。丘壑端能傲市朝。窈窕雲山三兔穴，飄飄風樹一鳩巢。本來無取亦無與，只合自漁還自樵。三十六峰俱可隱，願從君後不須招。」《送辛敬之》云：「李白久矣騎長鯨，後五百歲之純生。」

史學學優，河南人。按《中州集》，延安人。昆弟三人，兄才長亦知名。學優之學，長於史傳、地理。工詩，絶句殊妙。年五十，擢南省魁，後中廷策，得主武陽簿，頗有政聲。再辟盧氏令，病卒。興定末，與余同試於廷，始識之，中夜棘闈談至旦。後先子令葉，學優復來遊。先子歿，學優寄挽詩。未幾，亦下世。有詩數百首，其《七夕》云：「箱牛回馭錦機閑，天上悲歡亦夢間。月夜凭肩人不見，蕭蕭風葉滿驪山。」又《絶句》：「石壁城頭夜斬關，軟紅塵底曉催班。道人一笑那知此，門外清溪屋上山。」又《哭屏山》云：「張侯新作九原人，伯玉。梁子今爲戰血塵。仲涇父。四海交遊零落盡，白頭扶杖哭之純。」

李獻能欽叔，河中人。先世以武功顯，仕至金吾衛上將軍，時號「李金吾家」。迨欽叔昆弟，皆以文學有名。從兄欽止獻卿先擢第，繼以欽叔，又繼以仲兄欽若獻誠、從弟欽用獻甫，故李氏有四桂堂。欽叔苦學博覽，無不通，尤長於四六。南渡，擢南省魁，復中宏詞，按《金史》，貞祐三年，特賜詞賦進士，廷試第一人，宏詞優等。遂入翰林，爲應奉。考滿再留，出爲鄜州觀察判官。再入，遷修撰。正大末，授河中帥府經歷官。北兵來攻，軍敗，奔陝，又爲陝府經歷官。天興改元，陝亂，見殺，年四十三。欽叔爲人眇小而黑色，頗有髯，善談論，每敷説今古，聲鏗亮可聽。作詩有志於風雅，又刻意樂章。在翰院，應機敏捷，號得體。趙閑閑、李屏山嘗曰：「李欽叔，天生今世翰苑材。」故諸公薦之，不令出館。嘗謂人云：「吾幼夢官至五品，壽不至五十。」後竟如其言，異哉！按《金史》，家故饒財，盡於貞祐之亂，在京師無以自資。其母素豪奢，厚於自奉，小不如意則必訶譴，人視之殆不堪憂，獻能處之自若也。人以純孝稱之。

冀禹錫京父，惠州龍山人。幼聰敏絶倫，年十九，擢大興魁，入太學，有聲。弱冠登高第，時雷希顔、宋飛卿皆同榜，號爲得人。京父入仕以能稱，遇事風生，老吏莫及。初主沈丘簿，以年少，喜交遊、飲酒，遂爲其令所乘，坐廢。再調考、柘二城，皆主簿，又以治聞。由前過，終不得京官。朝士屢薦之，爲當途者所沮。居閑，日與諸公宴遊。蒙昭雪，得扶風丞，因客睢陽，爲行樞密院辟爲都事。末帝東遷，擢爲應奉翰林文字，充尚書省都事。蒲察官奴之變，與辛相李蹊同見殺，按《中州集》云，官奴之變，自投水中。年四十三。京父少年作詩，鍛鍊甚工，寫畫亦勁健可喜，其贈先子詩有云：「忠策萬言憂國獻，好詩千首課兒鈔。」又哭先子云：「大才自古無高位，吾道何人主後盟？」又：「醉鄉廣大寬留地，仕路崎嶇小作程。」《聞誅高琪詔下寄聶元吉》云：「開函喜讀故人書，四海窮愁一豁無。見説帝庭新殛鯀，逆知天意欲亡吴。兩宫日月開明詔，萬國衣冠入坦途。莫向新亭共囚泣，中興豈止一夷吾？」散文亦精緻，嘗作余先子哀詞，雷丈希顔善之。

王渥仲澤，後名仲澤，太原人，家世貴顯。少遊太學，有詞賦聲，屢中高選。南渡後擢第，爲時帥奥屯邦獻、完顔斜烈所知，故多在兵間。後辟令寧陵，有治迹，召爲省掾。因使宋至揚州，應對華敏，宋人重之。回爲太學助教，充樞密院經歷官。俄遷右司都事，稍見信用。天興改元，從赤盞合喜提兵出援武仙鄭州西，遇北兵，大戰，殁於陣。性明俊不羈，博學，無所不通。長於談論，使人聽之忘倦。工尺牘，字畫遒美，有晉人風。作詩多有佳句，其《過潁亭》云：「九山西絡煙霞去，一水南吞澗壑流。賓主唱酬空翠琰，干戈横絶自滄洲。」又《贈李道人》云：「簿領沈迷嫌我俗，雲山放浪覺君賢。」又《潁州西湖》云：「破除北客三年恨，慚愧西湖五月春。」又《過龍門》云：「詩成一大笑，浩浩洪波東。」

李汾長源，先名讓，字敬之，太原人。按《金史》，太原平晉人。少遊秦中，喜讀史書，覽古今成敗治亂，慨然有功名心。工於詩，專學唐人，其妙處不減太白、崔顥。爲人尚氣，跌宕不羈，頗褊躁，觸之輒怒，以是多爲人所惡。嘗以書謁行臺胥相國鼎，胥未之禮也。長源後投以書，盡發胥過惡。胥大怒，然以其士人，容之。元光間遊梁，舉進士不中。能詩聲一日動京師，諸公辟爲史院書寫。時趙閑閑爲翰林，雷希顔、李欽叔皆在院，長源不少下之，諸公怒，將逐去，亦不屑，後以病目免歸。復入南京，上書言時事，不報。出客唐、鄧，會北兵入境，恒山公武仙署爲掌書記，在軍中。金國亡，長源勸仙歸宋，未幾，爲仙麾下所殺，年未四十，哀哉！按《金史》，仙與參知政事完顔思烈相異同，頗謀自安，懼汾言論，欲除之。汾覺，遁泌陽，仙令總帥王德追獲之，鎖養馬平，絶食而死。平生詩甚多，不自收集，故往往散落。其《再過長安》有云：「三輔樓臺失歸燕，上林花木怨啼鵑。空餘一掬傷時淚，暗墮昭陵石馬前。」又《下第》絶句云：「學劍攻書事兩違，回頭三十四年非。東風萬里衡門下，依舊中原一布衣。」又《記時事》云：「捕得酒泉生口説，衆酋剺面哭單于。」《望少室》云：「圭影静涵秋氣老，劍鋒横倚斗杓寒。」《夏夜》云：「鵶銜暝色投林急，螢曳餘光入草深。」《鸛雀樓》云：「白鳥去邊紅樹少【二】，斷雲横處碧山多。」樂府、歌行尤雄峭可喜。

李夷子遷，後名偘，字季武，陳郡人。出於兵家，能刻苦爲學。喜讀史書，究古今成敗治亂。尤喜武事，習兵法、擊劍、馳射。有志於功名，累舉詞賦不中，改試經義，復不售。後將棄二科，以武舉進身。無何，陳陷，死，年四十二。子遷爲人介特，自守不群，然尚氣使酒，剛甚。平居循謹，惟恐傷人。既醉，雖王公大人，嫚駡不恤。爲文尚奇澀，喜唐人作，詩尤勁壯，多奇語，然不爲鄉里所知。貞祐末，先子爲陳幕，一見喜之，爲延譽諸公間。後爲麻知幾、雷希顔所重，東方後進皆推以爲魁。若侯季書、雷伯威、王飛伯、杜仲梁、曹

【二】白鳥去邊紅樹少　「少」原作「小」，據明鈔本改。

通甫輩皆以兄事，與余最深。子遷既死，余嘗爲哀詞，道其爲人之詳。平生詩不甚多，不如意輒毀去。嘗賦《古鏡》，諸公稱之，其詩曰：「盤盤古皇州，夢斷繁華歇【三】。一鞭春事忙，耕出壠頭月。土蝕背花暗，蹄涔駭龍蹲。鬢髯殆欲張，不敢著手捫。按《中州集》云：「盤盤古皇州，夢斷繁華歇。一鞭春事忙，耕出壠頭月。土蝕背花昏，蹄涔駭龍蹲。鬢髯怒欲張，縮手不敢捫。」星環紫極位，劍外十三字。細看清用文，其篆文云「爲清日用」。溟漠君墓誌。壽堂鎖菱花，引得阿紫家。榛煙夕霏時，幾照拂雙鴉。神物污雖久【四】，一日落吾手。壽光閲人多，嘗有此客不？呵呵吾戲云，雅志踵先民。鏡裏春風面，泉下今日塵。九原不可作，哲弟師有若。摩挲一面銅，便有親炙樂。」又《吊張伯玉》云：「匣内青蛇亦悲吼，竟憑誰識抉雲材。」又《贈赤腿王》云：「石鼎夜聯詩句健，布囊春醉酒錢粗。」

【三】夢斷繁華歇　「歇」原作「缺」，據明鈔本改。

【四】神物污雖久　「雖」原作「難」，據聚珍本改。

卷三

侯策季書，先字君澤，中山人。少不喜學，鬭雞走狗雄鄉里。南渡後，慨然有爲學心，與一時名士遊，盡絶少年事。喜作詩，刻苦向學，自漢魏六朝唐宋人諸集，無不研究。初爲李子遷所知，薦於余，先子亦喜之。王飛伯負其材，素少許可，一見季書詩即加敬。爲人任俠尚氣，然修謹無過失，與余交最深。久之，居南頓，一云「久居陳之南頓」。家甚貧，遇朋友，傾所有共樂。天興改元，陳亂，失妻，獨走大梁詣余。會疾作，數月死。諸朋友爲買棺，葬西城。余爲誌其墓，刻石。平生詩甚多，同王飛伯唱和南頓，同余唱和梁園，又喜效西崑體，甚有得。其《吊一貴人》云：「歌翻薤露芻靈遠，門掩秋風甲第深。」又云：「峰前雨送閨中夢，樓上雲凝扇底歌。」又：「明月花樓閑玉鳳，秋風桂漏戛銅龍。」又：「九疑湘瑟悲龍竹，子夜秦簫隔鳳樓。」又：「幽鳥弄音花覆地，斷虹沈影水明河。」又《詠雨》云：「勢侵書帙湘芸潤，聲入簾旌蠟炬清。」又《和飛伯》云：「世事催人南去早，夢魂失路北歸遲。」置之唐人集中，誰復疑其非也？

雷琯伯威，坊州人。父秀實，亦名進士。伯威博學能文，作詩典雅，多有佳句，時輩稱之。初，余過陽夏，聞其名，及一見，傾倒歡甚。後伯威赴葬余先子淮陽，爲誄文，雅澹可喜。余以示雷翰林，奇之。已而以家貧母老，爲國史院書寫。秩滿，爲八作使。亂後南奔，道爲兵士所殺，年未四十，哀哉！伯威爲人，議論刻深，然於文字甚工細。每酒酣，談説今古，莫能窮。又欲取奇異功名自喜，亦不羈之士也。其詩多散落，有《遊龍德宮》云：「千年金谷銅駝怨，萬里蜀天杜宇啼。」按《中州集》云：「千年洛苑銅駝怨，萬里坤維杜宇啼。」又：「明月清風一壺酒，與君同酹信陵墳。」

王鬱飛伯，奇士也。少余一歲，與余交最深。儀狀魁奇，目光如鶻，步武翩然，相者云「病鶴狀貌也」。少居鈞臺，閉門讀書，不接人事數載。爲文閎肆奇古，動輒數千百言，法柳柳州。歌詩飄逸，有太白氣象。初爲御史程公震所知，繼爲李翰林欽叔、麻徵君知幾、史盧氏學優嘉賞，且共爲延譽籍籍。正大初，余先子令葉，飛伯持諸公書來投，先子異其文，置門下，遂與余定交，每觴酒讌遊無不在。已而入南京，見趙、雷諸公，皆稱之不已。布衣少年，名動京師。後因下第，西遊洛中。余居淮陽，凡三過，留輒數月，唱酬談論相高。每相别，輒以所著相寄，且相商訂爲益。正大末，南京被圍，復相守圍城中。天興改元秋，飛伯忽過余别曰：「吾跧伏陷穽，不自得，今將突圍遠舉，然生死未可知。」因出其所作《王子小傳》屬余曰：「兹不朽之託也。」余不能止之而去，三年不知存亡。丙申歲南遊，遇交遊輩説飛伯初爲東諸侯兵士所得，其將厚遇之。飛伯徑行不設機，久之爲其下所忌，見殺。臨終，懷中出書曰：「是吾平生著述，可傳付中州士大夫，王飛伯死矣。」

計其時，年甫三十。予哭諸鎮陽。蓋飛伯爲人，雖聰穎絶人，然涉世日淺，頗驁岸不通徹，此所以不免。余嘗見其舉止言談無顧忌，旁爲悚然，而飛伯益自信，莫能戒，以是常得謗議，爲俗人所憎，迄今談其名不悦者多矣。嗟乎，以斯人之才氣，稍有鍛鍊，其文章所至，豈易量哉？今而中道摧折，不迄於大成，可以爲斯文歎。其詩文往來與余最多，有淮陽唱和、南頓聯句、古賦、銘、贊、書、序數十首，遭亂，皆在余橐中。今仍略載其小傳云：「先生名青雄，一名鬱，大興府人也。十五代祖珪，相唐太宗，官侍中、永寧郡公。曾祖衎，金紫光禄大夫、定海軍節度使兼萊州管内觀察使。祖彦信，邠州宜禄尉。父欽，山東路轉運司鹽鐵判官。先生始生之月，父夢神人自天而下，開所負紫絲囊，賜一大鵰，且云：『吾後必來取。』其鵰在地，振羽一鳴，驚而寤。訪諸日者，繇曰：『凛凛霜鶚，賜自上穹。既文於外，又剛於中。法生貴子，其應在公。他日必作，青雲之雄。』先生既生，因採其語爲名字。年十八，父歿。家素富，貲累千金，遭亂，蕩散無幾，先生殊不以爲意，發憤讀書。是時學者惟事科舉時文，先生爲文，一掃積弊，專法古人，最早爲麻徵君九疇所賞，其後潛心述作，未嘗輕求人知。李欽叔過鈞臺，得其所著《傷魯麟》《導懷》等賦，并《楊孝童碑》《王夢祥哀辭》，大驚，謄書，遍薦於諸公，先生之名始滿天下。自此去鈞臺，放遊四方。又移隱陘山，覃思古學。正大五年，先生年二十五矣，來遊京師，諸公倒屣，争識其面。宰相聞其名，取所作文章將薦之，事中格。樗軒、皇叔密公璹。閑閑朝廷二大老，皆致禮於先生，交館之。明年，以兩科舉進士不中，西遊洛陽，放懷詩酒，盡山水之歡。先生平日好議論，尚氣，自以爲儒中俠，所向敢爲，不以毀譽易心，又自能斷大事。其論學，孔氏能兼佛老，佛老爲世害，然有從事於孔氏之心學者，徒能言而不能行，縱欲行之，又皆執於一隅，不能周遍。故嘗欲著書，推明孔氏之心學，又別言之、行之二者之不同，以去學者之弊。其論經學，以爲宋儒見解最高，雖皆笑東漢之傳注，今人唯知蹈襲前人，不敢誰何，使天然之智識不具，而經世實用不宏，視東漢傳注尤爲甚。亦欲著書，專與宋儒商訂。其論爲文，以爲近代文章爲習俗所蠹，不能遽洗其陋，非有絶世之人奮然以古作者自任，不能唱起斯文。故嘗欲爲文，取韓、柳之辭，程、張之理，合而爲一，方盡天下之妙。其論詩，以爲世人皆知作詩，而未嘗有知學詩者，故其詩皆不足觀。詩學當自《三百篇》始，其次《離騷》、漢魏六朝、唐人，過此皆置之不論，蓋以尖慢浮雜，無復古體。故先生之詩，必求盡古人之所長，削去後人之所短。其論詩之詳皆成書。其論出處，以爲仕宦本求得志，行其所知以濟斯民。其或進而不能行，不若居高養蒙，行樂自適。不爲世網所羈，頗以李白爲則。先生受知最深者，曰樗軒公完顏璹、閑閑公趙秉文、余先子、雷淵、李獻能、王若虛、麻九疇、史學優、程震、宋九嘉。其遊從最久者，曰李汾、楊弘道、元好問、魏蟠、一作「璠」。張邦直、杜仁傑、曹居一、雷琯、冀禹錫、張介、王説、王采苓、趙著、張甫、王鑄、劉輯、李仝、劉源、楊奂、胡權、徒單公履、呂鯤、史環、李侙、侯策、張傑、劉郁、左坦、一作「垣」。牛汝霖、术虎邃、烏林答爽、僧性英諸公。隨得書無次第。按《困學齋雜録》，楊弘道，字叔能，號素庵、默翁，淄川人。張邦直，平陽人。曹居一，字通甫，號聽翁，又號南湖散人。張介，字介夫，彭城人。趙著，燕人，人稱虎巖先生。楊奐，字焕卿，奉天人。至於心交者，惟李治、劉祁二人而已。八年，先生復至京師。十二月，遇兵難，京城被圍，先生上書言事，不報。明年四月，圍稍解。五月，先生挺身獨出，遠隱名山，不知所終。」

劉昂霄景賢，按《中州集》，字景元。陵川人。博學能文，從屏山遊，又與雷希顔、辛敬之、元裕之善。嘗由任子入官，已而隱居洛西山水間。逾四十，病卒。其詩有云：「歲月銷磨詩硯裏，按《中州集》云「今古消磨詩句裏」。河山浮動酒杯中。迢迢萬里乾坤眼，凛凛千年草木風。」元裕之嘗稱之，余恨未之識也。

术虎邃士玄，先名玹，字温伯，女直納鄰猛安也。雖貴家，刻苦爲詩如寒士。喜與士大夫遊。初，受學於辛敬之，習《左氏春秋》。後與侯季書交，築室商水大野中。惡衣糲食，以吟咏爲事，詩益工。時余在淮陽，屢相從講學。迨北兵入河南，被命提兵戍亳州，已而亳亂，見殺，年未四十也。少年詩云：「山連嵩少雲煙晚，地接崤函草樹秋。」其寄余云：「西湖風景昔同遊，醉上蘭舟泛碧流。楊柳風生潮水闊，芙蕖煙盡野塘幽。一作「秋」。花邊落日明金勒，雲裏清歌繞畫樓。今夜相思滿城月，梁臺楚水兩悠悠。」又《睢陽道中》云：「又渡溵江二月時，淮陽東下思依依。丘園寂寞生春草，城闕荒凉對落暉。去國十年初避亂，投荒萬里正思歸。臨歧却羨春來雁，亂逐東風向北飛。」又《書懷》云：「關中客子去遲遲，「關中」一作「關東」。飄泊炎荒兩鬢絲。三楚樓臺淹此日，五陵鞍馬想當時。春風草長淮陽路，落日雲埋漢帝祠。回首故鄉何處是，北山天際緑參差。」甚有唐人風致。

烏林荅爽，字肅孺，女直世襲謀克也。風神蕭灑美少年，性聰穎，作奇語，喜從名士遊。居淮陽，日詣余家，夜歸其室，鈔寫諷誦終夕。雖世族，家甚貧，爲後母所制，逾冠未娶。惡衣糲食恬如，遇交遊，杯酒豪縱可喜。余謂使其志不輟，年稍長，則當魁其輩流。壬辰陳陷，赴水死，年未三十。初，賦《鄴研》詩有云：「上有丹錫花，秋河碎星斗。磨研清且厲，玉瑟鳴風牖。」又賦《古尺》云：「背逐一道十三虹，赤鬣金鱗何夭矯。翻思昨夜雷霆怒，只恐乘雲上天去。」又《七夕曲》云：「天上别離淚更多，滿空飛下清秋雨。」其才清麗俊拔似李賀，惜乎不見其大成也。

劉琢伯成，中山人，刻苦爲學，事母教弟，以孝友聞朋友。居鄧州，人甚重之。正大初，舉進士南京，余始與相識。俄下第歸。久之，河南亂，聞在武仙軍中。一云「軍人中」。仙使使宋，回爲所殺，哀哉！作詩甚工，有云：「吴蠶絲就方成繭，楚柳綿飛又作萍。」非淺淺者所能道也。其過葉哭余先子詩亦佳。

史懷季山，陳郡人。少遊宕不羈，然有才思。年既壯，乃折節爲學，與名士李子遷、侯季書、王飛伯遊。作詩甚有力，一作「功」。《冬日即事》云：「檐雪日高晴滴雨，鑪煙風定暖生雲。」亦可喜也。又作《古劍》詩，極工。「古劍」一作「古鏡」。陳陷，死。

劉昉仲宣，中山人。讀書有才學，作詩甚有可稱。嘗作《淮陽八詠》，工甚。居西華之小姚鎮，時來遊陳，余識之。遭亂歿。

高永信卿，漁陽人。倜儻尚氣，輕財好交遊。頗讀書，喜談兵。文辭豪放，長於論事。嘗從屏山遊，與李長源、元裕之、杜仲梁、李稚川相善。累舉不第，家甚貧。正大末，余居淮陽，信卿持諸公書來謁，因爲定交。留月餘，西去。未幾，同在南京被圍。嘗上書言事，不報。以病死。自號應庵。

胡權直卿，衛州人。南渡，有詩聲，累舉不第。貧甚，性狂狹，不能容尋常人，年過四十方娶。嘗投余先子淮陽，又與余同試於京。遭亂北歸，以病卒。

田永錫，義州人。叔思敬耀卿，名進士。永錫少有詩聲，其《過東坡墳》詩云：「富貴一場春夜夢，文章萬斛冷雲泉。英魂返却眉山秀，依舊春風草木天。」爲人傳誦。興定末，同余試南京，擢第。遭亂南奔，在江淮間，病卒。

李瀨公渡，相州人，王黄華門生也，自號六峰居士。工詩及字畫，皆得法於黄華。與趙閑閑諸公遊，連蹇科場，竟不第，至六十餘病終。時人言公渡賦不如詩，詩不如字，字不如畫。科舉，賦最緊，何公渡最緊下也？興定末，與余同試開封，中選，公渡甚喜，有詩示一作「呈」。余先子，後云：「姓名偶脱孫山外，文字幸爲坡老知。誰念三生李方叔，欲將殘喘寄鑪錘。」先子和答云：「瓶有儲糧鬢有絲，蹉跎歲晚坐書癡。輞川畫隱王摩詰，錦里詩窮杜拾遺。應舉尚陪新進士，主文多是舊相知。春闈看決魚龍陣，未必尖錐勝鈍鎚。」士林相傳，以爲笑談。

劉勳少宣，雲中人。初名訥，字辯老，與其兄漢老俱工詩。幼隨官居濟南二十餘載。一云「三十餘載」。後南渡居陳，數與余先子唱酬，爲人俊爽滑稽，每尊俎間一談一笑可喜。科舉連蹇，竟不第。年五十餘，陳陷，死。平生詩甚多，大概尖新，長於對屬。其佳句有云：「午風襟袖知秋早，甲夜闌干得月多。」又《濟南泛舟》云：「人行著色屏風裏，舟在迴文錦字中。」又《上先人》云：「南山有後傳能賦，北闕無人繼敢言。」送余赴試云：「文章四海名父子，孝友一門佳弟兄。」又《贈王清卿》云：「長拖酒債杜工部，新有詩聲侯校書。」《贈馬元章》云：「曾著麻鞋見天子，敢將道服襯朝衣。」又：「車轂春雷震屋山，馬蹄亂雹響柴關。何時得個茅庵子，不在車塵馬足間。」又《畫馬》末云：「神物世間尋不見，五陵春草色萋萋。」仲兄譙，字庭老，亦好古，作詩不凡。《中州集》：父、祖而上爲雲中人，少宣客居濟南，樂其風土，遂占籍焉。

甯知微明甫，宿州人。博學，無所不知，尤長於史事。劇談古今治亂，或諸家文章，歷歷不可窮。援筆爲詩文，亦敏贍可喜。舉經義，連不中。遷居淮陽，與余遊二載。家積書萬卷，載以行。麻知幾及余先子皆重之，後還鄉。遭亂，不知所在，或云渡淮在南中。余嘗有《西遊詩》四十餘篇，明甫取而觀，一夕盡和其韻以見示，其間佳句甚多。

崔遵懷祖，燕人。父建昌萬卿，名進士。《中州集》云，字曼卿，大定二十五年進士，仕至同知武安軍節度使。懷祖少有詞賦聲，所交皆名士。累舉不第。南渡，輟科舉不爲，居嵩山下，以讀書作詩爲事。正大末，北兵入河南，懷祖爲兵所得，脅令往招洛陽，見殺。嘗有詩云：「青山似有十年舊，小雪又爲三日留。」元裕之稱之。

曹恒君章，應州人，高丞相汝礪之壻也。少讀書，不喜爲科舉計。性孤介，不肯事富貴人。南渡，居大梁，葺軒種竹，號友直，余先子爲作賦記之。又好收古人書畫、器物，藹然有士君子風。遭亂病歿。有子之謙，擢第。

王賓德卿，亳州人。擢第，《中州集》云，貞祐二年進士。爲虹令，有聲。入爲省掾，坐事罷。遭亂還鄉，會兵變，賓起率衆據城，復屬金朝【一】，已而見殺。按，事詳《中州集》。爲人詼諧輕脫，嗜酒，一作「恃酒」。無威儀。詩頗工，有上先子云：「致君有道莫如律，敢諫不行猶得名。」

【一】復屬金朝　「復」原作「後」，據聚珍本改。「朝」原作「亡」，據明鈔本、聚珍本改。

卷四

王元節【一】，字子元，弘州人，余高祖南山翁壻也。家世貴顯，才高，以詩酒自豪。擢第，得官輒歸，不樂仕宦。與余從曾祖西巖子多唱酬。其《明妃》詩云：「環珮魂歸青塚月，琵琶聲斷黑河秋。漢家多少征邊將，泉下相逢也自羞。」甚爲人所傳。

劉仲尹致君，號龍山，遼陽人，李欽叔外祖也。少擢第，終昭義軍節度副使【二】。能詩，學江西諸公。其《墨梅》詩云：「高髻長眉滿漢宮，君王圖上按春風。龍沙萬里王家女，不著黄金買畫工。」爲人所傳。又有《梅影》詩云：「五換嚴更三唱雞，小樓天淡月平西。風簾不著闌干角，瞥見傷春背面啼。」

陳君可，永寧人。有《梅影》詩云：「隔窗疑是李夫人，江月多情爲返魂。不似丹青舊顏色，十分憔悴立黄昏。」

王特起正之，代州崞縣人。少工詞賦，有聲，年四十餘方擢第。作詩極高，嘗有龍德聯句，爲時所稱。又《題楊叔玉所藏雙峰競秀圖》云：「龍頭矗雙角，駝背堆寒峰。」諸公嘉其破的。晚年取一側室，留別一樂章《喜遷鶯》，至今人傳之：「東樓歡宴。記遺簪綺席，題詩羅扇。月枕雙欹，雲窗同夢，相伴小花深院。舊歡頓成陳迹，翻作一番新怨。

校勘記

【一】王元節　「節」原作「朗」，據《金史》卷一二六《文藝傳》及明鈔本何煌校改。

【二】終昭義軍節度副使　「昭」原作「管」，據黄丕烈、施國祁校本改。

素秋晚，聽《陽關三疊》，一樽相餞。留戀。情繾綣。紅淚洗妝，雨溼梨花面。雁底關河，馬頭星月，西去一程程遠。但願此心如舊，天也不違人願。再相見，老生涯分付，藥爐經卷。」餘詩惜不多見。嘗爲沁源令，政頗嚴。後爲司竹監官。疾卒。

劉昂次霄，濟南人，有才譽。以先有劉昂之昂，故號「小劉昂」。泰和南征，作樂章一闋《上平西》，爲時所傳。其詞云：「蠆鋩極，螗背展，「背」疑「臂」。敢盟寒。似洞庭、彭蠡狂瀾。「似」一作「視」。天兵小試，萬蹄一飲楚江乾。捷書飛上九重天。春滿長安。舜文明，唐日月，周禮樂，漢衣冠。洗五川、煙瘴江山。全蜀下也，劍關何用一泥丸。有人傳信，日邊來，都護先還。」終鄴平令。

金國初，有張六太尉者鎮西邊，有一士人鄧千江者《中州樂府》云，臨洮人。獻一樂章《望海潮》：「雲雷天塹，金湯地險，名藩自古皋蘭。繡錯雲屯，山形米聚，喉襟百二河關。鏖戰血猶殷。見陣雲冷落，時有鵰盤。静塞樓頭，曉月猶自玉弓彎。看看定遠西還。有元戎閫令，上將齋壇。區脱晝空，兜鈴夕舉，一作「解」。甘泉夜報平安。吹笛虎牙閑。但宴陪珠履，歌按雲鬟。未討先零醉魂，一作「招取英靈毅魄」。長繞賀蘭山。」按，《中州樂府》題云《上蘭州守》，詞内「繡錯雲屯」作「營屯繡錯」，「百二河關」作「百二秦關」，「猶自玉弓彎」作「依舊玉弓彎」，「甘泉夜報平安」作「甘泉又報平安」，「但宴陪珠履」作「且宴陪珠履」，「未討先零」作「未拓興靈」。太尉贈以白金百星，其人猶不愜意而去。詞至今傳之。

高左司庭玉，字獻臣，遼東人。少擢第，《中州集》：恩州人，大定末進士。入官有能聲，吏事明敏，人莫能及。尤俶儻重氣節，敢爲。爲左司郎中，譽甚重，一時人士推仰焉。貞祐初，出爲河南府治中。主帥温迪罕福興，姦僞人也，公臨事少不遜讓，遂交惡。是時北兵圍燕都，事已迫，四方無勤王師，公獨慨然有赴援意，屢以言激福興，福興憚之，因誣以有異志，輒收赴獄。名士如龐才卿、雷希顔、辛敬之皆連繫，王士衡亦被其禍，見《中州集》。考掠，無實。然公竟爲福興所困，死獄中。餘會赦，得釋。公既卒，朝命下，除公河南路安撫副使，代福興，士夫痛憤。後朝廷知其冤，謫福興遠郡，昭雪之。屏山於人材少許可，至論公，獨以爲真濟世材。又言其學術端正，可以爲吾道砥柱。時之不幸，爲姦人所害。屏山以詩哭之甚哀，雷希顔又爲文以祭，述其事，爲時所稱。屏山又將文其碑，未著，死。後其子屬之雷公。雷公以其仇人猶在也，亦未著，死。迄今事狀不詳，惜哉！公詩亦高，余家有數十篇，遭亂失去。嘗記其《中秋》詩有云：「跳上玉龍背，抱得銀蟾光。」按，全詩載《中州集》，題云《天津橋同李之純待月》。亦奇語也。

楊尚書雲翼，字之美，平定人。先擢詞賦第，又經義魁，按《中州集》云，樂平人，明昌五年經義進士，詞賦亦中乙科。入仕能官，練達吏事，通材也。南渡，爲翰林學士、吏禮部尚書、御史中丞。將大拜，以風疾止。再爲學士，卒，士論惜之。公篤學，於九流無不通。又善天文算學，博洽人莫及。嘗上疏諫宣宗南征。鞫獄以寬恕，待士謙甚，士無賢不肖稱焉。晚年與趙閑閑齊名，爲一時人物領袖。且屢知貢舉，多得人。南渡時詔皆公筆。其應制《白兔》詩云：「光摇玉斗三千丈，氣傲金風五百霜。」又吊余先子有云：「清華方翰府，憔悴忽佳城。」其餘文字甚多，家有集。子恕。按《中州集》云，子恕，字誠之，第進士。

龐户部鑄，字才卿，遼東人。《中州集》云，大興人，明昌五年進士，自號默翁。少擢第，仕有能名。南渡，爲翰林待制，遷户部侍郎。坐遊貴戚家，出倅東平，擢京兆路轉運使，卒。博學能文，工詩書，藹然爲一時名士。其《題楊秘監雪谷曉裝圖》云：「溪流咽咽山昏昏，前山後山同一雲。天公談玄玉屑噴，「談玄」，《中州集》作「談笑」。散爲花雨白紛紛。「花雨」，《中州集》作「花蘂」。詩翁瘦馬之何許，忍凍吟詩太清苦。元本作「苦」，今從《中州集》作「古」。老奴寒縮私自語，作奴莫作詩奴苦。「莫作」，《中州集》作「莫比」。木僵石槁鳥不飛，「石槁」，《中州集》作「石老」。山路益深詩益奇。老奴忍哭憐翁癡，不知詩好將何爲。《中州集》云：「老翁忍笑憐翁癡，不知嗜好乃爾爲。」楊侯胸中富丘壑，醉裏筆端驅雪落。如何不把此詩翁，「如何」，《中州集》作「因何」。畫向草堂深處著。」

張運使穀，字伯英，許州人。少擢第，《金史》：許州臨潁人，大定二十八年進士。以謹愿純厚著名。嘗爲監察御史，言姦臣紇石烈執中事，士論壯之。後以母喪，歸居許之西城，有園圃號「小斜川」，花木泉石，隱然一佳處。公日在其間行吟坐嘯，客至，一觴一詠盡歡。襟韻翛然，君子儒也。尋判隰州刺史，召爲户部郎中，同知河南府，遷平陽路轉運使，卒。

《金史》：卒於興定元年。公莅官以廉，俸禄未嘗妄糜，布衣蔬食，泊如也。性友愛。弟轂，才高，相與甚歡，所蓄稱其所用。獨好收古人器物，所在購求，以是叢於家，古鏡尤多，其樣製不可遍識。字畫勁古，有顔平原風。詩學黄魯直格。嘗贈余先子詩云：「丘垤孰與南山尊，公卿皆出山翁門。「山翁」一作「山公」。遺文人共師夫子，陰德天教有是孫。問禮庭中新有桂，忘憂堂下舊多萱。人間樂事君兼有，歌我新詩侑壽樽。」此斜川時事也。赴隰州被召時又寄詩，有句云：「溪口急流裁燕尾，山腰曲路轉羊腸【三】。到郡莅官才九日，過家上冢正重陽。」一云「過家上冢正垂楊」。

陳司諫規，字正叔，絳州人。《金史》：稷山人，明昌五年詞賦進士。弱冠擢第。南渡，爲監察御史，上宣宗十事，一云「上便宜十事」。按《金史》，止八事。直言當時得失，忤旨，出爲徐州帥府經歷官。正大初，收用舊人，召爲右司諫，數上書論事。改刑部郎中，《金史》云，權吏部郎中。以事罷。再爲補闕，復拜司諫，言事不少衰，朝望甚重，凡宫中舉事，上曰：「恐陳規有言。」近臣竊議惟畏陳正叔，挺然一時直士也。後出爲中京副留守，未赴，卒於圍城，士論惜之。公爲人剛毅質實，有古人風。篤學問，至老不廢。晚喜爲詩，與趙、雷諸公唱酬。其吊人詩有云：「驄馬餘威行尚避，仙鳧善政去猶思。」人以爲破的。初，先人見其所上十事，歎曰：「宰相材也，惜乎朝廷不能用。」後同朝，相見甚歡。未幾，先人下世，余復從之遊。每論及時事，輒憤惋，蓋傷其言之不行也。死之日，家無一金，知友爲葬之。《中

【三】山腰曲路轉羊腸　「曲」原作「世」，據明鈔本改。

州集》云，子良臣，今在燕中。

許司諫古，字道真，河間人。父安仁子静，名士，汾陽軍節度使。公少擢第。《金史》：明昌五年詞賦進士。《中州集》：承安中進士。南渡，爲侍御史。時丞相术虎高琪擅權，變亂祖宗法度，公上章劾之。上知其忠，常庇翼之，凡有奏下尚書省，輒去其姓名。然竟爲高琪所中，貶鳳翔幕。正大初，召爲補闕，遷左司諫，言事稍不及昔時。後致仕，居嵩山下，病卒。《中州集》：正大七年年七十四卒。平生好爲詩及書，然不爲士大夫所重，公論但稱其直云。初貶鳳翔，朝士畏高琪，故皆不敢與言。余先子時爲提舉南京権貨事，獨以詩送之，有云：「有晉必無楚，兩雄難并驅。向來既發藥，其可止半途。」又曰：「君年迫桑榆，隻身憂患餘。雙親白楊拱，同氣紫荆枯。貧無孟光舂，醉無驥子扶。唯有忠義名，可與天壤俱。」蓋欲堅其初志也，聞者竦然，多傳之。後游叔麟之爲鳳翔録事【四】，先人又寄以詩云：「寄語多言唐諫議，生還記取李師中。」亦此意也。

趙尚書思文，字庭玉，中山人。《中州集》云，字廷玉，永平人，明昌五年進士。弟廷珪，同榜登科。三子：敬叔、介叔、方叔。與其弟庭秀、庭直皆名進士。公少擢第，爲省掾，從完顔福興守燕都。福興死，奔詣南京行宫，擢侍御史。出爲汝州防禦使，遷集慶軍節度，《中州集》云，歷虢州刺史，汝州防禦使，金安、集慶兩軍節度使。所在鎮静，吏民賴之。公暇以詩酒爲樂，好吹笛，多著樂章，爲人傳誦。南渡後，士大夫有典郡之榮者，不及也。正大末，召爲禮部尚書，卒。爲侍

【四】後游叔麟之爲鳳翔録事　「游」原作「由」，據黄丕烈、施國祁校本改。

御史時，與余先子同臺。爲禮部時，余始一識也。爲人寬厚，有君子之風。按，《遺山集》有《禮部尚書趙公神道碑》。

蕭尚書貢，字真卿，《金史》「貞卿」。京兆人。《中州集》云，咸陽人，唐太傅寘十七代孫，大定二十二年進士。少爲名進士，時號「三蕭」。南渡，爲户部尚書。後致仕還鄉，卒。《金史》云，興定元年致仕，元光二年卒，謚文簡。《中州集》云，年六十六。公博學，嘗注《史記》，又著《蕭氏公論》數萬言，評古人成敗得失，甚有理。《中州集》云，注《史記》百卷，《公論》二十卷，《五聲姓譜》五卷，《文集》十卷行於世。

史翰林公奕，字宏父，按《中州集》，字季宏。趙秉文《滏水集》中《史少中碑》亦稱曰季宏。大名人。工書，有能名，自號歲寒堂主人。正大初，爲翰林修撰，又充益政院官，爲上講書。後致仕居亳，卒。重厚人也。《中州集》云，大定二十八年進士，再中博學宏詞。程文典雅，遂無繼之者。年七十三卒。

崔翰林禧，字伯善，衛州人，與屏山同年進士也。長於史學，歷代典故無不通。南渡，爲翰林待制，與閑閑、屏山同在院。後出刺永州，病卒。

王翰林良臣，字大用，潞州人。《中州集》云，承安五年進士。長於律詩，尖新，工對屬。南渡在館。後從李天英北征，遇害。其《上移剌總管》云：「筆底有神扶氣力，人間無處著聲名。」又《絶句》云：「流轉年光橋下水，翻騰時態嶺頭雲。溪翁道號奇聾子，除却松風百不聞。」人多傳誦之。

石抹翰林世勣，字晉卿，《金史》：字景略。契丹人。少有詞賦聲，擢第。《金史》承安五年詞賦、經義兩科進士。讀書爲文有體致。南渡，爲左司郎中，坐事免。久之，爲禮部侍郎、《困學齋雜録》及《中州集》俱云終於禮部尚書。司農太常卿、翰林侍講學士。從末帝東征，至蔡州，城陷死。有子嵩企隆。《金史》云，嵩，字企隆，興定二年經義進士。《中州集》云，應奉翰林文字，父子皆死蔡州之難。

王左司□□，字公玉，臨潢人。少擢第，入仕以能稱。大安末，爲左司員外郎，累遷青州防禦使。與宰相抹撚盡忠不協，左遷刺州。南渡，以病免。居蔡州，卒。雜學，喜《易》及佛、老莊書。

吕陳州子羽，字唐卿，大興人。少爲名進士，擢第。《中州集》：大定末進士。南渡，爲左司郎中，坐事免官。後同知開封府，遷陳州防禦使。時軍旅數興，户口逃竄，公因以實聞於朝，而小人李渙以爲不憂國、失軍儲，下吏當死。公耻之，縊於太康驛。後朝廷知其無罪，復其官。公入仕以能稱，讀書爲文，有士大夫風。致死非其罪，天下傷之。

李治中遹，字平甫，欒城人。少擢第，《中州集》明昌二年進士。有能聲。工詩善畫，與屏山諸公遊，自號寄庵老人，藹然名士大夫也。南渡，授東平府治中。後致仕，居鈞臺，病卒。有子治。《中州集》云，子治，字仁卿，正大七年收世科。屏山贈詩所謂「仁卿不是人間物，太白精神義山骨」者也。屏山嘗贈詩云：「寄庵丈人眼如月，墨妙詩工兼畫絶。儒術吏事更精研，只向宦途如許拙。」爲監察御史，言紇石烈執中不法事，聞者竦然。按《遺山集·寄庵先生墓碑》云，子男三人，曰澈、曰治、曰滋。公年六十七終。

潘翰林希孟，字仲明，磁州人。少擢第。南渡，爲吏部主事，遷翰林修撰。後病風疾卒。爲文條暢有法，宣宗哀册、玉册皆其筆也。

郭翰林伯英，字伯誠，上黨人。第進士，爲南頓西平令，有治迹。正大中，由應奉遷修撰，以風疾暴終。爲人質厚不苟合。喜讀書爲文詞，有《香山賦》，諸公皆有詩。

劉翰林祖謙，字光甫，解州人。少擢第，《中州集》：安邑人，承安五年進士。爲吏有聲。由寧陵令丁父憂，數年不調。南渡，召爲大理司直，拜監察御史。出爲河南府判官，再召爲翰林修撰。《中州集》云，正大初，爲右司都事，除武勝軍節度副使，召爲翰林修撰。遭亂北遷，爲兵士所殺。《中州集》云，子敏仲，今在平陽。公博學，兼通佛老百家言，從趙閑閑、李屏山諸公遊，甚爲所重。談論亹亹不窮，援筆爲文，奇士也。嘗請屏山誌其父墓，屏山以事廢，命余代焉，銘辭屏山筆也。迨屏山歿，公以文祭，有曰：「鳳不足以言瑞，龜不足以效靈，吾視之其猶龍也。」諸公稱之。與余父子交，嘗屬余作《蒲萄酒賦》，題其父所畫《河山形勢》詩。亦一知己也。

馮吏部延登，字子俊【五】，吉州人。《金史》：吉州吉鄉人，承安二年登詞賦進士。少擢第。南

【五】字子俊　「俊」原作「駿」，據《金史》卷一二四《馮延登傳》、明鈔本、聚珍本及黄丕烈、施國祁校本改。

渡，爲太常博士，累遷吏部郎中、翰林待制。奉使北朝，逾年歸，遷吏部侍郎。遭亂，不知所終。《金史》云，元兵圍汴京，倉猝逃難，爲騎兵所得。欲擁而北行，延登義不受辱，遂躍城旁井中，年五十八。公爲人謹厚，吏事亦精。篤學問，長年猶不輟，在公署，日鈔書。爲文苦思，尚奇澀，詩亦新巧可稱。與余先子交最善，先子入翰林，公與趙閑閑所薦也。平生著述甚多，嘗以示余。亂後散失，可惜。按，元好問爲作《神道碑銘》，載《遺山集》第十九卷。

時治中戩，字天保，後改字多福，滄州人。少爲人奴，後讀書爲學，第進士，其主良之。南渡，爲監察御史，歷清要，致仕，卒。爲人純厚好學，多讀《易》《左氏春秋》，君子儒也。自號拙庵。嘗屬余作記，與余家三世交。

王府判仲元，字清卿，東平人，《中州集》云，平陰人，承安中進士，歷京兆轉運司幕官，以能書名天下。子公茂。廣道先生之孫也。工書，法趙黄山，自號錦峰老人。卒於京兆幕。

張司直穀英，字仲傑，趙州人。擢經義高第。從屏山諸公遊，爲文以多爲勝。嘗爲南頓令，從軍數年，入爲省掾、大理司直，卒。自號无著道人。屏山爲作《夢記》。余先子同年進士也。

卷五

王翰林彪，字武叔，大興人。貞祐五年經義魁也。爲文頗馳騁波瀾。性疏放，嗜酒，不拘細事。初，對廷策，宣宗喜其文，以爲似古人，特授太子副司經、國史院編修官，進司經。末帝在東宮，頗見知。後入翰林，爲應奉，遷修撰。出爲平涼府治中，入爲待制。出刺州，未赴，南京被圍，食乏，服絶粒藥，俄飲酒被藥死。嘗賦《吕唐卿海藏齋》詩云：「虚白雲中含法界，軟紅塵底寄虚舟。」又：「只應烏帽紅塵底，羞見蒼煙白鷺洲。」亦可喜也。

張翰林邦直，字子忠，河内人。少工詞賦，嘗魁進士平陽。南渡，爲國史院編修官，遷應奉翰林文字。在館五六年，從趙閑閑遊。性樸澹，好學，尤善談論，人多愛之。一云「敬善謙甚，士多愛之」。閑閑本注《太玄》，子忠嘗言，親授於關中隱士薛子明【一】，因相與講辨甚久。俄丁母艱，出館，居南京，從學者甚衆。束脩惟以市書，惡衣糲食，雖仕宦如貧士也。同年如雷、宋諸人，皆以聲名意氣相豪，子忠獨恬退，以學自樂。正大初，余先子入翰林，子忠從之遊。後先子下世，有挽詩云：「桃李雙鳧舄，風霜一豸冠。才華驚世易，勛業到頭難。白日空金馬，青天下玉棺。傳家有賢子，文或似歐韓。」甚爲諸公所稱。先

校勘記

【一】親授於關中隱士薛子明 「授」原作「受」，據明鈔本何煌校改。

子殁，與余善。後南京被圍，闕食，余遇之富城西，敝衣繿縷可憐。已而聞鬻卜天街，值一回鶻問卜，子忠以文語應之，爲回鶻所毆。北渡，將還鄉，道病死，哀哉！

張翰林仲安，字晉臣，燕山人。貞祐六年詞賦魁也。爲人謙謹，有禮法，時輩稱焉。爲文亦平暢得體，尤工詞賦。自居太學有聲，入翰林爲應奉，秩未滿，卒，士論皆惜之。

高斯誠法颾，大興人。至寧元年經義魁也【二】。讀書有學問，與王從之、李之純遊。爲詩文恬澹自得。初，調鳳翔府録事，爲行部檄監支納陳州倉，因忤郡魁吏，構之下獄，幾死。已而赦免，病終。頗喜浮屠，自號唯庵。一作「南庵」。與余先子善。

劉遇鼎臣，真定人。興定五年詞賦魁也。少與王從之、周晦之遊，兼經義學，有譽。南渡，爲國史院書寫。已而擢第，應奉翰林，後出爲鄜州帥府經歷官，遇害。嘗與余同文會，且同試於廷。讀書，有文學。

張翔茂進，太原人。第進士，爲南京榷貨司勾當官，遷南京麯使。出爲太康令，莅官清苦，有治聲。好書，從士大夫講學，爲文作詩，有志於時名。遭亂，殍卒。與余交最善。

董治中文甫，字國華，潞州人。第進士。《中州集》云，承安中進士，號無事道人。南渡，嘗爲大理司直，後爲河南府治中，卒。《中州集》云，歷金昌府判官、禮部員外郎、昌武軍節度副使。正大中，以公事至杞縣，自知死期，作書與家人及同官，又作詩貽杞縣令佐。詩畢，擲筆於地，以扇障面而逝。自號無事老人。爲人淳謹篤實，學道有得。其學參取佛、老二家，不喜高遠奇異，循常道。臨終預知

【二】至寧元年經義魁也　「元」原作「九」，據黄丕烈、施國祁校本改。

死期，齋浴而逝，時人異之。興定初，余先子居喪淮陽，公乘傳過焉，談道竟夕。余時爲童子，竊聽窗下。蓋其於「六經」、《論》、《孟》諸書，凡一章一句，皆深思而有得，必以力行爲事，不徒誦説而已。既去，先子大稱之。後於郝丈國才處得所著一編，皆論道之文，迄今藏余家。其子安仁，傳其學，亦謹厚人也。

申編修萬全，字百勝，高平人。與其兄無移百福《中州集》作「無夷百福」。俱擢第。《中州集》云，崇慶二年進士，貞祐二年乙科。百勝爲人沈重，不妄交。好經學，勤勤君子儒也。嘗爲鄭縣令，愛民慎獄，不爲赫譽，邑民便之。後召入史館，俄攝監察御史，應奉翰林。居京師，朝歸，閉門講誦不出。睹時事不愜意，屢欲以母老歸，未果也。正大末，爲南伐行臺辟，掌書檄，至淮上，大雨，宵行，溺水死，士論惜之。趙閑閑爲文以祭，哀甚。初，百勝在太學，與雷丈希顔及余先君同舍相善，先君嘗稱其爲人。後入朝，先君已下世，余因得從遊。爲文亦典雅有體。

許國至忠，懷州人。少擢第，有能名。性閑澹，不鋭仕進。居盧氏西山下，不赴調。數年後，召爲南京豐衍庫使。傾家貲市書，後告歸。趙閑閑諸公多重之。余嘗至其家，敝衣糲食，環堵蕭然，蓋清苦之士也。未亂，病卒。

王貢安之，北京人，參知政事之翰從子也。擢第，以修潔稱。南渡，得度居鄜。操行純謹，時人甚重之。後病卒。

王彧子文，洺州人。少擢第，《中州集》云，承安中進士。南渡，爲省掾。睹時政將亂，一旦棄妻子，徑入嵩山，翦髮爲頭陀，自號照了居士，改名知非，字無咎。居達摩庵，苦行自修。朝廷初疑焉，遣使廉之，知其非矯僞，乃止。當世號王隱居，名甚高。後十餘年，忽下山歸其家，復與妻子如舊。妻死，更娶，又爲洛陽行省參議。遭亂，不知所終。嗟乎，有始有卒者難矣哉！

馬天采元章【三】，太原人。擢第，《中州集》云，字雲章，人止謂之元章，介休人，黄裳榜經義進士。與雷希顔、宋飛卿同年。爲人詭怪好異，又喜爲驚世駭俗之行，人莫測焉。南渡，爲史院編修官。《中州集》云，大安初，調潁州司候、靈壁簿，召爲國史院編修官。不事修飾，麻絛草屨，沈浮閭里，殊無朝士風。雜學，通太玄數，又善繪畫及塑像，雖居官，輒爲人塑畫自神。頗善李屏山，當屏山殁，爲寫真，且題以贊，皆怪語，末曰：「若到黄泉見魯仲連、藺相如，道余傳示。」其狂誕如此。後以病終。《中州集》云，正大九年病殁於京師，年六十一。

楊户部楨，字正夫，吉州人。少擢第，有能名。南渡，爲左司員外郎，頗與權要辨争，以罷。後爲户部侍郎。又行部河中，北兵攻胡壁堡將陷，正夫知不免，先使其妻子赴黄河，已從之死。爲人慷慨有氣節，士大夫多稱之。甚可惜。

李中丞英，字子賢，遼東渤海人。《金史》：其先遼陽人，徙益都，中明昌五年進士第。布衣，以氣節聞，後擢第，爲省掾。貞祐初，北兵犯京師，與侯摯、田琢請偕行，提兵扼居庸關，屢戰有

【三】馬天采元章　「采」原作「來」，據明鈔本、聚珍本改。

功，擢宣差都提控。南渡，召爲御史中丞，詔與元帥庚壽按《金史》，詔元帥右監軍永錫、左都監烏古論慶壽將兵。此云元帥庚壽，疑「慶壽」之誤。同率兵援燕都。至霸州【四】，遇北兵，戰死。按《金史》，是爲貞祐三年三月十六日。初，子賢之出也，河南民望太平，遽喪敗，天下惋惜，朝廷褒贈焉。

田總管琢，字器之，蔚州人。少擢第，《金史》：蔚州安定人，明昌五年進士。爲省掾。貞祐初，北兵圍燕，器之慨然求見，願出招鄉里義兵守要衝，宣宗壯之，擢同知蔚州節度使，得兵數千，屢與敵戰。有功，遷濬州防禦使、宣差都提控。南渡，駐軍陳州。久之，命守華州，領節度使，戰潼關下。軍敗，歸罪於其副任鑄，斬之。改東平路轉運使，俄命守益都，爲山東東路兵馬都總管。張林之變，按，張林事詳《金史·田琢傳》。逐器之，以城北降。朝廷召之，將加罪，道發疽，卒。按《金史》，卒於壽張。趙閑閑有《送器之》詩云：「田侯落落奇男子，主辱臣生不如死。殿前畫地作山西，願與義軍相表裏。恨我不得學李英，愛君不減侯莘卿。按趙詩自注云，是時李英、侯摯方出戰，有功。橫道僵屍三十萬，潼關大笑哥舒翰。」

梁翰林詢誼，字仲經父，絳州人，户部尚書襄子也。少遊太學有聲。爲人多膂力，尚氣節，慨然有取功名志。屏山諸公皆壯之，尤與雷希顔善。文章豪放，有作者風。既擢第，復舉宏詞，爲應奉翰林文字，出爲上京留守判官。宣宗南渡，宗室萬奴叛，據上京，獨仲經父不從，以節死，朝廷優贈之。

【四】至霸州　「霸」原作「潞」，據《金史》卷一〇一《李英傳》改。

韓府判玉，字温甫，燕人。按《金史》，相人。《中州集》云，其先相人，後爲漁陽人，明昌五年經義、詞賦兩科進士。少讀書，尚氣節。擢第，入翰林，爲應奉文字。後爲鳳翔府判官。大安中，北兵圍燕都，夏人連陷邊州，陝西帥府檄温甫爲都統，募軍得萬人。出屯華亭，與夏人戰，敗之。而温甫毅然有勤王志，因移檄關中，言詞忠壯，聞者感動。其檄有云：「人誰無死，有臣子之當爲；事至於今，忍君親之弗顧。勿謂百年身後，虚名一聽史臣；只如今日目前，何顔再居人世。王侯將相，寧有種乎；富貴功名，當自致耳。」或誣温甫以有異志，收鞫死獄中。《金史》云，道出華州，被囚，死於郡學。與《中州集》同。士大夫憤惜。

聶左司天驥，字元吉，五臺人。弱冠擢第。《金史》：至寧元年進士。沈静寡言，不妄交，入官以謹愿自守。興定初，爲省掾。時胥吏擅威，士人往往附之，獨元吉不少假借，彼亦不能害也。後平凉帥辟爲經歷官，軍敗，同其帥被責。俄擢左司員外郎。天興改元，末帝東遷，留二執政居守，元吉與焉。崔立之變，二執政死，元吉亦被創甚，歸卧於家，旬日不食卒。金亡，士流之在位以節死者，惟元吉一人。其死也，其女子適以寡來歸家居，見其父殁，亦縊死。孝女字舜英，《金史》有傳。時人傷之，虞鄉麻革信之爲作《聶孝女傳》。按，聶元吉、聶孝女，元好問俱爲作墓志，見《遺山集》。

程御史震，字威卿，東勝人，與其兄鼎和卿俱擢第。公入仕有能聲。興定初，召百官舉縣令，公得陳留。陳留，南都屬邑，頗繁，公治爲河南第一。召拜監察御史，彈劾無所撓。時皇子英王按，《金史》作荆王，即英王也。爲宰相，家僮輩往往恃勢侵民，公以法劾之，英王怒。未幾，坐爲故吏所訟，罷官。歲餘，嘔血卒。按《遺山集·御史程君墓表》，以正大元年三月二十一日，春秋四十有四，終於京師私第。公爲人剛直，有材幹，忘身徇國，不少私。與余先子同年擢第，按《墓表》云，明昌二年經童出身，尋擢王剛榜詞賦進士乙科。相得甚歡。已而同爲御史，臺綱大振，小人皆側目，故俱不能久留於朝。公既居閑，慨然有志於學，將延致名儒執弟子禮，師事之。會卒，士論惜之。一云「士論惜不盡其材」。

魏户部琦，字民英，弘州順聖人。少工詞賦，擢高第，爲鄗陽令，有治行。南渡，爲南京留守判官，遷户部員外郎、郎中，以材幹稱。貞祐末，北兵犯潼關，行部軍前，至洛陽，見殺。朝廷官其子焉。

吾古孫左司奴申，字道遠，由女直人譯史入官。性伉特敢爲，有直氣。嘗爲監察御史，時中丞完顔百家以酷烈聞，道遠以事糾罷，朝士聳異。後爲左司郎中、近侍局使，皆有名。天興東狩，留南京居守。崔立之變，同御史大夫裴滿阿虎帶自縊於臺中。與余先子善，余嘗爲賦《古漆井》詩。

裴滿御史大夫阿虎帶，字仲寧，女直進士也。經歷清要，名亞完顔速蘭。嘗爲陳州防禦使，累遷御史大夫，使北朝。崔立之變，自縊死。同時户部尚書完顔仲平亦自殺。仲平亦女直進士也。

末帝寶符李氏，國亡，從太后、皇后北遷。至宣德州，居摩訶院。李氏自入院，止寢處佛殿中，作爲旛旆數合。會當同后妃赴龍庭，將發，於佛像前自縊死，且自書門紙曰：「寶符御侍此處身故，凡施旛旆幾何。」較之后妃輩失節者何啻霄壤？甲午歲，余家武川，觀其遺跡。

李尚書元忠，字獻可，武州人。按，《金史》別有李獻可，字仲和，雄州歸信人。元忠無傳。少擢第，歷清要。南渡，爲工部尚書。審决河南冤獄，多所平反。俄坐督修京城工不謹，出爲泰寧軍節度使。致仕，居陳州，每朝廷有政事不合，或民間利害，屢上言。亦讀書，有學問，和厚人也。

李陳州山，字夏卿，一字安仁，大名人。少擢第，歷清要。南渡，同知開封府，遷陳州防禦使。爲小人所陷，罷。閑居南京，以事赴井死。爲人重厚。讀書，喜作詩，號松風老人。一作「松峰老人」。

劉户部元規，字元正，一云「字子正」。咸平人。少擢第。南渡，爲侍御史。時术虎高琪爲相，擅權，公數抗言事，争殿上，出同知昌武軍節度使事【五】。後爲户部郎中，行部河中，坐事斥，後致仕。天興改元，詔使北朝，不知所終。

康司農錫，字伯禄，趙州人，《中州集》云，寧晉人，黄裳榜擢第。《遺山集·大司農丞康君墓表》云，崇慶二年進士第。與雷希顔、冀京父同年進士。正大初，由省掾拜監察御史，上章言點檢完

【五】出同知昌武軍節度使事　「昌武」原作「武昌」，據《金史》卷二五《地理志》改。

顏撤合輩預政非宜，又言宿帥紇石烈牙虎帶太恣横不法。時二人權勢赫然，伯禄皆不屑，士論稱焉。後爲京南路司農少卿，再授河中帥府經歷官。北兵陷河中，帥率兵南奔，濟河，船敗死。《墓表》云：城陷投水死，年四十八。爲人厚重有爲，頗讀書。嘗賦《打毬》詩云：「高飛遠走偶然耳，坎止流行任所之。」余先子云：「亦有理也。」

楊左司居仁，字行之，其先大興人，後居南京。年十八擢第，入仕以能稱。爲人謹密，朝廷上下皆愛之。爲監察御史，言事稱旨。由吏部郎中改太常少卿。使北朝，凡再往。歸，坐事廢。天興末，遷爲左司郎中，與二執政居守。崔立之變，被傷，竄卧余家。已而爲立强起，復舊職。俄以病辭去。將北渡，舉家投黄河死，時年未五十。公少有吏能，晚讀書，作詩有佳處。使仕清時【六】，不失爲名卿、材大夫。遭世亂，困躓可歎。與余父子交最善。余嘗送其《北使》序及詩。

房刑部維楨，字周卿，濟南人。少擢第。南渡，爲左司都事、司農少卿。出刺申州，召爲刑部郎中，卒。爲人謹愿，讀書作詩，頗好賢。

齊申州椿，字壽之，夏津人。少擢第。入官，以廉稱。南渡，爲監察御史、右司都事。許古嘗上書薦之，後爲司農丞，進少卿。出刺申州，卒。

張户部俊民，字用章，延安人。擢第，以材幹稱。嘗爲户部郎中，進侍郎。遭亂北遷，病卒。爲人慷慨尚氣義，喜學《易》。

【六】使仕清時　「仕」原作「任」，據明鈔本、聚珍本改。

楊户部慥，字叔玉，五臺人。擢進士第。《中州集》云，承安五年進士。南渡，爲監察御史、户部郎中、司農卿，遷户部侍郎。通吏事，有能名。正大末，權參知政事，後罷，守户部。南京降，病卒。嘗與余先子同任御史，頗作詩。

高尚書夔，字唐卿，保州永平人。第進士，莅官有才譽。南渡，歷户部員外郎，後遷尚書，專治糧儲。嘗巡行京東，便宜行事，抵罪，詔釋之。天興初，爲翰林學士。亂後北遷，還鄉，卒。一本此後空白七行。

馮内翰璧，字叔獻，《中州集》云，别字天粹。真定人。爲人嚴毅整肅，望之儼然，人莫敢視。然文采風流，言談灑落，使人愛之不能捨以去。詩筆清遒，字畫嚴峻，爲一時所稱。與李屏山、王從之同年第，《金史》：承安二年經義進士。二公皆重之。大安初，入翰林，由應奉遷修撰。後屢爲法官，臺察彈劾不避權勢。時高琪當國，察其畏謹，數以公推考貴人，所擬輒稱旨，朝士多側目，頗有刻骨之譏。屢上章言事，又條上恢復之策。出爲同知亳州，致仕歸嵩山，結茅玉峰下，自號松庵，徜徉泉石間。釀酒名「松醪」，味勝京師。採蘭置室中，與山僧野客作鬬蘭會。壬辰之亂，北歸，由東平至鎮陽以殁，按《遺山集·内翰馮公神道碑》云，以庚子七月十四日終於家。年七十有九。平生文章工於四六，尺牘爲當代之冠，人得一篇皆寶藏之。與韓温甫、高獻臣友善。後進中，特喜雷希顔、冀京父、王仲澤，皆從之遊。頗與余先子善。壬辰歲圍城中，余居與公相近，甚相往來。時公年已高，神采毅然，目光如炬，布袍麻屨，杖策翩然，後生輩莫及也。北遷後，再見於鎮陽。今其亡矣，前輩風流遂不復見，惜哉！子渭，以孝稱。

王革字德新，弘州人。《中州集》云，一名著，臨潢人。少有才思，詩筆尖新，風流人也。屢舉不第，以任子仕。晚由恩得主宜君簿。北渡，居雲内，後還雲中，卒年七十餘。《中州集》云，年七十八。名士皆其友也。尊酒之間，一談一笑，甚有前輩風，今不復見矣。戊辰冬，赴試西京，自以年高，與諸後進偕，又復作此舉【七】，因有詩云：「慣掣蒼龍曉漏鐘，受恩曾入大明宮。香浮扇影迎初日，人逐鞭聲静曉風。轉首俄驚成異世，此身雖在已衰翁。唤回五十年前夢，再著麻衣待至公。」

郭子通爲太常博士，宋國遣信使以「申議」爲名，將有所求也，宰相下其事於禮官，諸公環視未對，子通對曰：「申者，重也，再也。自大定甲申講和之後，盟約既定，無復再議之事。且以小事大，若有祈請，一作「所請」。亦難申議之名。」宰相是之。後宋使之來，改曰祈請，議者服其識遠。大定十七年三月朔萬春節，諸國人使將見而大雨作，大宗伯張公問子通曰：「禮當何如？」子通曰：「哀公問孔子曰：『諸侯朝於天子而不得見也有四，雨沾服失容，一也。』」張公曰：「此非使臣之事。」子通曰：「彼國主之來尚不得見，況其臣乎？」少頃，有敕放朝，士大夫服其知體。右見李致美一作「李政美」。作《子通神道碑》。子通卒清州防禦使。

【七】又復作此舉　「又」原作「入」，據明鈔本改。

卷六

高丞相汝礪，字巖夫，應州人。少擢第，《金史》：金城人，大定十九年進士。入仕有能名。嘗爲左司郎中、諫議大夫。入户部，專掌財賦。遷尚書，改三司副使，倡行鈔法，以代貨泉。宣宗南渡，拜參知政事，遷左右丞，進平章政事、右丞相，封壽國公。正大初，薨於位，年七十餘。爲人慎密廉潔，能結人主知。守格法，循默避事，不肯强諫。故爲相十餘年，未嘗有譴訶。壽考康寧，當世莫及。金國以來書生當國者，惟公一人耳。

賈左丞守謙，字彦亨，《中州集》云，賈益謙，字亨甫，本名守謙，避哀宗名改焉。東平人。少擢第，《金史》：沃州人，大定十年詞賦進士。莅官以能稱。章宗時爲諫議大夫，皇叔鎬王以疑忌下獄，公力争，士論直之。大安末，拜參知政事。南渡，進右丞，遷左丞，致仕，薨。《中州集》云，正大三年，年八十薨。

胥平章鼎，字和之，代之繁畤人。父持國，章宗時執政。公少擢第，《中州集》云，大定二十八年進士。以能稱。爲右司郎中，善占對。大安末，爲參知政事，俄出鎮平陽。宣宗南渡，行臺河中，兵民安輯。進平章政事兼左副元帥，移鎮京兆，封莘國公。後朝廷將伐宋取蜀，召議，公歸，上言止之，坐是忤旨，致仕，薨。案《金史》，宣宗興定元年，詔鼎舉兵伐宋，且令勿復有言以沮成算。鼎已分兵由秦、鞏、鳳翔三路并進，乃上「五不可」之議。詔付尚書省，宰臣以爲諸軍既進，無復可議，遂寢。是未嘗召議也。至二年四月，鼎乞致仕，温詔不許。三年，以年老，屢上表求致仕，又遣人慰諭之。俄以伐宋有功，遷官一階。四年，進封温國公，致仕。詔諭曰：「卿屢求退，朕初不許者，俟其安好，復爲朕用爾。今從卿請，仍可來居京師，或有大事，得就諮決也。」哀宗正大二年，起復，拜平章政事，進封英國公，行尚書省於衛州。鼎以衰病辭，不許。三年，復上書請老，優詔復不許。是年七月薨於位。未嘗以上言忤旨致仕也。又按，封莘國公在興定元年，後疊有温國、英國之封，此均未之及也。公通達吏事，有度量，爲政鎮静，所在無賢不肖皆得其歡心。南渡以來，書生有方面之柄者，惟公一人而已。

張左丞行信，字信甫，先名行忠，避末帝舊諱改焉。莒州人，御史大夫暐之子，太子太傅行簡之弟也。家世以純厚稱，士論以爲如漢萬石君家。公少擢第，《金史》：登大定二十八年進士第。歷清要。宣宗南渡，爲禮部尚書。時丞相朮虎高琪擅權，百官側目。因廷議事，公獨抗言折之，上甚喜。明日，拜參知政事。未幾，爲近侍所譖，出鎮涇州。到官，上疏論近侍之姦，士大夫稱重。正大初，首召拜左丞，言事稍不及前，人望頗減。後致仕，數年薨。《金史》云，正大八年二月乙丑，薨於嵩山崇福宮，年六十九。初遊嵩山，嘗曰：「吾意欲主此山。」果終於此。爲人簡樸，不修威儀，惡衣糲食如貧士。既致仕，家居惟以鈔書、教子孫爲事。葺園池東城，號静隱亭，時時遊詠其間爲樂。《金史》云，與侯摯輩遊詠其間。南渡宰執中最有直名。初至南京，父暐以御史大夫致仕，猶康健。兄行簡爲翰林學士承旨，公爲禮部尚書，諸子姪多中第居官，當世未之有也。

侯平章摯，《金史》云，初名師尹，避諱改今名。字莘卿，東阿人。少擢第，《金史》：明昌二年進士。慷慨有爲。貞祐初，北兵圍燕都，公由中都麴使請出募軍，已而嬰城有功，自行户部侍郎遷河平軍節度使。案《金史》云，擢爲右補闕，未嘗言遷節度使。宣宗南渡，爲參知政事，案《金史》，在貞祐三年八月。出鎮東平，移鎮下邳，所至吏民安愛。後入朝，遷左丞。案《金史》云，四年正月，進拜尚書右丞。正大初，進平章政事，封蕭國公。案《金史》，在天興元年八月。居相位，憒無所施，請守大名，詔出行尚書省。未幾，還朝。案《金史》，在天興元年十一月。致仕，居南京，有園亭蔡水濱，公日在閑與耆老讌飲。後南京降，以前宰執爲北兵所殺。爲人有威嚴，御兵人莫敢犯。在朝遇事亦敢言，頗喜薦士，如張文舉、雷希顏、麻知幾，皆由公進用。南渡後宰執中人望最重。

李參政鞏，字君美，河中人。少擢第，有能名。南渡，爲參知政事，出鎮平陽。北兵至，城陷自殺。從子復亨，字仲修，逾冠擢第，以才能稱。爲人通敏，善奏對，南渡，爲左司郎中，大爲宣宗所器，一時譽甚隆。遷翰林直學士，知開封府，進吏部尚書，爲參知政事，年方四十，父母俱存，近世未有也。興定末，坐監試進士失取人，出鎮同州。未幾，北兵攻城陷，自殺。叔姪相繼執政，俱死事，士論所嘉。愚軒趙宜之《挽仲修》詩云：「報君惟有死，見叔固無慚。」人以爲破的也。

師參政安石，字仲安，《金史》云，本姓尹，避國諱更焉。清州人。少擢第，輕財尚氣，義聞於朋友。爲省掾。宣宗南渡，從完顔福興守燕都。福興將死，以遺表託仲安，使赴行在。既達，上嘉之，擢樞密院經歷官。時末帝在春宮，領院事，遂見知遇。正大初，進同僉樞密院事，遷御史中丞、工部尚書，遂爲參知政事，其驟用如此。既居位，人望頗減，俄以腦疽薨。

李左丞蹊，字貫之，大興人。少擢第，通吏事，能官。南渡，爲左司郎中，遷吏部侍郎。爲蒲察合住所陷，下獄當死，詔釋之。後爲大司農。正大初，拜參知政事，進左右丞，專掌財賦。北兵圍南京，坐糧儲不給，除名。久之，起爲工部尚書，權參知政事，復左丞，奉使軍前送曹王。後從末帝東征，至睢陽，官奴之變，見殺。

吾古孫參政仲端，字子正，女直進士也。爲人謹厚，莅官以寬靜稱。興定間，由禮部侍郎使北朝，從入西域，二年始歸。爲陳州防禦使，遷御史中丞，爲參知政事，人望甚隆。天興東狩，罷爲翰林學士承旨。知時事不可支，家居一室，陳平生玩好，日與夫人宴飲爲歡。癸巳正月下旬，忽閉户自縊，其夫人亦從死。明日崔立之變，若先知者。金國亡，大臣中全節義者一人。公使歸時，備談西北所見，屬趙閑閑記之，趙以屬屏山，屏山以屬余，余爲録其事，趙書以石，迄今傳世間也。

完顔參政速蘭，字伯陽，案，《金史》作完顔素蘭，一名翼，字伯揚，「速」「素」疑音相通。至寧元年女直進士魁也。莅官修謹得名，然苛細不能任大事【二】，較之輩流頗可稱。仕歷清要，時望甚隆，爲宣宗所知，擢任近侍局。頗直言，有補益。旋罷出，爲諫議大夫。居父喪，不

【二】然苛細不能任大事　「能」原作「嚴」，據《金史》卷一四七《完顔素蘭傳》、聚珍本改。

飲酒食肉，廬墓三年。後爲參知政事，同紇石烈牙虎帶守京兆，不相協，召還，至陝，被圍。久之，亡奔行宫，道遇害。與余先子善。弟奴申，字正甫，亦女直進士。仕歷清要，由吏部侍郎使北朝，凡再往。天興東狩，拜參知政事，留守南京，齷齪不能有爲。崔立之變，見殺。

完顏右丞胡斜虎，字仲德，《金史》：完顏仲德本名忽斜虎，合懶路人。女直進士也。爲人忠實，有時望。嘗帥秦、鞏。天興改元，南京被圍，仲德提孤軍入援，轉戰數回，止存五六人。至京城門，遇末帝東狩，因從以行。駐睢陽，拜參知政事。從徙蔡州，進右丞，間關險阻中，盡心不懈。蔡圍既急，末帝内禪，崩。城陷，仲德帥兵三百，力戰不支，赴蔡水死，軍士皆從之，其得士心【二】，雖古之田横無以加也。金國亡，死君者惟仲德。

完顏平章合打，由護衛入官典郡。嘗陷北朝，亡歸南都，累擢平凉帥。爲人勇敢忠實，一時人望甚隆。拜參知政事，代胥相鼎鎮京兆，軍民便之。北兵犯藍關【三】，將兵拒戰有功，入朝，進平章政事，封芮國公。正大末，北兵由襄、漢大入，詔合打帥精兵拒之，已而失利，退保鈞臺，軍敗，見殺。

完顏中郎將陳和尚，字良佐，《金史》：名彝，字良佐，以小字行，豐州人。兄斜烈，畢里海世襲猛安也。忠義勇敢著名。嘗陷北朝，亡歸，擢帥壽、泗，威望甚重。性好士，幕府延致文人。改安平都尉，常憤鬱無所施，發病死。良佐從其兄在軍中，勇冠一時。嘗坐擅殺人，

【二】其得士心　「心」字原缺，據明鈔本補。

【三】北兵犯藍關　「藍」原作「蘭」，據明鈔本改。

將抵死。上奇其材，特赦之。爲忠孝軍總領，擢禦侮中郎將。天興改元，北兵入河南，良佐從完顏合打力戰鈞臺，軍敗被擒，不屈死。案《遺山集·贈鎮南軍節度使良佐碑》云，時年四十一。良佐爲人，愛重士大夫，王渥仲澤在其兄幕府，良佐從之遊，學仲澤書，極可觀。且同講經學，讀書不輟，亦一時弟兄良將帥也。

移剌都尉買奴，字温甫，契丹世襲猛安也。讀史書，慷慨有氣義。喜交士大夫，視女直同列諸人奴隸也。嘗爲宣撫使，便宜鄧豫間，以事杖殺經歷官，坐廢。後爲虎賁都尉，提兵赴關中，後由商南全軍而迴，病死。自號拙軒。趙閑閑爲賦之，諸公皆有詩。正大初，先子令葉，余往省，會温甫，屬余爲《拙軒銘》，先子亦有詩。

移剌樞密粘合，字廷玉，契丹世襲猛安也。弟兄俱好文，幕府延致名士。初帥彭城，雷希顔在幕，楊叔能、元裕之皆遊其門，一時士望甚重。爲將鎮静，守邊不擾，軍民便之。天興東狩，知國亡，率鄧州軍民詣宋人納款，宋以兵馬轄處之，賜第，居襄陽。未幾，病死。

南渡之初，將帥中最著名者，曰郭仲元，按，《金史》作「完顏仲元」。俗號「郭大相公」，其軍號「花帽子」；原注：「花帽子」一云「蒼鶻子」。曰郭阿里，俗號「郭三相公」，其軍號「黄鶴袖」。二人本非親兄弟，以其壯勇，年齒先後爲配。仲元爲將，重厚沈毅，有謀。守鳳翔，北兵力攻數月，不下而退，卒保其城以聞。後爲兵部尚書、皇太后衛尉，卒。阿里最驍勇，人莫能敵，屢與北兵戰，有功，一時爲士庶屬目。後提兵關中，與宋人戰，馬倒被擒，不知存歿也。

南渡後，諸女直世襲猛安、謀克往往好文學，與士大夫遊。如完顏斜烈兄弟，移剌廷玉、温甫，總領夾谷德固，朮虎士玄【四】，烏林答肅孺輩，作詩多有可稱。德固勇悍，在軍中有聲，嘗送舍弟以詩，亦可喜。天興初，提兵戍譙，軍亂見殺。

南渡之後，爲將帥者多出於世家，皆膏粱乳臭子，若完顏白撒，止以能打毬稱。又完顏訛可，亦以能打毬號「杖子元帥」。又完顏定奴，號「三脆羹」。有以忮忍號「火燎元帥」者。又紇石烈牙忽帶，一作「牙虎帶」。號「盧鼓椎」，好用鼓椎擊人也。其人本出親軍，頗勇悍，鎮宿、泗數年，屢破宋兵。有威，好結小人心。然跋扈，不受朝廷制。嘗入朝詣都堂，詆毁宰執，亦不敢言，而人主倚其鎮東，亦優容之也。尤不喜文士，僚屬有長裾者，輒取刀截去。又喜凌侮使者，凡朝廷遣使者來，必以酒食困之，或辭以不飲，因併食不給，使餓而去。張用章嘗以司農少卿行户部，過宿見焉，牙虎帶召飲，張辭以有寒疾。牙虎帶笑曰：「此易治耳。」趣命左右持艾炷來，當筵令人拉張卧，遽爇艾於腹，張不能争，遂灸數十。又因會宴，諸將并妻皆在座，時共食猪肉饅頭，有一將妻言素不食猪肉，牙虎帶趣左右易之。須臾食訖，問曰：「爾食何肉？」其人對曰：「蒙相公易以羊肉，甚美。」牙虎帶笑曰：「不食猪肉而食人肉，何也？爾所食非羊，人也。」其人大嘔，疾病數日。又御史大夫合住因事過宿，牙虎帶館之酒肉，使妓歌於前，及夜，因

【四】朮虎士玄　「玄」字原缺。聚珍本作「珠赫士玄」，文淵閣四庫本作「珠格士玄」，據補。《歸潛志》卷三有「朮虎邃士玄」。

使其妓侍寢。遲明將發，令妓徵錢。合住愕然，牙虎帶因强發其篋笥，取繒帛，悉以付妓，曰：「豈有官使人而不與錢者乎？」合住無以對而去。故司農、御史皆不敢入其境，避之。又，宿州有營妓數人，皆其所喜者，時時使一妓佩銀符，屢往州郡取賕賂。州將夫人皆遠迎，號「省差行首」，厚贈之。其暴横若此。及康錫伯禄爲御史，上章言其事，且曰：「朝廷容之，適所以害之。欲保全其人，宜加裁制。」然朝廷竟不能治其罪。後北兵入境，移鎮京兆，軍敗召還，道病死。在東方時，「盧鼓椎」之名滿民間，兒啼亦可怖，大概如呼「麻胡」云。

任履真子山，許州長葛人。讀書，喜雜學。深於醫，又有鄉行，邑人皆信之。貞祐初，召入太醫院，旋告歸。與閑閑、屏山諸公及余先子善。先子主長葛簿，其修儒宮及太虚觀，子山之力居多。爲醫，起人疾甚衆。既卒，閑閑誌其墓云。案，壙銘見《滏水集》第十一卷。

張子和，睢州考城人，初名從正。精於醫，貫穿《難》《素》之學，歷歷在口。其法宗劉守真完素，藥多用寒凉，然起疾救死多取效，士大夫稱焉。爲人放誕，無威儀，頗讀書作詩，嗜酒。久居陳，遊余先子門。後召入太醫院，旋告去，隱，然名重東州。麻知幾九疇與之善，使子和論説其術，因爲文之，有「六門」「三法」之目，將行於世，會子和、知幾相繼死，迄今其書存焉。

僧德普，武川人，自號勝静老人【五】。俶儻有機術，與士大夫遊，飲酒食肉豁如也。

【五】自號勝静老人　「勝静」，明鈔本作「静勝」。

嘗爲术虎高琪所重，在軍中論兵。南渡，居陳之開元寺。與余先子善，嘗著《彌陀偈》談理性，先子爲序之。屏山亦喜其俊爽不羈也。頗喜字畫、作詩。年六十餘死。余謂古之文暢、秘演之流。

僧圓基，一作「圓真」。字子初，姓田氏，亦北人。雖爲浮屠，喜與豪士遊。負其材略，有握兵治民之志，蓋隱於僧者也。嘗住持南京静安寺，以不檢去。之峴山，歷嵩陽，死。與德普相善。頗能詩，嘗題移剌右丞畫云：「調燮之餘總是閑，閑中遊戲到毫端。而今亦有丹青手，猶在蟠溪把釣竿。」可見其有志也。又《詠柳葉》云：「一氣潛通造化中，人間無處不春風。莫嫌冷地開青眼，試看夭桃幾日紅。」

王赤腿，不知其名字年齒，人以其衣短，號「哨腿王」。或云名予可，字南雲，河東人。幼嘗爲卒，不詳。居郾、蔡間，以乞食爲事。衣皮衣，露膝長歎，好插花，額上繫一銅片如月，人問之，皆有説。又時時自言爲天帝所召，一云「又時時自言踪跡，或稱爲天帝所召」。有某仙、某神在焉，所食何物，皆誕詭莫可測。然善歌詩，有求之者，索韻立成，字亦怪異。在郾城，凡寺觀樓閣及民家屋壁，書其詩殆遍，往往有奇麗語，如《天仙有夢梅》云：「鼎鑄陶鈞政格新，横斜疏影慰騷魂。嬰香枕簟黄昏月，懋棣東風笑谷春。」又：「經閑璇几虚雲鎖，杯捲江山枕島樓。原本注，「島」一作「鳥」。却憶西巖舊宫殿，半横星斗下瀛洲。」又《題石潭》云「石裂雯華浸月秋」。《中州集》「浸」作「漬」。又「松陰滚碎闌干角」。其他多僻怪不可曉。問之，則曰出天上何書，書名亦不可曉。或云爲鬼物所憑。麻知幾獨重之。李子遷贈詩云：「骯髒風儀古丈夫，鶴袍鐵面戟髭鬚。人間春色向頭剩，天上月明當額孤。石鼎夜聯詩句健，《中州集》作「詩筆健」。布囊春醉酒錢粗。危樓試倚街頭看，一作「月」。應見潛飛入玉壺。」狀其人殆盡。正大初，余過鄢，諸公爲召至，索詩，求韻立書，辭亦不可曉。後因病，失一目明。遭亂北渡，病死。

卷七

興定初，术虎高琪爲相，建議南京城方八十里【二】，極大難守，於内再築子城，周方四十里。壞民屋舍甚衆，工役大興，河南之民皆以爲苦。又使朝官監役，分督方面，少不前，輒杖之。及北兵入河南，朝議守子城，或云一失外城，則子城非我有，遂止守外城。外城故宋所築，土脈甚堅，北兵攻之，旬餘不能拔，而新築子城竟無用也。嗟乎，愚人之慮何如哉！使天下郡邑俱失，縱然獨保一子城，何以國也？然子城初起時，於地中得一石碣，上有詩云：「瑞雲靈氣鎖城東，他日還應與北同。歲月遷移人事變，却來此地再興功。」亦有數云。其字書類宋人，迄今猶在相國寺。

大梁城南五里號青城，乃金國初粘罕駐軍受宋二帝降處。當時后妃皇族皆詣焉，因盡俘而北。後天興末，末帝東遷，崔立以城降，北兵亦於青城下寨，而后妃内族復詣此地，多僇死，亦可怪也。

南渡之後，南京雖繁盛益增，然近年屢有妖怪。元光間，白日虎入鄭門。又吏部中有狐躍出，宫中亦有狐及狼。又夜聞鬼哭輦路，每日暮，烏鵲蔽天，皆亡國之兆。迄今爲丘墟瓦礫，傷哉！

校勘記

【一】建議南京城方八十里　「方」原作「分」，據明鈔本改。

南京同樂園【二】，故宋龍德宮，徽宗所修。其間樓觀花石甚盛，每春三月花發，及五六月荷花開，官縱百姓觀。雖未嘗再增葺，然景物如舊。正大末，北兵入河南，京城作防守計，官盡毀之。其樓亭材大者則爲樓櫓用，其湖石皆鑿爲砲矣。迄今皆廢區壞址，荒蕪所存者，獨熙春一閣耳。蓋其閣皆杪木壁飾，上下無土泥，雖欲毀之不能。世豈復有此良匠也！

宣宗喜刑法，政尚威嚴，故南渡之在位者多苛刻。徒單右丞思忠好用麻椎擊人，號「麻椎相公」。李運使特立友之號「半截劍」。馮内翰璧叔獻號「馬劉子」。後雷希顔爲御史，至蔡州，縛姦豪，杖殺五百人，又號「雷半千」。又有完顔麻斤出、蒲察咬住，皆以酷聞。而蒲察合住、王阿里、李涣之徒，胥吏中尤狡刻者也。

宣宗后妃皆出微賤，南渡人一云「南都郡人」。有云：「頭巾王，過道史，白酒龐」，指三外戚家也。王氏有成國夫人者，宣宗皇后之姊，末帝之姨，奢侈尤甚，權勢薰天，當塗者往往納賂取媚，積貲如山，且出入宫掖無時度，號「自在夫人」。天興改元，末帝東遷，崔立之變，凡富貴家皆搜括金銀，成國竟揰死。又有平章政事完顔白撒，以内族位將相，尤奢僭。嘗起第西城，如宮掖然，其中婢妾百數，皆衣縷金綺繡，如宮人。在尚書省，惡堂食不適口，以其家饍供。然爲將相無他材能，徒以儀體爲事。從末帝東征，方渡河督戰，遽勸上迴奔睢陽。衆以其誤國，歸罪請廢，末帝不得已，下獄，餓死。

【二】南京同樂園　「同」原作「司」，據明鈔本、聚珍本改。

南渡之後，爲宰執者往往無恢復之謀，上下同風，止以苟安目前爲樂，凡有人言當改革，則必以生事抑之。每北兵壓境，則君臣相對泣下，或殿上發歎吁。已而敵退解嚴，則又張具會飲黄閣中矣。每相與議時事，至其危處，輒罷散曰：「俟再議。」已而復然，因循苟且，竟至亡國。

南渡之後，朝廷近侍以諂諛成風，每有四方災異或民間疾苦將奏之，必相謂曰：「恐聖上心困。」當時有人云：「今日恐心困，後日大心困矣。」竟不敢言。一云「竟至敗亡」。又在位者臨事，往往不肯分明可否，相習低言緩語，互推讓，號「養相體」。吁！相體果安在哉？又宰執用人，必先擇無鋒鋩、軟熟易制者，曰「恐生事」。故正人君子多不得用，雖用，亦未久遽退閑，宰執如張左丞行信，臺諫官如陳司諫規，許司諫古，程、雷御史，「程、雷」似指程震、雷希顔，别本作「程御史震」，疑誤。皆不能終其任也。

南渡之後，近侍之權尤重，蓋宣宗喜用其人爲耳目，以伺察百官，故使其奉御輩採訪民間，號「行路御史」。或得一二事即入奏之，上因切責臺官漏泄，皆抵罪。又，方面之柄雖委將帥，又差一奉御在軍中，號「監戰」。每臨機制變，多爲所牽制。輒遇敵先奔，故其軍多喪敗。

貞祐間，术虎高琪爲相，欲樹黨固其權，先擢用文人，將以爲羽翼。已而臺諫官許古、劉元規之徒見其恣横，相繼言之。高琪大怒，斥罷二人。因此大惡進士，更用胥吏。彼喜其獎拔，往往爲盡心，於是吏權大盛，勝進士矣。又高琪定制，省、部、寺、監官，參注進士、吏員，又使由郡轉部，由部轉臺省，不三五年，皆得要職。士大夫反畏避其鋒，而宣宗亦喜此曹刻深，故時全由小吏侍東宫，至爲僉樞密院事。南征帥又有蒲察合住、王阿里之徒居左右司，李涣輩在外行尚書六部，陷士夫數十人，亦亡國之政也。

南渡後，屢興師伐宋，蓋其意以河南、陝西狹隘，將取地南中。夫己所有不能保，而奪人所有，豈有是理？然連年征伐，亦未嘗大有功，雖破蘄、黄，殺虜良多，較論其士馬物故，且屢爲水陷溺，亦相當也。最後盱眙軍改爲鎮淮府，以軍戍之，費糧數萬，未幾亦棄去。又師還，乘夏多刈熟麥，以歸助軍儲。故宋人邊檄有云：「暴卒鴟張，率作如林之旅；飢氓烏合，驅帥得罪之人。」駙馬都尉僕散阿海、僉樞密院事時全，皆回轅即誅。後又謀取蜀，時胥平章鼎鎮關中，奏請緩發，胥由此罷相。嗟乎！避强欺弱，望其復振，難哉！此皆宣宗時事，末帝即位，無南伐之議矣。

甚哉，風俗之移人也！南渡後，吏權大盛，自高琪爲相定法，其遷轉與進士等，甚者反疾焉。故一時之人争以此進，雖士大夫家有子弟讀書，往往不終輒輟，令改試臺部令史。其子弟輩既習此業，便與進士爲讎，其趨進舉止，全學吏曹，至有舞文納賂甚於吏輩者。惟僥倖一時進用，不顧平日源流，此可爲長太息者也。

金朝取士，止以詞賦、經義學，士大夫往往局於此，不能多讀書。其格法最陋者，詞賦狀元即授應奉翰林文字，不問其人才何如，故多有不任其事者。或顧問不稱上意，被笑嗤，出補外官。章宗時，王狀元澤按，後云「澤民不識枇杷子」，此處疑脱「民」字。否則，澤字澤民也。在翰林，會宋使進枇杷子，上索詩，澤奏：「小臣不識枇杷子。」惟王庭筠詩成，上喜之。吕狀元造，父子魁多士，及在翰林，上索重陽詩，造素不學詩，惶遽獻詩云：「佳節近重陽，微臣喜欲狂。」上大笑，旋令外補。故當時有云：「澤民不識枇杷子，吕造能吟喜欲狂。」

興定初，朝議縣令最親民，依常調數換多不得人，始詔内外七品以上官保舉，仍升爲正七品；官資未及者【三】，借注人。一時能吏如王庸登庸令洛陽，程震威卿令陳留，皆有治績。或入爲監察御史臺部官。自是居官者争以能相尚，民亦多受賜。其後，往往自納賂請託得之，故疲懦貪穢者亦多。然士大夫爲之首猶自力，此良法也。

正大初，末帝鋭於政，朝議置益政院官，院居宫中，選一時宿望有學者如楊學士雲翼、史修撰公燮、吕待制造數人兼之，輪直。每日朝罷，侍上講《尚書》《貞觀政要》數篇，間亦及民間事，頗有補益。楊公又與趙學士秉文共集自古治術，分門類，號《君臣政要》，爲一編進之。此亦開講學之漸也，然歲餘亦罷。

士氣不可不素養，如明昌、泰和間崇文養士，故一時士大夫争以敢言敢爲相尚。迨大安中，北兵入境，往往以節死，如王晦、高子杓、「高子杓」一作「高子約」，俱無考。按，《金史·忠義

【三】官資未及者　「官」字原缺，據明鈔本補。

傳》有高守約，字從簡，遼陽人，大定二十八年進士，累官觀州刺史。元兵徇地河朔，城破，不屈死。當是其人。子杓、子約，俱字形相近之誤。梁詢誼諸人皆有名。而侯摯、李瑛、疑是李英，戰死潞州。《金史》有傳。田琢輩皆由下位自奮於兵間，雖功業不成，其志氣有可嘉者。南渡後，宣宗奬用胥吏，抑士大夫，凡有敢爲敢言者，多被斥逐。故一時在位者多委靡，惟求免罪罟苟容。迨天興之變，士大夫無一人死節者，豈非有以致之歟？由是言之，士氣不可不素養也。

南渡後，疆土狹隘，止河南、陝西，故仕進調官皆不得遽，入仕或守十餘載，號重復累，往往歸耕，或教小學養生。故當時有云：「古人謂：十年窗下無人問，一舉成名天下知。今日一舉成名天下知，十年窗下無人問也。」其後，有辟舉法行，雖未入仕，亦得辟爲令。故新進士多便得一邑治民，其省令史亦以次召補。故士人方免沈滯之歎云。

大臣尤當以至公至正黜陟百官，不可畏嫌避黨爲自保計。南渡爲宰執者，多怯懼畏懦，不敢有爲，凡處一事，先恐人疑己。如宰執本進士，或士大夫得罪，知其無辜，不敢辨言，恐人疑其爲黨也。又或轉加詰責，以示無私。或要職美官，寧用他流，取媚於衆。一登省府，遽忘本來用心。如此，望其成功名、立節義，難矣。然亦往往不能以富貴自終。向使以公正自持，未必以是得罪也。人之用智巧者竟何如哉！

宰相之職，佐人主治天下，所患耳目不廣，不能周知民間苦樂、國勢安危，故當忘私去智，取諸人以爲善，以天下治天下。至於百官士流賢否，皆當如家人美惡，一一辨其才，然後進退用舍合公望，辨職業而爲國者立法，使百官、賓客不得謁見於私第，何哉？其意止以防其請託而徇私也。夫果察其人徇私不公，豈可使爲宰相哉？既以爲宰相，是已以天下付之矣，誠不宜猶爾防閑也。唐裴晉公一日拜相，遽請於私第見百官、賓客，可謂遠謀，而憲宗信之，卒平淮蔡。此其君臣遇合，故有此奇偉士成功名。使齪齪者爲之，亦不敢請，而庸主亦不聽也。余觀南渡後爲宰執者，自非親戚故舊，往往不得登其門。若夫百官士流，未嘗接議論，局局自保，惟恐失之。如此，望其所用得人、聞見不塞者，未之有也。

士大夫爲吏者，當以至公無我處之，事自理，民自服，不可委曲要譽以枉義也。余在南方時，見辟舉爲令者，往往妄用心。如富家與貧家訟必直貧民，勢家與百姓争必直百姓，不問理何如也。又或故舊同道之家有科徵，必先督促不少貸，至加之刑罰。其意以爲如此示我無私，且賈細民稱譽。嗟乎！貧富相争，自有曲直，彼貧民中亦有桀黠不逞者，富家中亦有循良懦弱者，烏可執一哉？故舊同道之家，義當假借，不然止以無心處之可也。至首加訊責，不亦傷乎？大抵此曹志於升進故爾。甚者榜於門云：「無親戚故舊」「不見賓客」「不接士人」。世豈有一爲郡邑而遽無親無舊者？嘗記有一人爲縣令，禁其子不令出。其子犯禁，笞責之，其子赴井死。哀哉！不循中道，縱得升遷何榮也？

國所以官士，士所以居官，先以養其口體妻子，然後得專意王事。雖不可取於民，奢縱害公，亦不必釣名要譽，太儉陋也。余見河南爲令者，有夜蓋紙被、朝服敝衣以示廉，又令妻子輩汲爨，不使吏卒代者，其意皆欲聞上位，媚細人。然其聽斷、撫養之道殊不在是。能使其車騎儀從、屋宇服用鮮整，而遇事風生，吏民稱快，較之此曹何自苦也？

南渡後，士風甚薄，一登仕籍，視布衣諸生遽爲兩途，至於徵逐遊從，輒相分別。故布衣有事，或數謁見在位者，在位者相報復甚希，甚者高居臺閣，舊交不得見。故李長源憤其如此，嘗曰：「以區區一第傲天下士邪？」已第者聞之多怒，至逐長源出史院，又交訟於官。士風如此，可歎！

省吏，前朝止用胥吏，號「堂後官」。金朝大定初，張太師浩制：皇制祖免親、「皇制」一作「皇家」。宰執子試補外，雜用進士。凡登第歷三任至縣令，以次召補充，一考，三十月出得六品州倅。兩考，六十月得五品節度副使、留守判官，或就選爲知除、知案。由之以漸，得都事、左右司員外郎、郎中。故仕進者以此途爲捷徑。如不爲省令史，即循資級，得五品甚遲，故有「節察令推何日了，鹽度户勾幾時休」之語。浩初定制時，語人曰：「省庭天下儀表，如用胥吏，定行貨賂混淆，用進士，清源也。且進士受賕，如良家子女犯姦也；胥吏公廉，如娼女守節也。」議者皆以爲當，屏山嘗爲余言之。然省令史儀體冠帶、抱書進趨，與掾史不殊，有過，輒決杖。惜乎，以胥吏待天下士也。故士大夫有氣概者往往不就，如雷翰林希顔、魏翰林邦彦、宋翰林飛卿及余先子，或召補不願，或暫爲，遽告出，皆不能終其任也。李文欽止爲余言：「宋制，省曹有檢正，皆士大夫，其堂吏主行移文字也。」且問余以宋制與金制孰優，余以爲宋制善，欽止曰：「此議與吾合也。」

金朝用人，大概由省令史遷左右司郎中、員外郎、首領官，「遷」一作「選」。取其簿書精幹也。由左右首領官選宰相執政，取其奏對詳敏也。其經濟大略安在哉？此所以在位者多長於吏事也。

金朝兵制最弊，每有征伐或邊釁，動下令簽軍，州縣騷動。其民家有數丁男好身手，或時盡揀取無遺，號泣怨嗟，闔家以爲苦。驅此輩戰，欲其克勝，難哉！貞祐初，下令簽軍，會一時任子爲監當者【四】，以春赴吏部調數，宰執使盡揀取，號「監官軍」。其人憤慍叫號，交訴於臺省，又衝宰相鹵簿告，丞相僕散七斤大怒，趣左右取弓矢射去。已而上知其不可用，免之。元光末，備潼關、黃河，又下令簽軍，諸使者歷郡邑，自見居官者外，無文武小大職事，官皆揀之。至許州，前户部郎中、侍御史劉元規，年幾六十，亦中選，爲千户。至陳州，余先子以前監察御史，亦爲千户。自餘不可勝言。既立部曲，須依軍例，以次相鈐束，物議喧然。後亦罷之。嗟乎！以任子爲兵已失體，況以朝士大夫充厮役乎？當是時，余以終場舉人獲免，而先子以御史不免，立法之弊以至於斯。余赴試開封，先子以詩送之，且寄趙閑閑、雷希顔，有云：「老作一兵吾命也，芳聯七桂汝身之。厚祿故人如見問，爲言塵土困王尼。」二公覽之，爲一笑。

金朝近習之權甚重，置近侍局於宮中，職雖五品，其要密與宰相等，如舊日中書，故多

【四】會一時任子爲監當者　「當」原作「軍」，據明鈔本改。

以貴戚、世家、恩倖者居其職，士大夫不預焉。南渡後，人主尤委任，大抵視宰執臺部官皆若外人，而所謂心腹則此局也。其局官以下，所謂奉御、奉職輩，本以傳詔旨、供使令，而人主委信，反在士大夫右。故大臣要官往往曲意奉承，或被命出外，帥臣郡守百計館饋，蓋以其親近易得言也。然此曹皆膏粱子弟，惟以妝飾體樣相夸，膏面鑷鬚，鞍馬、衣服鮮整，朝夕侍上，迎合諂媚，以逸樂導人主安其身，又沮壞正人，招賄賂爲不法。至於大臣退黜，百官得罪，多自局中，御史之權反在其下矣。其後，欲收外望，頗雜用士人。完顏伯陽居之不歲餘亦罷。又於臺部令史選奉職數人，又於進士中亦選一二人充備。其人既入局中，則趨進舉止，曾亦未聞有正言補益者。且此曹本僕役之職，士大夫處之可羞，而一二子泰然自以爲榮，亦陋也。

宣宗嘗責丞相僕散七斤：「近來朝廷紀綱安在？」七斤不能對，退謂郎官曰：「上問紀綱安在，汝等自來何嘗使紀綱見我？」按，此事《金史》述劉祁之言，見《完顏奴申傳》，補録於此。

校勘記

卷八

金朝取士，止以詞賦爲重，故士人往往不暇讀書爲他文。一云「不暇習爲他文」。嘗聞先進故老見子弟輩讀蘇、黄詩，輒怒斥，故學者止工於律賦，問之他文則懵然不知。間有登第後始讀書爲文者，諸名士是也。南渡以來，士人多爲古學，以著文作詩相高。然舊日專爲科舉之學者疾之爲仇讎，若分爲兩途，互相詆譏。其作詩文者目舉子爲科舉之學，爲科舉之學者指文士爲任子弟，笑其不工科舉。殊不知國家初設科舉用四篇文字，本取全才，蓋賦以擇制誥之才，詩以取「風騷」之旨，策以究經濟之業，論以考識鑒之方。四者俱工，其人材爲何如也。而學者不知，狃於習俗，止力爲律賦，至於詩、策、論俱不留心。其弊基於爲有司者止考賦，而不究詩、策、論也。吾嘗記故老云：「泰和間，有司考詩賦已定去取，及讀策論，則止用筆點廟諱、御名，且數字數與塗注之多寡。」有司如此，欲舉子輩專精難矣。南渡後，趙、楊諸公爲有司，方於策論中取人，故士風稍變，頗加意策論。又於詩賦中亦辨别讀書人才，以是文風稍振，然亦謗議紛紜。然每貢舉，非數公爲有司，則又如舊矣。

金朝以律賦著名者，曰孟宗獻友之、《中州集》云，開封人，大定三年鄉、府、省、御四試皆第一。趙樞子克。其主文有藻鑒、多得人者，曰張景仁御史、《金史》：字壽甫，遼西人。鄭子聃侍讀【二】。故一時爲之語曰：「主司非張、鄭，秀才非趙、孟。」律賦至今學者法之。然其源出於吾高祖南山翁。故老云：孟晚進，初不識翁，因少年下第，發憤，闢一室，取翁賦，翦其八韻類之帖壁間，坐卧諷詠深思，已而盡得其法，下筆造微妙。再試，魁於鄉、於府、於省、於御前，天下號「孟四元」，迄今學者以吾祖孟師也。孟雖仕，不甚貴。作詩詞有可稱，自號虚静居士。頗恬淡，留意養生術。嘗著《金丹賦》行於世，其詩詞亦有集。

余高祖南山翁，按《中州集》，名撝。金國初，闢進士舉，詞賦狀元也，故爲一代詞學宗。雅好成就後進，見其文，輒能斷其後中第否。當時名士大夫多出門下，學者至今皆師尊之。四子，長西巖，按，西巖名汲，字伯深，天德三年進士，見《中州集》。次龍泉，同年擢第。二女，長姑及笄，將適人，一時貴顯者争求之，翁皆不許。張御史景仁時在布衣，以所業詣翁，翁嘉之。俄翁爲有司取士，張賦甚佳，爲鄰坐者剽之，盡坐同而黜。已而翁知其然，遽以長姑嫁焉。家人輩皆愠，翁不恤也。後三年，翁復爲有司，御試，張擢别試魁，驟歷清華，以文章擅當世，位至翰林學士、河南尹、御史大夫。嘗使宋，有風節，赫然爲名臣。世皆以翁有知人之鑒也。後，翁墓表，張所作，具載其事云。次姑適襄陰王元節，亦名進士。能詩，博學，《中州集》云，字子元，弘州人，第進士。弟元德，亦第進士。嘗爲密州節度判官。迄今士大夫嫁女多談翁之事也。

【二】鄭子聃侍讀 「聃」原作「時」，據黄丕烈、施國祁校本改。

金朝士大夫以政事最著名者，曰王翛然。《中州集》云，王翛字翛然，范陽人，皇統二年進士。嘗同知咸平府，攝府事。時遼東路多世襲猛安、謀克居焉，其人皆女直功臣子，驁亢奢縱不法。公思有以治之，會郡民負一世襲猛安者錢，貧不能償，猛安者大怒，率家僮輩强入其家，牽其牛以去，民因訟於官。公得其情，令一吏呼猛安者，其猛安者盛陳騎從以來。公朝服，召至廳事前，詰其事，趨左右械繫之，乃以强盗論，杖殺於市，一路悚然。後知大興府，素察僧徒多遊貴戚家作過，乃下令，午後僧不得出寺，街中不得見一僧。有一長老犯禁，公械之。長老者素爲貴戚所重，皇姑某國公主使人詣公請焉，公曰：「奉主命，即令出。」立召僧，杖一百，死。自是京輦肅清，人莫敢犯。世宗深見知，故公得行其志也。公爲人恬淡簡静【二】，頗留意養生，每食，必以時，過午則不食也。臨終，齋沐而逝，於死生了然。其爲吏之名，至今人云過宋包拯遠甚。其子漸，爲吏亦有能稱，爲中都警巡使。

孫左丞鐸振之，《金史》：其先滕州人，徙恩州。章宗時名臣。爲人正直敢言，有學問文采，一時相望甚切。俄詔下，同輩皆相執政，公再授户部尚書。公意不愜，因於户部廳事壁間書唐人詩云：「南鄰北舍牡丹開，年少尋芳去未回。惟有君家老柏樹，春風來似不曾來。」有人奏之，坐貶鄜州防禦使。按《中州集》云，降授同知河南府事。再召入朝，未幾，執政。南渡，爲太子太師。後致仕，以壽終。

貞祐南征，獲一統制官李伸之者，帥府經歷官劉逵卿輩召而飯之，且誘以降，將宥焉。

【二】公爲人恬淡簡静　「静」原作「盡」，據明鈔本改。

伸之獻詩曰：「一飯感恩無地報，此心許國已天知。胸中千古蟠鍾阜，一死鴻毛斷不移。」竟就死。又云：「擬把孤忠報主知，主知未報已身疲。明朝定作長淮鬼，馬革應煩爲裹屍。」又云：「區區猶上和親策，安得元戎一點頭。」

先翰林嘗談，國初宇文太學叔通《中州集》云，宇文虛中，成都人，宋黄門侍郎，以奉使見留，爲翰林學士承旨。主文盟時，吴深州彦高《中州集》云，吴激，宋宰臣拭之子，王履道外孫，而米芾元章壻也。將命帥府，以知名留之，仕爲翰林待制。出知深州，到官三日而卒。視宇文爲後進，宇文止呼爲「小吴」。因會飲，酒間有一婦人，宋宗室子流落，諸公感歎，皆作樂章一闋。宇文作《念奴嬌》，有「宗室家姬，陳王幼女，曾嫁欽慈族。干戈浩蕩，事隨天地翻覆」之語。次及彦高，作《人月圓》詞云：「南朝千古傷心事，猶唱後庭花。舊時王謝，堂前燕子，飛向誰家。偶然相見，《中州樂府》云「恍然一夢」。仙肌勝雪，雲鬟堆鴉。《中州樂府》作「宫髻堆鴉」。江州司馬，青衫淚濕，同是天涯。」宇文覽之大驚，自是，人乞詞輒曰：「當詣彦高也。」彦高詞集，篇數雖不多，皆精緻盡善，雖多用前人詩句，其翦裁點綴若天成，一云「其翦裁綴輯皆若天成」。真奇作也。先人嘗云，詩不宜用前人語。若夫樂章，則翦截古人語亦無害，但要能使用爾。如彦高《人月圓》，半是古人句，其思致含蓄甚遠，不露圭角，不尤勝於宇文自作者哉？

党承旨懷英、《金史》：字世傑，馮翊人。辛尚書棄疾，俱山東人，少同舍。屬金國初遭亂，俱在兵間。辛一旦率數千騎南渡，顯於宋。党在北方，擢第，入翰林，有名，爲一時文字宗主。二公雖所趨不同，皆有功業，寵榮視前朝李穀、一作「陶穀」。韓熙載亦相况也。後辛退閑，有詞《鷓鴣天》云：「壯歲旌旗擁萬夫。錦韉突騎渡江初。燕兵夜捉銀胡𩎚，漢箭朝飛金僕姑。　思往事，歎今吾。春風不染白髭鬚。都將萬字平戎策，换得東郊種樹書。」蓋紀其少時事也。

高丞相巖夫在相位，因元光二年元日慶七十，會鄉里交舊，且求作詩文。時先子以新罷御史，避嫌不赴。余方弱冠，爲作詩，以公頗負謗，且勸其退休也。公得詩大喜，趣召余，迎謂余曰：「解道『青雲自致不須階』邪？」又撫余背曰：「汝費字如何下來？」蓋余詩云：「青雲自致不須階，十稔從容位上台。負荷一堂森柱石，調和衆口費鹽梅。勤勞密邇三朝重，壽考康寧七秩開。家道益昌孫有息，綵衣扶杖好歸來。」雷希顔爲作序，亦有「乘天眷未衰，可以引去」之語。後余將歸淮陽，復獻書勸其舉一人自代，可得致政歸。然公竟薨於位，不能從也。

明昌、承安間，作詩者尚尖新，故張翥仲揚由布衣有名，召用。其詩大抵皆浮艷語，如：「矮窗小户寒不到，一作「矮户小窗」。一罏香火四圍書。」又：「西風了却黄花事，不管安仁兩鬢秋。」人號「張了却」。劉少宣嘗題其詩集後云：「楓落吴江真好句，不須多示鄭參軍。」蓋譏之也。南渡後，文風一變，文多學奇古，詩多學風雅，由趙閑閑、李屏山倡之。屏山幼無師傅，爲文下筆便喜左氏、莊周，故能一掃遼、宋餘習。而雷希顔、宋飛卿諸人皆作古文，故復往往相法傚，不作淺弱語。趙閑閑晚年詩多法唐人李、杜諸公，然未嘗語於人。已而麻知幾、李長源、元裕之輩鼎出，故後進作詩者争以唐人爲法也。

趙閑閑嘗言，律詩最難工，須要工巧周圓。吾聞竹溪党公論，以爲五十六字皆如聖賢，中有一字不經鑪錘，便若一屠沽子厠其間也。又云：「八句皆要警拔極難，一篇中須要一聯好句爲主，後但以意收拾之，足爲好詩矣。」又嘗與余論詩曰：「《選》詩曰：『南登灞陵岸，回首望長安。』『朔風動秋草，邊馬有歸心。』『明月照高樓，流光正徘徊。』此其含蓄意幾何？」又曰：「小詩貴風騷，今人往往止作硬語，非也。」

趙閑閑少嘗寄黄華詩，黄華稱之，曰：「非作千首【三】，其工夫不至是也。」其詩至今爲人傳誦，且趙以此詩初得名。詩云：「寄語雪溪王處士，年來多病復何如？浮雲世態紛紛變，秋草人情日日疏。李白一杯人影月，鄭虔三絶畫詩書。情知不得文章力，乞與黄華作隱居。」

趙閑閑嘗爲余言，少初識尹無忌，問：「久聞先生作詩，不喜蘇、黄，何如？」無忌曰：「學蘇、黄則卑猥也。」其詩一以李、杜爲法，五言尤工。閑閑嘗稱其《遊同樂園》詩云：「晴日明華構，繁陰蕩緑波。蓬丘滄海遠，春色上林多。流水時雖逝，遷鶯暖自歌。可憐歡樂極，鉦鼓散雲和。」又有佳句：「行雲春郭暗，歸鳥暮天蒼。野色明殘照，江聲入暮雲。」甚似少陵。閑閑又稱趙黄山詩云：《中州集》，趙渢字文孺，第進士。明昌末終於禮部

【三】非作千首　「非」字上原本有「姓王氏」三字，據聚珍本刪。

郎中。黄山，其自號也。「燈暗風翻幔，蛩吟葉擁墻。人如秋已老，愁與夜俱長。滴盡階前雨，催成鏡裏霜。黄花依舊好，多病不能觴。」此詩信佳作也。又黄山嘗與予黄山道中作詩，一作「嘗於黄山道中作詩」。有云：「好景落誰詩句裏，蹇驢馱我畫圖間。」按，全詩載《中州集》。世號「趙蹇驢」。余先子翰林嘗談章宗春水放海青，時黄山在翰苑，扈從。既得鵝，索詩，黄山立進之，其詩云：「駕鵝得暖下陂塘，探騎星馳入建章。黄繖輕陰隨鳳輦，緑衣小隊出鷹坊。摶風玉爪凌霄漢，瞥日風毛墮雪霜。共喜園陵得新薦【四】，侍臣齊捧萬年觴。」章宗覽之，稱其工，且曰：「此詩非宿構不能至此。」

趙閑閑平日字畫工夫最深，詩其次，又其次散文也。嘗語余曰：「今日後進中作文者頗有三二人，至吟詩者絶少，字畫亦無也。」以是知公所長。然議論經學許王從之，散文許李之純、雷希顔，詩頗許麻知幾、元裕之，字畫頗許麻知幾、馮叔獻也。又嘗教余學書，先法張旭《石柱記》，每曰：「汝輩幸有天資，正不許學古人一點一畫寫也【五】。」

李屏山雅喜獎拔後進，每得一人詩文，有可稱必延譽於人。然頗輕許可，故趙閑閑嘗云：「被之純壞却後進，只獎譽，教爲狂。」後雷希顔亦頗接引士流，趙云：「雷希顔又如此。」然屏山在世，一時才士皆趨嚮之。至於趙所成立者甚少，惟主貢舉時，得李欽叔獻能，後嘗以文章薦麻知幾九疇入仕，至今士論止歸屏山也。

李屏山教後學爲文，欲自成一家，每曰：「當別轉一路，勿隨人脚跟。」故多喜奇怪，

【四】共喜園陵得新薦　「陵」原作「林」，據明鈔本、聚珍本及黄丕烈、施國祁校本改。

【五】正不許學古人一點一畫寫也　「正不許」，明鈔本作「止不肯」。

然其文亦不出莊、左、柳、蘇，詩不出盧仝、李賀。晚甚愛楊萬里詩，曰：「活潑刺底，人難及也。」趙閑閑教後進爲詩文，則曰：「文章不可執一體，有時奇古，有時平淡，何拘？」李嘗與余論趙文曰：「才甚高，氣象甚雄，然不免有失支墮節處，蓋學東坡而不成者。」趙亦語余曰：「之純文字止一體，詩只一句去也。」一云「詩只一向去也」。又趙詩多犯古人語，一篇或有數句，此亦文章病。屏山嘗序其《閑閑集》云：「公詩往往有李太白、白樂天語，某輒能識之。」又云：「公謂男子不食人唾，後當與之純、天英作真文字。」亦陰譏云。

趙閑閑論文曰：「文字無太硬，之純文字最硬，可傷【六】。」王翰林從之則曰：「文字無軟硬【七】，惟其是也。」余嘗以質諸先人，先人以趙論爲是。

興定、元光間，余在南京，從趙閑閑、李屏山、王從之、雷希顔諸公遊，多論爲文作詩。趙於詩最細，貴含蓄工夫；於文頗粗，止論氣象大概。李於文甚細，説關鍵賓主抑揚；於詩頗粗，止論詞氣才巧。故余於趙則取其作詩法，於李則取其爲文法。若王，則貴議論文字有體致，不喜出奇，下字止欲如家人語言，尤以助辭爲首，與屏山之純學大不同。嘗曰：「之純雖才高，好作險句怪語，無意味。」亦不喜司馬遷《史記》，云：「失支墮節多。」「韓退之《原道》，如此好文字，末曰『人其人，火其書』，太下字。」「柳子厚『肥皮厚肉，柔筋脆骨』之類，此何等語！」「千古以來，惟推東坡爲第一。」又多發古名篇

【六】可傷　「可」原作「何」，據明鈔本及黄丕烈、施國祁校本改。

【七】文字無軟硬　「硬」原作「者」，據清人郭元釪編《全金詩》卷九趙秉文小傳所引改。

中疵病：淵明《歸去來辭》，前想像，後直述，不相侔。伯倫《酒德頌》「有大人先生」，是寓言，後「聞吾風聲」，「吾」當作「其」。退之《盤谷序》，前云「友人」，後云「昌黎韓愈」，似不相識。永叔《蘇子美墓誌》「争爲人所傳」，既用「争」字，當曰「人争傳之」；不然，曰「爲人所傳」，不須「争」字。子瞻《超然臺記》「物有以蔽之矣」，「矣」字不安。此類甚多，不可勝紀。按，王若虚《滹南文集》四十五卷，辨論居十之九，他詩文祇數卷。雷則論文尚簡古，全法退之。詩亦喜韓，兼好黄魯直新巧。每作詩文，好與朋友相商訂，有不安，相告，立改之。此亦人所難也。

正大中，王翰林從之在史院領史事，雷翰林希顔爲應奉兼編修官，同修《宣宗實録》。二公由文體不同，多紛争，蓋王平日好平淡紀實，雷尚奇峭造語也。王則云：「《實録》止文其當時事，貴不失真。若是作史，則又異也。」雷則云：「作文字無句法，委靡不振，不足觀。」故雷所作，王多改革，雷大憤不平，語人曰：「請將吾二人所作令天下文士定其是非。」王亦不屑，王嘗曰：「希顔作文好用惡硬字，何以爲奇？」雷亦曰：「從之持論甚高，文章亦難止以經義科舉法繩之也。」

雷翰林希顔爲人作碑誌，雖稱其德善，其疵短亦互見之。嘗曰：「文章止是褒與貶。」初，作屏山墓誌，數處有微言，劉光甫讀之不能平，與宋飛卿交勸令削去，及刻石，猶存「浮湛於酒，其性厭怠，有不屑爲」之言。余謂碑誌本以章其人之善，雖不可溢美有媿辭，然當實録其善事，使傳信後世。若疵短則不當書也，況非作史傳，何必貶焉？且其子孫覽之，豈得自安也？

趙閑閑作《南城訪道圖》，諸公皆有詩。嘗有一齊希謙者題云：「億劫夢中誇識解，一生紙上作風波。到今不肯抽頭去，畢竟南城有甚麽？」人頗傳之。

趙閑閑以文學名一世，於吏事非所長。興定初，朮虎高琪爲相，惡士大夫，有罪輒以軍儲論加箠杖，在位者往往被其苦。俄命趙公攝南京轉運司，一作「使」。未幾，果坐誤糧草事，當杖。既奏，宣宗曰：「學士豈當箠邪？」高琪曰：「不然無以戒後。」遂杖四十，公大憤焉。其後，高琪誅，詔適當公筆，首曰：「君臣分嚴，無將之罪莫大；夫婦義重，不睦之刑何逃？曾是一身，兼此二惡。」人謂趙公之仇雪矣。

正大初，趙閑閑長翰苑，同陳正叔、潘仲明、按，仲明名希孟。雷希顔、元裕之諸人作詩會，嘗賦《野菊》，趙有云：「岡斷秋光隔，河明月影交。荒叢號蟋蟀，病葉挂蠨蛸。欲訪陶彭澤，柴門何處敲？」諸公稱其破的也。又分詠《古瓶蠟梅》，趙云：「苕華吐碧龍文澀，燭淚痕疏雁字横。」後云：「嬌黄喚起昭陽夢，漢苑凄凉草棘生。」句甚工。潘有云：「命薄從教官獨冷，眼明猶喜跡雙清。」語亦老也。後分《憶橙》《射虎》，題甚多。最後詠《道學》，雷云「青天白日理分明」，亦爲題所窘也。閑閑同館閣諸公九日登極目亭，俱有詩。趙云：「魏國河山殘照在，梁王樓殿野花開。鷗從白水明邊没，雁向青天盡處迴。未必龍山如此會，座中三館盡英才。」雷希顔云：「千古雄豪幾人在？百年懷抱此時開。」李欽止云：「連朝倥偬簿書堆，辜負黄花酒一杯。」

凡作詩，和韻爲難。古人贈答皆以不拘韻字。迨宋蘇、黄，凡唱和須用元韻，往返數迴以出奇。余先子頗留意，故每與人唱和，韻益狹，語益工，人多稱之。嘗與雷希顔、元裕之論詩，元云：「和韻非古，要爲勉强。」先子云：「如能以彼韻就我意，何如？亦一奇也。」嘗在史院一作「試院」。與屏山諸公唱和李唐卿一作「吕唐卿」。《海藏齋詩》舟字韻，往返十餘首。先子有云：「繡拆舊圖翻短褐，朱書小字記歸舟。」屏山大稱其工用事也。後居淮陽，與劉少宣唱和村字韻，亦往返數十首。最後論詩，有云：「楊劉變體號西崑，竊笑登壇子美村。大抵俗儒無正眼，惟應後世有公言。光生杜曲今千丈，派出江西本一源。此道陵遲嗟久矣，不才安敢擅專門。」又：「樂府虚傳山抹雲，詩名浪得柳連村。九原太白有生氣，千古少陵無間言。登泰山巔小天下，到崑崙口知河源。如君少進可入室，顧我今衰不及門。」少宣以爲全不覺用他人韻也。

聯句亦詩中難事，蓋座中立書，不暇深思也。南京龍德宫趙閑閑、李屏山、王正之聯句，王云：「棘猴未窮巧，穴蟻已失王。」人多稱之。余先子亦留意。主長葛簿時，與屏山、張仲傑會飲，坐中有定磁酒甌，因爲聯句，先子首唱曰：「定州花磁甌，顔色天下白。」諸公稱之。屏山則曰：「輕浮妾玻璃，頑鈍奴琥珀。」張則曰：「器質至堅脆，膚理還悦澤。」後居淮陽，冀京父來過，雪夜聯句，先子有云：「簾疏見飛霙，窗靜聞落屑。」又李欽叔來過，李子遷在坐，會合聯句，先子首唱曰：「玉立兩謫仙，鼎峙三敵國。」又云：「三強出奇兵，八戰乃八克。一老怯大敵，三戰即三北。」後自大梁歸陳，與祁聯句【八】，似有脱字。先子首云：「紅抛汴梁塵，緑吸淮陽酒。」後令葉縣，中秋夜，與郝坊州仲純、王飛伯輩聯句，具載《蓬門集》中。《中州集》云，劉從益字雲卿，大安元年進士，拜監察御史，得罪，去。久之，起爲葉縣令。未幾被召，入授應奉翰林文字。逾月，以疾卒，年四十四，有《蓬門先生集》行於世。

【八】與祁聯句　「祁」原作「初」，據聚珍本改。

卷九

余先子翰林令葉時，同郝坊州仲純按《中州集》，名居中，太原人，樞密院令史出身，嘗刺坊州，正大末除鳳翔治中、南山安撫使。賦《昆陽懷古》詩，諸公多繼作。先子有云：「營屯滍水橫陳處，計墮劉郎小怯中。天上雷風掃妖氣，人間虎豹畏真龍。千秋一片昆溪月，曾照堂堂蓋世雄。」郝云：「戰骨至今埋滍水，暮雲何處是春陵？」李長源云：「潁川南下鬱坡陁，遐想當年戰壘多。自是真人清宇宙，誰爲豎子試干戈？」元裕之云：「英威未覺消沈盡，試向春陵望鬱葱。」王飛伯云：「落日一川英氣在，西風萬葉戰聲來。」後云：「誰倚城樓吊興廢，一聲長笛暮雲開。」史學優、李欽叔、白文舉皆有詩，余亦作一古詩也。

古人多有偶得佳句而不能立題者，如山谷云：「清鑒風流歸賀八，飛揚跋扈付朱三。」未知可以贈誰。又云：「人得交遊是風月，天開圖畫即江山。」亦無全篇。余先子嘗有句云：「推愁不去若移石，呼酒不來如望霓。」又：「半生竊禄魚貪餌，四海無家鳥擇棲。」又：「未解作詩如見畫，常憂讀賦錯呼霓。」

夢中作詩，或得句，多清邁出塵。余先祖龍山君嘗夢得句云：「山路嶄有壁，松風清無塵。」先子夢中詩云「落月浸天池」。余幼年夢中亦作詩云：「玄猿哭處江天暮，白雁來時澤國秋。」如鬼語也。

先翰林罷御史，閑居淮陽，種五竹堂後自娱，作詩云：「撥土移根卜日辰，森森便有氣凌雲。真成闕里二三子，大勝樊川十萬軍。影浸凉蟾窗上見，聲敲寒雨枕邊聞。林間故事傳西晉，不數山王詠五君。」以寄趙閑閑。會閑閑亦於閑閑堂後種竹甚多，一日，禮部詔余曰：「昨夕欲和丈種竹詩，牽於韻，自作一篇，答其意可也。」因出其詩云：「君家種竹五七箇，我亦近栽三四竿。兩地平分風月破，大家留待雪霜看。土膏生意葉猶卷，客枕夢魂聲已寒。見此又思君子面，何時相對倚闌干。」先子復和其韻云：「我家陳郡子梁園，不約同栽竹數竿。清入夢魂千里共，笑開詩眼幾回看。幽姿淡不追時好，苦節相期保歲寒。八座文昌天咫尺，得如閑容倚闌干。」又，李瀞公渡因遊圍城，會雲中一僧曰德超，談及鄉里名家劉、雷事，公渡留詩云：「邂逅雲中老阿師，里人許我話劉雷。略談近日諸孫事，頗覺衰懷一笑開。衆道髯參宜帥幙，謂希顏。人憐短簿去霜臺。謂先子。圍城香火西庵地，嘗記秋高雨後來。」後先子過圍，見之，和其韻云：「上林春晚數歸期，轣轆車聲疾轉雷。翠幄護田桑葉密，緑雲夾路麥花開。偶因假館留蕭寺，試問遊方指戹臺。陳郡。白首衲僧同里閈，亦知吾祖有雲來。」余以示閑閑，閑閑亦和其韻寄先子云：「屏山殁後使人悲，此外交親我與雷。千里老懷何日寫？一生笑口幾回開？心知契闊留陳土，時復登臨上吹臺。目極天低雁回處，西風忽送好詩來。」先子復和云：「兩地相望雲與泥，敢期膠漆嗣陳雷。遥憐曉鏡霜鬢滿，但對故人青眼開。且趁梅芳醉梁苑，莫因雁過問燕臺。上林花柳鶯春晚，蓬勃西風卷土來。」

正大初，先君由葉令召入翰林，諸公皆集余家，時春旱有雨，諸公喜而共賦詩，以「好雨知時節，當春乃發生」爲韻。趙閑閑得「發」字，其詩云：「君家南山有衣鉢，叢桂馨香老蟾窟。《滏水集》作「分香」。從來青紫半門生，今日兒孫牀滿笏。《集》作「子孫」。邇來雲卿復秀出，「雲卿」，《集》作「先生」。論事觀書眼如月。豈惟傳家秉賜彪，亦復生兒勔勮勃。往時曾乘御史驄，《集》作「嘗乘」。未害霜蹄聊一蹶。雙凫古邑試牛刀，百里政聲傳馬卒。《集》作「治聲」。今年視草直金鑾，雲章妙手看揮發。老夫當避一頭地，《集》作「當放」。有慚老驥追霜鶻。座中三館盡豪英，健筆縱横建安骨。已知良會得四并，《集》作「佳會」。更許深杯辭百罰。一作「傳百罰」。我雖不飲願助勇，政要青燈照華髮。《集》作「風燈」。但令風雨破天慳，未厭歸途洗靴襪。」《集》作「未怕」。先君得「好」字，因用解嘲，其詩云：「春寒桑未稠，歲旱麥將槁。此時得一雨，奚翅萬金寶。吾賓適在席，喜氣溢襟抱。酒行不計觴，花底玉山倒。從來慳混嘲，蓋爲俗子道。北海得開尊，天氣豈常好？況當生發辰，霑足恨不早。東風又吹檐滴乾，主人不慳天自慳。」是日，諸公極驩，皆霑醉而歸。後月餘，先君以疾不起，趙以「天慳」爲詩讖云。

元裕之、李長源同鄉里，各有詩名。由其不相下，頗不相咸。李好憤怒，元嘗云：

「長源有憤擊經。」元好滑稽，李輒以詩譏罵，元亦無如之何。按，《中州集》以李長源爲三知己之一，此云「不相咸」何也？元嘗權國史院編修官，時末帝召故駙馬都尉僕散阿海女子入宮，俄以人言其罪，又蒙放出。元因賦《金谷怨》樂府詩，李見之，作《代金谷佳人答》一篇以拒焉，一時士人傳以爲笑談。元詩云：「娃兒十八嬌可憐，亭亭裊裊春風前。天上仙人玉爲骨，人間畫工畫不出。小小油壁車，軋軋出東華。繡帶盤綾結，雲裙蹋雁沙。嬌雲一片不成雨，《遺山集》云「金縷盤雙帶，雲裾踏雁沙。一片朝雲不成雨」。被風吹去落誰家？豈無年少恩澤侯，錦韉貂帽亦風流。《集》云「豈無少年恩澤侯，金鞍繡帽亦風流」。不然典取鷫鸘裘，四壁相如堪白頭。金谷樓臺杳無主，燕子不飛花著雨。《集》云「金谷樓臺悄無主，燕子不來花著雨」。只知環珮作離聲，誰解琵琶得私語？《集》云「誰向琵琶得私語」。有情蜂雄蛺蝶雌，無情雞欺翡翠兒。《集》云「無情瀷鶒翡翠兒」。勸君滿飲金曲卮，《集》云「勸君滿酌金屈卮」。明日無花空折枝。」李詩云：「石家園林洛水濱，粉垣碧瓦迷天津。樓臺參差映金谷，歌舞日日嬌青春。是時天下甲兵息，江南已傳歸命臣。永平以來太康治，四海一家無窮人【一】。洛陽城中厭餔醲，司隷夜過不敢嗔。王門戚里爭豪侈，車馬如水爭紅塵。燒金斫玉延上客，季倫豈輸趙王倫？兩家炎炎貴相軋，笙竽嘈嘈妓成列。珊瑚紅樹鞭擊碎，步障青絲馬蹈裂。因緣睚眦貴人怒，詔下黄門促收捕。鄆夫防吏急喧驅，河南牒繫御史府。鐘鳴漏盡行不休，生存華屋歸山丘。緑珠香魂涴塵土，侍兒忍居樓上頭。君王慈明宥率土，妾身

【一】四海一家無窮人　「家」字原爲空格，據聚珍本補。

竄名籍民伍。平生作得健兒婦，狗走雞飛豈敢惡？」元和其詩，先子稱工。《遺山集·後芳華怨》云：「江南破鏡飛上天，三五二八清光圓。豈知汴梁破來一千日，寂寞菱花仍半邊。白沙漫漫車轆轆，鯤雞絃中杜鵑哭。塞門顦顇人不知，枉爲珠娘怨金谷。樂府初唱娃兒行，彈棋局平心不平。只今雄蜂雌蝶兩不死，老眼天公如有情。白玉搔頭緑雲髮，玫瑰面脂透肉滑。春風著人無氣力，不必相思解銷骨。洛花絶品姚家黄，揚州銀紅一國香。千圍萬遶看不足，雨打風吹空斷腸。丹砂萬年藥，金印八州督，不及秦宮一生花裏活。長門曉夕壽相如，儘著千金買消渴。」

麻徵君知幾在南州，見時事擾攘，其催科督賦如毛，百姓不安，嘗題《雨中行人扇圖》，詩云：「幸自山東無税賦，何須雨裏太倉黄？尋思此箇人間世，畫出人來也著忙。」雖一時戲語，也有味。知幾若見今日事，又作何語邪？又《戲題太公釣魚圖》云：「向使文王不獵賢，一竿潦倒渭河邊。當時若早隨時世，直喫羊羔八十年。」亦中時病也。又有《道人》云：「太公壽命八十餘，文王一見便同車。而今若有蟠溪客，也被官中要納魚。」雖俚語，可以想見時世也。

王翰林從之嘗論黄魯直詩穿鑿、太好異，云：「『能令漢家重九鼎，桐江波上一絲風。』若道漢家二百年自嚴陵釣竿上來且道得，然關風甚事？」又云：「《猩猩毛筆》『平生幾輛屐，身後五車書』，此兩事如何合得？且一猩猩毛筆，安能寫五車書邪？」按，《滹南集》中詩話三卷，掊擊山谷爲多。余嘗以語雷丈希顔，曰：「不然，一猩猩之毛如何只作筆一管？」後以語先子，先子大笑云。

金朝律賦之弊不可言，大定間，諸公所作氣質渾厚，學問深博，猶可觀。其後，張承旨行簡知貢舉，惟以格律痛繩之，洗垢求瘢苛甚，其一時士子趨學，模題畫影，至不成語言，以是有「甘泉」「甜水」之諭，文風浸衰。故士林相傳，但君題小賦，必曰「國欲圖治，君當灼知」。隔句貼多用「可得而知」四字，故文人見一舉子，必指曰：「又一可得而知者。」有人云：「聞一老師令席生作《漢高祖斬白蛇賦》，席生小賦破題云：『蛇不難斬，君當灼知。』師改曰：『不然，不若國欲圖治，君當斬蛇。』又令作《鴻雁來賓賦》，曰：『秋既云至，雁當灼知。』」此可以軒渠也。

許州有蘇嗣之者，云東坡後裔，蓋子由久居潁川，有族不南渡者也。其人頗蠢騃，富於財，以貲入官，交結權要、短衣，女直中士大夫多以爲笑。以其肥碩也，呼爲「蘇胖」。余嘗與雷希顔談及之，雷曰：「頗聞夜僵水牛之説乎？」余對「不知也」。雷曰：「昔東坡生，一夕眉山草木盡死。今蘇胖生，一夕鄭村水牛盡死也。」此可大笑。

趙翰林周臣爲學士，楊之美爲禮部尚書，二公相得甚歡。蓋楊雖視趙進稍後，且齒少，趙以其學問、政事過人，雅重之，而楊事趙亦謹。正大初，朝廷以夏國爲北兵所廢，將立新主，以趙公年德俱高，且中朝名士，遂命入使册之。既行，館閣諸公以爲趙公此行必厚獲，蓋趙素清貧也。至界上，朝議罷其事，飛驛卒遣追回。一云「併驛追回」。當驛卒之行也，楊公在禮部，召至，授以一卷書，封印甚謹，諭以直至學士面前開拆。卒既至趙所，先授以省符，次白有禮部實封。趙公疑訝，不知爲何事，啓之，乃楊公詩一首也。其詩云：「中朝人物翰林才，金節煌煌使夏臺。馬上逢人唾珠玉，筆頭到處灑瓊瑰。三封書貸揚州命，半夜碑轟薦福雷。自古書生多薄命，滿頭風雪却回來。」趙公撫掌大笑。後朝野喧傳，以爲笑談。

張特立文舉，東明人。少擢第，有能聲。調萊州節度判官，不赴。《金史》云，泰和三年中進士第，調宣德州司候，再調萊州節度判官，不赴。居杞之圉城【二】，躬耕田野，以經學自樂。正大初，侯左丞摯薦諸朝，起爲洛陽令【三】，一云「薦起爲洛陽令」。稱治，召拜監察御史，按《史》爲正大四年。奉法無所私。因劾省掾高楨輩受請託、飲娼家，坐不實得罪。蓋初劾時，嘗以草示應奉王鶚伯翼，共議之。王乃其門生也。事既行，高楨輩訟之。當時同席并有省掾王賓德卿，張以其進士也，故不劾。於是朝省疑其私，併治文舉、德卿。文舉左遷邳州軍事判官，杖五十，賓亦勒停。士論皆惜文舉之去，賓因作詩有云：「王鶚既曾經手改，高楨自是著心攀。就中最苦張文舉，收拾閑雲返故山。」時人傳以爲笑。按，特立卒年七十五。

高丞相巖夫，自南渡執政，在中書十餘年，無正言直諫聞於外，清論鄙之。公性勤慎密，以此爲人主見知。每朝，入待漏院，必先百官至。有人云：「丞相方秉燭至院中，忽一朝士朝服立於前，公不識之，問曰：『卿爲誰？』其人曰：『我歐陽修也，爾爲誰？』公曰：『吾丞相也，卿豈不識邪？』其人曰：『修不識丞相，丞相亦不識修。』」朝野相

【二】居杞之圉城　「杞」原作「汜」，據明鈔本何煌校改。另，《金史》卷一二八《張特立傳》作「杞」。

【三】起爲洛陽令　「起」原作「廷」，據明鈔本、聚珍本改。

傳以爲笑。又，爲三司使時，主行鈔法。及出支軍糧，頗靳惜，且折支他物，軍民號「不支」。及薨，人又云：「丞相死，既焚，其聲猶『不支』也。」嗟乎，士大夫得志可不慎歟？一有失衆心，其譏誚如此，可畏也夫！

王翰林從之，貌嚴重，若不可親，然喜於狎笑，酒間風味不淺。崔翰林伯善性儉嗇，家居止蔬食爲常。故院中爲之語曰：「崔伯善有肉不餐，王從之無花不飲。崔伯善有肉不餐，却圖箇甚？王從之無花不飲，誰慣了你來？」又云：「崔伯善有肉不餐，要餐也没；王從之無花不飲，不飲即休。」

李屏山在燕都時，與雷希顏、張伯玉諸公宴遊。李嗜酒，雷善飲啖，因相戲言：「之純愛酒如蠅，希顏見肉如鷹，伯玉好色如僧。」遂相與大笑。

李長源雖才高，然不通世事，傲岸多怒，交遊多畏之。李欽叔嘗云：「長源上頗通天文，下粗知地理，中間全不曉人事也。」或者傳爲本謂王飛伯。正大中，長源遇余淮陽，因談及飛伯，余舉欽叔言，長源大笑曰：「此政謂我也。」

李屏山視趙閑閑爲丈人行，蓋屏山父與趙公同年進士也。然趙以其才，友之忘年。屏山每見趙致禮，或呼以老叔。然於文字間未嘗假借，或因醉嫚罵，雖愠亦無如之何。其往刺寧夏，嘗以詩送，有云：「百錢一匹絹，留作寒儒裩。」譏其多爲人寫字也。又云：「一婢醜如鬼，老脚不作温。」譏其侍妾也。又《送王從之南歸》有云：「今日始服君，似君良獨難。惜花不惜金，愛睡不愛官。」亦一時戲之也。

趙閑閑本好書，以其名重也，人多求之，公甚以爲苦。嘗於禮部廳壁上榜云：「當職係三品官，爲人書扇面失體，請諸人知。」既致仕，於宅門首書曰：「老漢不寫字。」然燕居無客，未嘗不鈔書，相識輩强請亦不能拒。若夫其心所不喜者，雖懇求竟不得也。雷希顔得其書最多，凡有求，未嘗拒。蓋公頗憚雷，且雷善求其書。時或邀公食後，出古人墨蹟使觀之，又出佳研、精紙、名墨在前。或飲以一二杯，待公有書興，引紙落筆，俄頃數幅。雷旁觀，輒稱歎，凡一點一畫，必曰：「此顔平原也。」「此米元章也。」公既喜，遂書不倦。又雷與屏山皆不工書，趙公嘗笑之曰：「希顔堂堂如此，而寫如此字。」一日在禮部，適公爲王從之書，末云：「某月日爲從之天下士書，髯雷在側，笑其不工也。」闔坐大噱。又一日，雷得郭恕先篆數幅，甚珍之，以示趙公。公亦喜，雷因求跋尾，公跋云：「恕先篆不減唐人，然迄宋百餘年不經諸名士發揚。此一反【四】。雷希顔而趣售之，「趣」一作「輒」。其鑒裁如此。然其書不減李屏山，此一反【五】。」後數日，公壻張履求書，余亦在座，公跋其尾云：「年月日微雨中，爲張倩書，雷希顔欲以恕先篆相易。」雷愕然，公徐曰：「劉京叔不可，乃止。」因相與大笑。又王武叔出館補外，未赴，甚貧，會五月麥熟，將出京求濟於交友輩，持素紈扇數十，詣公求書，公拒之。武叔素嗜酒不檢，既出公門，大叫呼公，公聞而遽召，爲書之，然每一扇頭但書古詩一聯，有曰「黄花入麥稀」者，有曰

【四】此一反　明鈔本無「反」字，聚珍本無此三字。

【五】此一反　明鈔本無「反」字，聚珍本「反」作「夕」。

「麥天晨氣潤」者，有曰「麥隴風來餅餌香」者，蓋嘲王求麥也。然王竟以其書多所獲。又一日，公在禮部，白樞判文舉諸人邀公飲丹陽觀。公將往，先謂諸人曰：「吾今往，但不寫字耳。如求字者，是吾兒。」文舉曰：「先生年德俱高，某等真兒行也。」公笑，又爲書之。

按，閑閑以書名世，其真蹟流傳絶少。予藏有草書詩藁一卷，附録以永其傳。

金源閑閑老人真蹟《和擬韋蘇州》：

西澗

西荒行逕草叢生，樹隔前溪一犢鳴。步尋幽澗疑無路，忽有人家略彴横。

和煙寺鍾

近壑斂暝色，遠山猶夕暉。聲從煙際起，復向煙中微。隨風散林野，渡頭人未歸。

和西塞山龍門

雙闕聳岧嶤，神斧忽中斷。一水從中來，千龕道傍滿。

和山耕叟

步逐麋鹿迹，詎知朝市情。負薪南澗曲，榛棘雨中行。呼兒問牛飽，又向山田耕。

和上方僧

石潤雲生衲，崖傾月照禪。曬衣横竹錫，洗鉢落巖泉。但見山花發，幽居不記年。

擬詠夜

明從闇中去，闇從明際來。流光不相待，闇盡玉爐灰。

擬詠聲

萬籟静中起，猶是生滅因。隱几以眼聽，非根亦非塵。

和寄全椒道士

新移白閣峰，遠訪中條客。結茅授經臺，共坐雲間石。松龕讀《易》朝，月窗談道夕。從此到終身，區中了無迹。

和遊溪

青溪霧氣散，水涵天影空。白雲翻著底，移舟明鏡中。鳥近前灘日，花移別岸風。遥知夜來雨，山色翠如葱。

和秋齋獨宿

冷暈侵殘燭，雨聲在深竹。驚鳥時一鳴，寒枝不成宿。

和聽嘉陵江水聲代深師答

驚湍瀉石崖，百步無人跡。愛此静中喧，聊布安禪席。水無激石意，云何轉雷聲？仁者自生聽，達士了不驚。心空境自寂，澹然兩無情。

和演師西齋

不見竹間僧，但聞花外磬。敲檻出魚游，巢檐知鳥性。雲蒸坐禪石，露溼行道逕。夜寂一燈殘，山月來破暝。

和遊開元精舍

松軒風掃浄，終日閉門居。犬卧青苔地，鳥銜紅柿初。瓶殘夜禪起，經潤雨翻餘。自是少人迹，非關往來疏。

和答山中道士

行轉青溪又别峰，馬蹄終日認樵蹤。翠微深處無人住，寺在深山何處鐘。

西樓

十去龍沙雁，年年九不歸。煙塵猶未息，莫近塞雲飛。

擬漠漠帆來重

薄暮瀟瀟雨，何人獨倚欄？濛濛山氣重，澹澹水紋寒。草際光猶泫，松梢滴未乾。燈前未歸客，無夢到長安。

擬何時風雨夜

幽居少人事，有客來不速。爐内火正紅，尊中酒新緑。高齋始聞雁，隔窗時動竹。何當風雪夜，抱被還同宿。

擬緑陰生晝寂

了無車馬迹，終日掩禪關。不下溪頭路，坐看檐際山。好鳥破午寂，幽花澹春閑。簪組方爲累，來遊不知還。

擬兵衛森畫戟

冠帶事朝謁，清坐彈鳴琴。以彼塵外趣，遠我遺世心。岸幘送歸鳥，隱几見遥岑。聊得静者樂，豈必居山林。

右擬和韋詩幾廿首。數年前致政時作。今歲過超化少林，意欲卜居，病未能也。正之郎中送此幅，褙者用礬糊，不能書，書不成字，重違雅意，勉强作此。正大八年七夕後一日，秉文。

閑閑公以正大九年五月十二日下世，此卷最爲暮年書，故能備鍾、張諸體，於屋漏雨、錐畫沙之外，别有一種風氣，令人愛之而不厭也。百年以來，詩人多學坡、谷，能擬韋蘇州、王右丞者，唯公一人。唯真識者乃能賞之耳。後廿二年三月五日門生元好問敬覽。

李屏山平日喜佛學，嘗曰：「中國之書不及也。」又曰「西方之書」，又曰「學至於佛則無所學」。《釋迦贊》云：「竊吾糟粕，貸吾粃糠。粉澤丘軻，刻畫老莊。」嘗論以爲宋伊川諸儒，雖號深明性理，發揚「六經」聖人心學，然皆竊吾佛書者也。因此，大爲諸儒所攻。興定間，再入翰林，時趙閑閑爲翰長，余先子爲御史，李欽止、欽叔、劉光甫俱在朝，每相見，輒談儒佛異同，相與折難。久之，屏山因以禪語解：「中庸那著無多事，只怕諸儒認識神。」先子和之，亦書其後云：「談玄政自伯陽孫，佞佛真成次律身。畢竟諸儒扳不去，可憐饒舌費精神。」蓋屏山嘗言：「吾祖老子，豈敢不學老莊？吾生前一僧【六】，豈敢不學佛？」故先子及之。屏山覽之，大笑，且曰：「『扳』字如何下來？」先子曰：「《公羊》『諸大夫扳隱而立之』是也。」又，屏山解「道生一」云：「一二三四五，蝦蟆打杖鼓。」大抵皆如此葛藤語。及其屬疾，蓋酒後傷寒，至六七日發黃，遍身如金，迄卒，色不變，醫所謂酒疸者。交遊因戲之曰：「屏山平日喜佛，今化爲丈六金身矣。」而張介夫祭文直云：「公必乘雲氣、騎日月，爲汗漫之遊，不然，則西方之金仙矣。」

趙閑閑本喜佛學，然方之屏山，頗畏士論，又欲得扶教傳道之名。晚年自擇其文，凡主張佛老二家者皆削去，號《滏水集》，首以《中》《和》《誠》諸説冠之，以擬退之《原道、性》。楊禮部之美爲序，直推其繼韓、歐。然其爲二家所作文，并其葛藤詩句另作一編，號《閑閑外集》。以書與少林寺長老英粹中，使刊之，故二集皆行於世。余嘗與王從之言：「公既欲爲純儒，又不捨二教，使後人何以處之？」王丈曰：「此老所謂藏頭露

【六】吾生前一僧　「生前」，施國祁《元遺山詩集箋注》引作「前生」。

尾耳。」又深戒殺生，中年斷葷腥。嘗謂余曰：「凡人欲甘己之口舌而害生物，彼性命與人何異也？」又曰：「吾先人晚年亦斷葷腥，臨終，閉目逝，少頃，復開目曰：『我見數人擔肉數擔過去，蓋吾命所得食而不食者也。』」或者戲曰：「死則已矣，不亦枉了此肉乎？」然推公之心本慈祥，嘗曰：「吾生前是一僧。」又曰：「吾前生是趙抃閱道。」蓋閱道亦奉佛也。余先子自初登第識公，公喜其政事。既南渡，喜其有直名。後由公薦入翰林，相得甚歡。嘗謂同僚曰：「吾將老，而得此公入館，當代吾。」又曰：「某官業當爲本朝第一。」未幾，先子殁，公哭甚哀。又爲文以祭，爲詩以挽，又取諸朝士所作挽詞親書爲一軸寄余。余請表諸墓。至於《新修葉縣學》詩及先子惠政碑，皆公筆也。余與定末因試南京，初識公，已而先子罷御史，歸淮陽，余獨留，日從公遊，論詩講道，爲益甚多。然公以吾家父子不學佛，議小不可，且屢誘余，余亦不能從也。嘗謂余曰：「學佛老與不學佛老，不害其爲君子。柳子厚喜佛，不害爲小人；賀知章好道教，不害爲君子；元微之好道教，不害爲小人。亦不可專以學二家者爲非也。」余因悟公以吾父子不學二家，恐其相疵病，故有是論。已而余亦歸淮陽，公又與余書曰：「慎不可輕毁佛老二教，墮大地獄則無及矣。聞此必大笑，但足下未知大聖人之作乎耳。」余答書曰：「若二教，豈可輕毁之？自非當韓、歐之任，豈可横取謗議哉？自非有韓、歐之智，豈可漫浪爲哉？君子者，但知反身則以誠，處事則以義，若所謂地獄則不知也。」然公終於余有所恨。石抹嵩企隆亦從公遊，學佛，公甚愛之。嘗於慧林院謁長老，公親教企隆持香爐三棹脚作禮。一云「九禮」。因語梁户部斗南曰：「此老不亦壞了人家子弟邪？」士林傳以爲笑。公既致仕，苦人求書，大書榜於門。有一僧將求公作化疏，以釘釘其手於公門，公聞，遽出禮之，爲作疏且爲書也。

卷十

李屏山晚年多疑畏，見後進中異常者，必摩撫之。雷公希顔本其門下士，後見其鋒鋩氣勢，恐其害己，甚憚之。嘗爲檄以疏其過惡，已而焚之。李公欽止、劉公光甫皆推挹屏山，然屏山以爲李有鈎鉅，劉談論鋒出，一作「風出」。皆憚之。嘗謂余曰：「若欽止之目，希顔之髯，光甫之牙，皆可畏。」余每與先子言以爲笑。

正大間，雷希顔、李欽叔俱在翰林，王鶚伯翼以新進狀元亦入院爲應奉，然其趨向各不同，故當時館中有云：「凡在院諸公，有侯門戚里者，有秦樓謝館者，有田夫野老者。」侯門戚里者，謂雷交權要也；秦樓謝館者，謂李狎歌酒也；田夫野老者，謂王爲其鄉人通請託也。

泰和、大安以來，科舉之文弊，蓋有司惟守格法，無育材心，故所取之文皆猥弱陳腐，苟合程度而已。其逸才宏氣、喜爲奇異語者往往遭絀落，文風益衰。及宣宗南渡，貞祐初，詔免府試，而趙閑閑爲省試有司，得李欽叔賦，大愛之。蓋其文雖格律稍疏，然詞藻莊嚴「詞藻」一作「雕藻」。絶俗，因擢爲第一人，擢麻知幾爲策論魁。於是舉子輩譁然，訴於臺省，投狀陳告趙公壞了文格，又作詩譏之。臺官許道真奏其事，「臺官」一作「臺省」。將覆考，久之方息。俄欽叔中宏詞科，遂入翰林，衆始厭服。正大中，欽叔復爲省試有司，得史學優賦，大愛之，亦擢爲第一，於是舉子輩復大譟。蓋史之賦比李尤疏，第以學問、詞氣見其爲大手筆。又賦中多用禽獸對屬，衆言：「何考官取此賦爲魁？蓋其中口味多也。」又曰：「可號學優爲百獸家。」一作「百禽家」。俄學優對廷策中之，議者亦息。嗟乎！士皆安卑習陋久矣，一旦見其有軒昂峭異者，其怪駭宜哉！夫科舉本以取天下英才，格律其大約也。或者捨彼取此，使士有遺逸之嗟，而趙、李二公不徇衆好，獨所取得人，彼議者紛紛何足校也。

金朝錢幣舊止用銅錢，正隆、大定、泰和間始鑄新錢，餘皆宋舊錢。及高巖夫爲三司副使，倡行鈔法。初甚貴重，過於錢，以其便於持行也。爾後兵興，官出甚衆，民間始輕之，法益衰。南渡之初，至有交鈔一十貫不抵錢十文用者，富商大賈多因鈔法困窮，俗謂坐化。官知其然，爲更造，號曰寶券。新券初出，人亦貴之，已而復如交鈔。官又爲更造，號曰通貨，又改曰通寶，又改曰寶貨，曰寶泉、珍寶、珍會。最後以綾織印造，號珍貨，抵銀。一起一衰，迄國亡而錢不復出矣。予在淮陽時，嘗聞宋人喜收舊錢，商賈往往以舟載下江淮貿易，於是錢多入宋矣。嗟夫！錢爲至寶，自古流行，今日棄置與瓦礫等，而以諸帛相誑欺，無怪乎天下之遠原本空白二行。

興定末，予在南京，會屏山至鈞臺，日遊每從之，多問以金朝舊事，屏山備爲予談之。

其談田轂侍郎黨事云：熙宗時，韓丞相企先輔政，好獎進人材。田轂輩風采，誠一時人士魁，名士皆顯達焉。凡宴談會集間，諸公皆以分別流品、升沈人物爲事。時蔡丞相松年、曹尚書望之、許宣徽霖居下位，欲附其中，而轂輩不許，曰：「松年失節，望之俗吏，霖小人。」皆屏而不用。三人者大恨之。時太師遼王名宗弼。以皇叔當國，三人者遊其門，甚言轂等專進退人材自利，將不利朝廷。遼王信之，將有以發怒，會韓丞相病革，遼王候焉。適轂在內，聞之，趨避門後。丞相屬王以後事，曰：「田轂可代吾。」遼王忿然曰：「是子當誅，相公昏矣。」因起而出。轂聞之，汗沾衣。已而丞相薨，轂等失勢，三人者促遼王起黨事奏聞。熙宗曰：「黨人何爲？」遼王曰：「黨人相結欲反耳。」上曰：「若爾，當盡誅之。」於是收轂等下獄，且遠捕四方黨與。每得一人，先漆其面赴訊，使不相識。搒掠萬狀，轂、具瞻皆死獄中，而松年、望之、霖皆進用矣。案《金史·孟浩傳》云，企先薨，轂出爲橫海軍節度使。選人龔夷鑑除名，值赦，赴吏部銓，得預覃恩。轂已除橫海，部吏以夷鑑白轂，轂乃倒用月日署之。許霖在省典覃恩，行臺省工部員外郎張子周素與轂有怨，以事至京師，微知夷鑑覃恩事，嗾許霖發之，詆以專擅朝政，詔獄鞫之。擬轂與奚毅、邢具瞻、王植、高鳳庭、王傚、趙益興、龔夷鑑死，其妻子及所往來孟浩等三十四人皆徙海上，仍不以赦原。天下冤之。其後，松年在相位，晨赴朝，上馬，見轂召辨，左右但聞松年云：「某當便行。」望之在吏部聽事，亦見轂召辨，二人由此薨。而霖病創頸斷卒，天之報施亦顯哉，大抵類田蚡、灌夫事也。當轂用事時，士之希進者無不附之，獨吾高祖南山翁不預。及其遘禍，天下士多不免，獨吾祖得全，世以擬郭林宗。張御史景仁表翁墓有云：「當時以聲勢爲能吏巧相附會者，未嘗推挽公，公亦不以此屑意。其後，皆坐朋黨淪胥以敗，公獨不與，識者莫不多之。」蓋實録也。

屏山又談趙閑閑初上言，諸公坐詩譏諷得罪事，云：章宗誠好文，獎用士大夫，晚年爲人讒間，頗厭怒。如劉左司昂、《中州集》云，字之昂，興州人，大定十九年進士。曾高而下以科名相踵者七世矣。宗御史端修，案《中州集》云，字平叔，一字伯正，汝州人，大定二十二年進士。衛紹王避世宗諱，改宗爲姬，而天下止以宗平叔目之。《滏水集·姬平叔墓表》云，大定二十五年進士。先以大中事皆坐謗議朝政謫外官。其後，路侍御鐸、《中州集》云，字宣叔，冀州人。周户部昂、《中州集》云，字德卿，真定人。大定初第進士，仕至同知沁南軍節度使事。王修撰庭筠復以趙閑閑事謫紲。每曰：「措大輩止好議論人。」故泰和三年御試，上自出題曰「日合天統」，以困諸進士。止取二十七人，一云三十七人。皆積漸之所致也。初，趙秉文由外官爲王庭筠所薦，入翰林。既受職，遽上言云：「願陛下進君子，退小人。」上召入宮，使内侍問：「當今君子、小人爲誰？」秉文對：「君子，故相完顏守貞【二】；小人，今參政胥持國也。」上復使詰問：「汝何以知此二人爲君子、小人？」秉文惶迫不能對，但言：「臣新自外來，聞朝廷士大夫議論如此。」時上厭守貞直言，由宰相出留守東京。嚮持國諂諛，驟爲執政，聞之大怒，因窮治其事。收王庭筠等俱下吏，且搜索所作譏諷文字，復無所得，獨省掾周昂《送路鐸外補》詩有

【二】故相完顏守貞　「守」字原缺，《金史》卷一一○《趙秉文傳》作「完顏守貞」，聚珍本亦然，據改。以下同，不出校。

云：「龍移鰍鱔舞，日落鴟梟嘯。未須發三歎，但可付一笑。」頗涉譏諷。奏聞，上怒曰：「此政謂世宗升遐而朕嗣位也。」大臣皆懼，罪在不可測。參知政事孫公鐸從容言於上曰：「古之人臣亦有擬爲龍、爲日者，如孔明卧龍、荀氏八龍，趙衰冬日、趙盾夏日，宜無他。」於是上意稍解。翌日，有旨：「庭筠坐舉秉文，昂坐譏諷，各杖七十，左貶外官。秉文狂愚，爲人所教，止以本等外補。」初，秉文與昂不相識，被累。已而昂杖卧，秉文謝焉，大爲昂母所詬，秉文但曰：「此前生冤業也。」故人爲之語有「不攀欄檻只攀人」之句。其後，趙公以文章翰墨著名，位三品，主文盟，然此少時事終不能掩。大安中，出刺寧夏，屏山以詩送之，有云：「明昌黨事起，實夫子爲根。黄華文章伯，抱恨入九原。槃槃周大夫，不得早調元。株逮及見黜，公獨擁朱轓。」蓋訐其舊事也。按，「完顏貞」當作「完顏守貞」。下同。

余嘗聞故老論金朝女直宰相中最賢者曰完顏守貞，相章宗，屢正言，有重望。自號冷巖，接援士流，一時名士如路侍御鐸、周户部德卿諸公皆倚以爲重。後竟以直罷相，出留守東京。德卿賦《冷巖行》頌其德【二】。

胥參政持國由經童入仕，得幸於章宗，擢爲執政，一時權勢赫然。而張仲淹諸人遊其門，附以進用，時號「胥門十哲」。《金史》：承安三年，御史臺劾奏張復亨、張嘉貞、趙樞、張光庭、高元甫、張巖叟、傅汝梅、張翰、裴元、郭郛皆趨走權門，人戲謂「胥門十哲」。復亨、嘉貞尤卑佞苟進，不稱諫職，俱宜黜罷。奏

【二】德卿賦冷巖行頌其德 「巖」原作「山」，據明鈔本何煌校改。

可。泰和南征，宋人傳檄有云：「經童作相，監女爲妃。」皆指以罪章宗。監女者，元妃李氏，其家因罪没入官爲奴婢，屬監户。李氏少給事太后，章宗見而悦之。及即位，大被寵，嬖專房，拜爲元妃，勢敵正后。其兄喜兒，少嘗爲盜，夤緣至宣徽使。弟帖哥，至近侍局使。一家權勢熏天，士大夫好進者往往趨附。南京李按察炳、中山李翰林著，《中州集》字彦明，真定人。皆與妃家結爲親。獨李懷州晏《中州集》字致美，高平人。辭不肯。後章宗崩，無子，元妃等與宰相撒速定策立衛王。王，世宗子，章宗叔也。王既立，撒速欲專其功，媒孽李氏罪惡，以爲嘗爲厭勝事，衛王下詔賜元妃死，且廢爲庶人，使天下止呼其小字李師兒。其母王坐誅，兄喜兒、弟帖哥皆竄北邊，李氏一族灰滅矣。當其盛時，不減唐開元楊貴妃家，然止於奢縱，不能害政蠹民也。世言李氏姿色不甚麗，性慧穎，能迎合人主意，以此幸於章宗。初不知書，後見上好文，遂能作字知文義。婦人女子變化有此哉！

張仲淹復亨少爲進士，同郭黼、周詢、盧元《中州集》：字子達，玉田人。中宏詞科，爲文有體，且長於吏事，大爲章宗所知。登第不十年，位三品，擢中都路都轉運使，卒，時年方四十餘，不然，大拜矣。然以其附胥氏得進，清論鄙之。士大夫趨向不可不慎也。

紇石烈執中，小字胡沙虎。世宗時爲護衛，得幸於章宗。爲人凶悍鷙横，爲舉朝所惡。且莅官不法，臺諫屢有言，上常右之，每曰：「汝輩無他事，何止言胡沙虎也？斯人止是跋扈耳。」孟參政鑄時爲御史中丞，對曰：「聖世豈容有跋扈之臣？」上無以應。

然屢斥屢召，恩寵不衰。衛王即位，北方兵起，命執中爲帥，大敗於古北口。北兵由此犯燕都。衛王疏其罪，除名爲民。未幾，復起爲四門都提控，仍令參議省事。執中既得兵柄，遂有廢立心。時駙馬都尉南平，衛王心腹也，方用事，判大興府。執中一旦勒兵，言南平謀反，殺之於街，即詣宮，斬關以入，車載衛王還第，自號監國元帥，坐都堂，百官無敢言者。時完顏元奴以參政將兵數萬備北邊，執中懼其見討，使其家人好召之。元奴遲疑久，竟赴闕，執中執而誅之，遂縊衛王死。時豐王判彰德府，即迎入立，是爲宣宗。士論謂元奴不入都，執中必不敢弑逆，政如皇甫嵩之就董卓徵也。庸人無斷，至誤國家如此。宣宗以執中爲太師、尚書令、澤王，進退百官自恣，有震主之威，宣宗拱手而已。朮虎高琪者時爲西南路招討使，將兵，執中命出都與北兵戰。高琪敗歸，見執中，執中將誅之，已而釋之，復命提兵以出。又敗，高琪懼誅，號令軍士，將順衆心，誅執中，衆皆諾。夕入執中第，被甲胄露刃以前，執中方濯足，見，大駭，走入卧内，高琪軍士追殺之。持其首赴宮門請罪，宣宗大懼，遽傳詔赦之。明日，拜平章政事。高琪既爲相，復跋扈擅權，南渡，政事自己出，宣宗甚憚之。然其爲人頗廉，月俸計家所費外，悉納於官。性忌忍，多害其敵己者，殺平章政事抹撚盡忠，《金史》有傳。殺東平帥移剌都，蒲察移剌都，東京猛安人，《金史》有傳。郝文忠《金源十節士歌》，移剌都其一也。郝詩云：「金源大將重移剌，義烈膽勇絶世無。渥洼霜蹄誤一蹶，長萬忽中金僕姑。思歸不忍遁逃去，立功報效同關某。雄猛已取左右忌，姦兇叵測憂旦暮。曹沫不免劫齊桓，賢王慷慨許送還。

聯鑣南下三千里，義如子反與華元。負鑽梁園見天子，猛士來歸盡驚喜。再賜節鉞還部曲，光彩騰騰滿旗尾。獨當一面帥南陽，誰知鬼蜮不可防。忽然羅織斬東市，市人盡哭斛律光。自壞長城撤棟梁，翦殘羽翮忽滅亡。嗚呼移剌都，可惜烈丈夫！擊殺麒麟跨蹇驢，却相白撒將官奴。其力也。興定初，坐殺其夫人，爲家人訟言宰執，將奏之，法當退避，高琪忿然，遽索馬歸。宣宗即命親兵擒下獄，以大不敬論殺之。

衛王初即位，改元大安。歷四年，改元崇慶。歷二年，又改元至寧。人謂「三元大崇」至矣，俄有胡沙虎之變。

南京未破時一二年，市中有一僧，不知所從來，持一布囊貯棗，持以散市人無窮，所在兒童從之。又有一僧，手拾街中破瓦子，復用石擊碎，所在亦兒童聚焉。人初不知何意，後國亡，方知散棗者使之早散，擊瓦者國家瓦解矣。

宣宗興定六年夏，彗星出西方，長丈餘，朝廷下詔改元元光，據漢武帝故事以厭之。其年十一月，宣宗崩，已而宋帝亦崩，天道竟誰應耶？

趙翰林可獻之《中州集》云，高平人，貞元二年進士。少時赴舉，及御簾試《王業艱難賦》，程文畢，於席屋上戲書小詞云：「趙可可。肚裏文章可可。三場捱了兩場過。只有這番解火。　恰如合眼跳黃河。知他是過也不過。試官道、王業艱難，好交你知我。」時海陵庶人親御文明殿，望見之，使左右趣録以來，有旨諭考官：「此人中否當奏之。」已而中選，不然亦有異恩矣。後仕世宗朝，爲翰林修撰。因夜覽《太宗神射碑》，反覆數四，明日，會世宗親饗廟，立碑下，召學士院官讀之，適有可在，音吐鴻暢如宿習然，世宗異之。數日，遷待制。及册章宗爲皇太孫，適可當筆，有云：「念天下大器可不正其本歟？而世嫡皇孫所謂無以易者。」人皆稱之。後章宗即位，偶問向者册文誰爲之，左右以可對，即擢直學士。嗟乎，獻之三以文字遇知人主，異哉！獻之少輕俊，文章健捷，尤工樂章，有《玉峰閑情集》行於世。《中州集》云，號《玉峰散人集》。晚年奉使高麗。高麗故事，上國使來，館中有侍妓，獻之作《望海潮》以贈，爲世所傳。其詞云：「雲垂餘髮，霞拖廣袂，人間自有飛瓊。三館俊遊，百銜高選，翩翩老阮才名。銀漢會雙星。尚相看脈脈，似隔盈盈。醉玉添春，夢魂同夜《中州樂府》云「夢雲同夜」。惜卿卿。離觴草草同傾。記靈犀舊曲，曉枕餘酲。海外九州，郵亭一别，此生未卜他生。江上數峰青。悵斷雲殘雨，不見高城。二月遼陽芳草，千里路傍情。」歸而下世，人以爲「此生未卜他生」之讖云。先是，蔡丞相伯堅亦嘗奉使高麗，爲館妓賦《石州慢》云：「雲海蓬萊，風霧鬢鬟，不假梳掠。仙衣卷盡霓裳，方見宫腰纖弱。心期得處，世間言語非真，海犀一點通寥廓。無物比情濃，與無情相搏。《中州樂府》云「覓無情相博」。離索。曉來一枕餘香，酒病賴花醫却。灔灔金尊，《中州樂府》云「灔灔金尊」。收拾新愁重酌。半帆雲影，載得無際關山，《中州樂府》云「片帆雲影，載將無際關山」。夢魂應被楊花覺。梅子雨絲絲，滿江干樓閣。」二詞至今人不能優劣。予謂蕭閑之渾厚，玉峰之峭拔，皆可人。然蔡之「仙衣卷盡霓裳，方見宫腰纖弱」

與趙之「惜卿卿」，皆不免爲人疵議之矣。

王副樞晦子明，《金史》：澤州高平人，明昌二年進士。自布衣時慷慨以俠聞【三】。其友人出遊久，妻與一僧私，既歸，晦以告，其友無如之何。晦教之復爲遠出計，治裝即歧，而他寓。夕造其家，僧見之，趨啓軒以逃，晦伏軒外，以鐵簡迎擊，僧腦出而斃。明日，晦詣有司等自陳其事，一云「陳告其事」。有司義而釋之，其後守順州，竟以節死。

金朝名士大夫多出北方，世傳《雲中三老圖》：魏參政子平，弘州順聖人；梁參政甫，應州山陰人；程參政暉，蔚州人。三公皆執政世宗時，爲名臣。又，蘇右丞宗尹，天成人；吾高祖南山翁，順聖人；雷西仲父子，渾源人；李屏山，弘州人；高丞相汝礪，應州人。其餘不可勝數。余在南州時，嘗與交遊談及此，余戲曰：「自古名人出東、西、南三方，今日合到北方也。」

周户部德卿嘗論時人之文曰：「正甫之文可敬，從之之文可愛，之純之文可畏也。」正甫名珪，真定人。《中州集》云，大丞相松年之子，天德三年進士。嘗爲省都事，有能聲。泰和南征，軍書羽檄皆出其手，爲文條暢有法。余嘗至欒城，縣署中有一遺愛碑，正甫筆也。餘文不多見。在南京時，李屏山嘗云：「正甫文字全散失不傳。」以是知士大夫貴有良子弟也。

趙閑閑於前輩中，文則推党世傑懷英、蔡正甫珪，詩則最稱趙文孺渢、尹無忌拓【四】。

【三】自布衣時慷慨以俠聞　「慨」原作「人」，據明鈔本、聚珍本改。

【四】詩則最稱趙文孺渢尹無忌拓　「渢」原作「諷」，「拓」原作「妬」，據黃丕烈、施國祁校本改。

嘗云：「王子端才固高，然太爲名所使。每出一聯一篇，必要時人皆稱之，故止是尖新。其曰『近來陡覺無佳思，縱有詩成似樂天』，不免物議也。」案王若虚《滹南集》有詩譏之云：「王子端云：『近來陡覺無佳思，縱有詩成似樂天。』其小樂天至矣。予亦嘗和爲四絶：『功夫費盡謾窮年，病入膏肓不可鐫。寄語雪溪王處士，恐君猶是管窺天。』『東塗西抹鬬新妍，時世梳妝亦可憐。人物世衰如鼠尾，後生未可議前賢。』『妙理宜人入肺肝，麻姑搔癢豈勝鞭。世間筆墨成何事，此老胸中具一天。』『百斛明珠一一圓，絲毫無恨徹中邊。從渠屢受群兒謗，不害三光萬古懸。』」李屏山於前輩中止推王子端庭筠，嘗曰：「東坡變而山谷，山谷變而黄華，人難及也。」或謂趙不假借子端，蓋與王争名，而李推黄華，蓋將以軋趙也。屏山南渡後，文字多雜禪語葛藤，或太鄙俚不文，迄今刻石鏤板者甚衆。余先子嘗云：「之純晚年文字半爲葛藤，古來蘇、黄諸公亦語禪，豈至如此？可以爲戒。」又多爲浮屠作碑記傳贊，往往詆訾吾徒。一作「吾道」。諸僧翕然歸嚮，因集以板之，號《屏山翰林佛事》，傳至京師，士大夫覽之多愠怒，有欲上章劾之者。先子嘗謂曰：「此書胡不斧其板也？」屏山曰：「是向諸僧所鏤，何預我耶？」後屏山殁，將板其全集，閑閑爲塗剔其傷教數語，然板竟不能起，今爲諸僧刻於木，使傳後世，惜哉！

屏山之殁，雷希顔誌其墓，趙閑閑表焉。案，李屏山墓表，《滏水集》不載。余先子之殁，亦雷誌其墓，趙閑閑表焉。案，《滏水集》第十二卷有《劉君遺愛碑》，墓表亦不載集中。皆刻於石矣。迨雷、趙之殁，既葬而後，元裕之誌之，其外表迄今皆闕也。

余高祖南山翁未第時，嘗夢遊山寺，見佛衣紋隱隱如金字，然細視之，乃七言詩也。覺而記其四句云：「喜逢漢代龍興日，高謝商山豹隱秋。蟾宫好養青青桂，須占鰲頭穩上游。」已而金朝初開進士舉，中魁甲。繼以二子西巖、龍泉同擢第，又繼以孫洺州君，又繼以孫中奉君、朝列君，曾孫翰林君、奉政君，凡四世八人也。在南京時，中奉君嘗求書「八桂堂」於趙閑閑，閑閑曰：「君家豈止八桂而已耶？」爲書「叢桂蟾窟」四字云【五】。

屏山之殁，諸公祭文、挽詩數十篇，雷、宋倡之。已而余先子殁，諸公祭文、挽詩纔數首。後趙閑閑殁，惟余及宋飛卿、楊焕然作祭文、挽詩也。

【五】爲書叢桂蟾窟四字云　「蟾」原作「桂」，據明鈔本何煌校改。

卷十一

録大梁事

金正大八年辛卯冬十一月，一作「十二月」。余居淮陽，北兵由襄漢東下，時老祖母、老母在南京，趨往省焉。既至京師，邊聲益急，聞北兵阻荆江，與平章政事完顏合打等謀縱北兵東渡，將以勁騎蹴入江。北兵既渡，皆殊死戰，合打兵不能遏，遂帥八都尉退保鈞州。北兵襲之，不進。時朝廷憂懼不知所爲，然天下勁兵皆爲二帥所統，倚以決存亡。又命參知政事徒單兀典、殿前都點檢完顏重喜提兵扼潼關。

九年正月，下詔求言，於東華門接受陳言文字，日令一侍從官居門待，言者雖多，亦未聞有施行者。蓋凡得士庶言章，先令諸朝貴如御史大夫裴滿阿虎帶、户部尚書完顏奴申等披詳，可，然後進，多爲諸人革撥，百無一達者。

余時亦憤然上書，且求見口陳。會翰林修撰李大節直於門，余付之，且與論時事。李曰：「今朝廷之力全在平章、副樞，看此一戰如何。」余無可奈何矣。時正月十七日也。

翌日，報聞十六日鈞臺與北兵酣戰，會天大雪没膝，我師皆凍不能支，轉戰良久，北兵後自孟津南渡，與南來諸兵會，我師遂大敗，移剌蒲瓦被擒，完顔合打竄於地穴中，爲所發見殺。都尉苗英、高英、樊澤，郎將完顔陳和尚諸驍將皆死。京師大震，下詔罪己，改元開興。爲守禦京城計，四面置帥府，置行户、工部。一「行」下有「部」字。和速甲蒲速輦帥北面，李新帥東面，范正之帥南面，完顔習你阿不帥西面。蒲察君平、張俊民、張師魯、石抹世勣分領户、工部事。

時平章政事兼樞密使完顔白撒、樞密院副使赤盞合喜用事，二人奸佞，無遠略，士庶皆惡之，末帝信用，不能斥去，識者知其誤國矣。

俄聞陷鈞州，又陷許州，許帥十倫死之。一作「卜倫」。

二月，陷陳州，陳帥粘割奴申死之。京畿諸邑，所至殘毀。末帝在宮中，時聚后妃涕泣。嘗自縊，爲宮人救免。又將墜樓，亦爲左右救免。御史大夫裴滿阿虎帶、吏部侍郎劉仲周等詣北兵告和，一云「詣北兵請和」。不從。

三月，北兵迫南京，上下震恐。朝議封皇兄荆王守純子肅國公某爲曹王，命尚書右丞李蹊等奉以爲質子於軍前，擢應奉翰林文字張本爲翰林侍講學士，從以北。北兵留曹王營中，李蹊等回，具言彼雖受之，待北投，京師將不免攻。明日，北兵樹砲攻城，大臣皆分主方面。時京城西南隅最急，完顔白撒主之。西隅尤急，赤盞合喜主之。東北隅稍緩，丞相完顔塞不主之。獨東南隅未嘗攻。時人情洶懼，皆以爲旦夕不支。末帝親出宮，巡四面勞軍，故士皆死戰。

帝出，從數騎，不張蓋，縱路人觀。余時在道左，欲詣陳便宜，忽見一士捧章以進，帝令左右受之，諭曰：「入宫看讀，當候之。」余謂此時當馬上覽奏行事，今云「入宫」，又虚文也，遂趨去。已而其事竟無聞。

北兵攻城益急，砲飛如雨，用人渾脱，或半磨，或半碓，莫能當。城中大砲一作「火砲」。號「震天雷」應之，北兵遇之，火起，亦數人灰死。一無「灰」字。軍士又自城根暗門突出，殺傷甚衆。總領蒲察官奴、高顯、劉奕皆以力戰有功，衆庶推之，皆擢爲帥，使分守四面相接應。

時自朝士外，城中人皆爲兵，號「防城丁壯」。下令，有一男子家居處死。太學諸生亦選爲兵。諸生訴於官，請另作一軍，號「太學丁壯」。已而朝議以書生輩尫羸不任役，將發爲砲夫，諸生劉百熙、楊焕等數十人伺上出，詣馬前，請自效。上慰諭，令分付四面户部工作委差官，由是免砲夫之苦。平章白撒怒諸生之自見上也，趨召赴部，以緩期，杖户部主事田芝。又分令諸生監送軍士飲食，視醫藥，書砲夫姓名。又令於城上放紙鳶，鳶書上語，招誘脅從之人，使自拔以歸，受官賞。皆不免奔走矢石間。又夜舉燈毬爲令，使軍士自暗門出劫戰，令諸生執役，燈滅者死，諸生甚苦之。俄以燈毬未具，杖刑部郎中石抹世勣，以前户部侍郎李漁代之。一作「李涣」。白撒本無守禦才，但以嚴刻立威譽。

夏四月八日始輟攻，下詔改元天興。傳聞北有朝命，令勿擊。衆謂攻三日不解，城將隳。已而城上人望見北兵焚砲車，衆皆以相賀。俄聞北兵不退，四面駐兵邏之，由是知禍未艾也。士庶往往縱酒肉歌呼，無久生心。

秋七月，北兵遣唐慶等來使，且曰：「欲和好成，金主當自來好議之。」末帝託疾，卧御榻上，見慶等掉臂上殿，不爲禮。致來旨畢，仍有不遜言，近侍皆切齒。既歸館，餉勞。是夕，飛虎軍數輩憤慶等無禮，且以爲和好終不能成，不若殺之快衆心。夜中，持兵入館，大譟，殺慶等。館伴使奥屯按出虎及畫二人亦死。遲明，宰執趨赴館視之，軍士露刃，詣馬前請罪，宰相遑遽慰勞之，上因赦其罪，且加犒賞。京師細民皆讙呼踊躍，以爲太平，識者知其禍不可解矣。

八月，恒山公武仙提兵自鄧赴京師，一無「師」字。上命副樞合喜出兵援之。至密縣遇北兵，合喜遽退走，仙兵與北兵轉戰於鄭州之西南，會徒單兀典亦提兵東來，相遇，戰久之，由合喜兵不相接，皆敗。仙引餘兵南歸，兀典亦西走。合喜還京師，士庶罪其誤國，上不得已，廢爲民。

時京師被圍數月，倉廩空虚。尚書右丞李蹊坐糧不給下獄，已而免死除名。擢前户部侍郎張師魯爲户部主糧儲事。時民間皆言官將搜百姓糧，人情洶洶，甚以爲憂。

冬十月，果下令自親王、宰相已下，皆存三月糧，計口留之，人三斗，餘入官，隱匿者處死。命御史大夫裴滿阿虎帶、總帥知開封府徒單百家主之，其餘朝廷侍從官分領其事。凡主者所往，劍戟從焉，户閲人詰不少緩，用鐵錐監之，石杵震之，恐藏城中。疑是「地中」。士庶不爨以待。或搜獲隱匿者，械於街，雖皇兄、后妃家皆不免。軍士突入，妃主驚逃，驅縶奴婢，使之指陳所匿，京師巨家著姓被罪者甚多。總領蒲察定住尤酷甚，杖殺無辜數人，凶黠輩因之爲姦利，由是百姓離心。識者知其必亡。

十二月，朝議以食盡無策，末帝親出東征。丞相塞不、平章白撒、右丞完顔斡出、工部尚書權參知政事李蹊、樞密院判官白華、近侍局副使李大節、左右司郎中完顔進德、張衮、總帥徒單百家、蒲察官奴、高顯、劉奕皆從。上與太后、皇后、諸妃別，大慟，誓以不破敵不歸。儀衛蕭然，見者悲愴。留參知政事完顔奴申、樞密副使完顔習你阿不權行尚書省兼樞密事，以餘兵守南京。

上既出，遇鞏州帥完顔胡斜虎提兵轉戰來赴援，因從以東。初，上疑東面帥李新跋扈，有妄言，先罷爲兵部侍郎。將出，密諭二守臣羈縶之。已而上出，二人者以事召新詣省，新疑其見擒，縱馬突城門欲出，門者止之。新棄馬逾城，二人者遽命將追及，墮湟水中，斬其首。時末帝既出，人情愈不安，日夜顒望東征之捷。俄聞北渡，前鋒方交戰，有功，取蒲城。進取衛州，白撒等望見北兵，遽勸上登舟船南渡，從官多攀從不及，死於兵。而驍將徒單百家、高顯、劉奕輩初不知上去，已而軍士皆散没，上以餘兵狼狽入歸德，杜門，京民大恐，以爲將不救矣。

二守臣素庸闇無謀，但知閉門自守。百姓食盡，無以自生，米升直銀二兩，貧民往往食人殍。死者相望，官日載數車出城，一夕皆剮食其肉浄盡。缙紳士女多行丐於街，民間有食其子，錦衣、寶器不能易米數升。人朝出不敢夕歸，懼爲飢者殺而食。平日親族交舊，以一飯相避於家。又日殺馬牛乘騎自啖，至於箱篋、鞍韉諸皮物，凡可食者皆煮而食之。其貴家第宅與夫市中樓館，木材皆撤以爨。城中觸目皆瓦礫廢區，無復向來繁侈矣。朝官、士庶往往相結攜妻子突出北歸，衆謂不久當大潰。

二年正月，末帝遣近侍局使徒單四喜等入南京取太后【二】、皇后、諸妃嬪赴歸德。既出城，與北兵遇，復倉皇歸宫。於後，四喜獨攜其族以去，末帝斬之。時外圍不解，上下如在陷穽中，且相繼殍死，議者以爲上既去國，推立皇兄荆王以城降，庶可救一城生靈，且望不絶完顔氏之祀，是亦《春秋》「紀侯大去其國」「紀季以酅入於齊」之義，不得已者。況北兵中有曹王也，朝士皆知，莫敢言。二守臣但曰：「當以死守。」衆憤二人無他策，思有一豪傑出而爲之救士民。余夕見左司郎中楊居仁白其事，楊云：「是事固善，然孰敢倡者？彼二執政亦知之而不敢言，且不敢爲也。」

廿有一日，忽聞執政召在京父老、士庶計事，詣都堂，余同麻革潛衆中以聽。二執政立都堂檐外，楊居仁諸首領官從焉。省掾元好問宣執政所下令告諭，且問諸父老便宜。

【二】末帝遣近侍局使徒單四喜等入南京取太后　「太」字下原衍「皇」字，據明鈔本删。

完顔奴申拱立無語，獨完顔習你阿勃反覆申諭：「以國家至此，無可奈何，凡有可行，當共議。」且繼以泣涕。諸愚叟或陳説細微，不足採。余語麻革，將出而白前事。革言：「莫若以奏記密陳，子歸草之，吾當共上也。」余以是退，將明日同革獻書。其夕，頗聞民間稱有一西南崔都尉、藥招撫者將起事，衆皆曰：「事急矣，安得無人？」予既歸，夜草書，備論其事。遲明，懷以詣省庭，且邀革往。自斷此事係完顔氏存滅，且以救餘民，雖死亦無愧矣。是旦，大陰晦，俄雨作，余姑避民閒。忽聞軍馬聲，市人奔走相傳曰：「達靼入城矣。」余知事已不及，遂急歸。路聞非北兵，蓋西南兵變，已圍尚書省矣。

時崔立爲西面都尉、權元帥，同其黨韓鐸等舉兵。藥安國者，北方人，素驍勇，爲先鋒以進，横刀入尚書省，崔立繼之。二執政見而大駭曰：「汝輩有事當好議。」安國先殺習你阿不，《金史》作「斜捻阿不」。次殺奴申，又殺左司郎中納合德暉，一作「德渾」。擊右司郎中楊居仁、聶天驥，創甚。省掾皆四走，竄匿民家。

崔立既殺二人，提兵尚書省，號令衆庶曰：「吾爲二執政閉門誤衆，將餓死，今殺之以救一城民。」且禁諸軍士：「取民一錢處死。」闔郡稱快，以爲有生路也。食時，忽陰雨開霽，日光爛然。立提兵入宫見太后，具陳其事，太后惶怖聽命，拜立爲左丞相、都元帥、壽國公。

立以太后令，釋衛邸之囚，召衛王故太子梁王某按，梁王名從恪。監國，遂取衛族皆入宫。即遣使持二執政首，詣軍前納降款。明日，立坐都堂，召在京父老、僧道、百姓諭言，皆曰：「謝丞相得生。」立又自詣軍前投謁歸附，命歸，令在京士庶皆割髮爲北朝民。

初，立舉事止三百人，殺二執政。當時諸女直將帥四面握兵者甚多，皆束手聽命，無一人出而與抗者。人謂李新若在，决與立抗衡，新死，故立得志。立變三日，御史大夫裴滿阿虎帶、提點近侍局兼左右司郎中吾古孫納申縊於臺中，户部尚書完顔仲平亦自殺。

初，立以副元帥藥安國首事難制，忌之。因其夜取故監軍王守玉妻，旦坐都堂，以安國犯令，叱左右斬以徇。於是朝士震悚，無令不從。梁王雖監國，在宫中虚名而已。立以其弟某按《金史》，名倚。爲平章政事，張頌爲殿前都點檢，按《金史》，殿前都點檢亦立弟侃也。韓鐸爲副元帥、知開封府，左司都事孛术魯濟之《金史》作「孛术魯長河」。爲御史中丞，皆其黨也。又以吏部侍郎劉仲周、諫議大夫張正倫參議省事，蓋立取仲周女爲妻，正倫有人望也。又以前衛尉奥屯阿虎帶爲尚書右丞，前殿前都點檢温迪罕二十爲參知政事。仲周、正倫皆進參知政事，省令史元好問爲左右司員外郎。又以刁壁一作「璧」，一作「避」。爲兵部尚書、元帥左監軍。初，立起，與壁謀，及其期，壁不往，立頗怒之甚，故不得執政。一時人望與士大夫退閑者，皆以次遷擢臺閣中，其除拜無虚日。

俄立自爲太師、尚書令、鄭王。聞鈞、汝間有衆據西山不從命，立遣韓鐸帥兵討之。鐸中箭死，以折彦顔知開封府。立又封諸内藏庫，將以奉北兵，亦往往取歸其第。又搜選民間寡婦、處女，亦將以奉北兵，然入其家者甚衆。又括刷在京金銀，命百官分坊陌窮治之，貴人、富家俱被害。陳國夫人王氏，末帝姨也，素富於財；平章白撒夫人亦富侈；右丞李蹊舊以取積聞，其妻子皆被搒掠拷訊死。

立又自詣軍前，求免剽掠。又求縱百姓出城挑菜充飢，於是人得出近郊採蓬子窠、甜苣菜，雜米粒以食。又聞京西一作「西京」。陳岡上有野麥甚豐，立請百姓往收之。立又聚皇族皆入宫，俄遣詣青城，皆爲北兵所殺，如荆王、梁王輩皆預焉，獨太后、皇后、諸妃嬪宫人北徙。百姓初聞皇族當北往，有竄其間者，亦被誅軍前。又取壬辰諸宰執家屬，治罪殺唐慶事，故相侯摯亦見殺。

四月二十日，使者發三教醫匠人等出城，北兵縱入，大掠。立時在城外營中，兵先入立家，取其妻妾、寶玉，輦以出。立歸大慟，亦不敢誰何。大臣富家多被荼毒死者，而三教醫匠人等，在青城側亦被剽奪無遺。俄復遣三教人入城，許百姓與北兵市易，城中人以所餘金帛易北來米麥食之，然多爲北兵劫取，莫敢語。

余時同諸生復入居八仙館中。五月二十有二日，會使者召三教人從以北。嗟乎，此生何屬親見國亡？至於驚怖、勞苦萬狀不可數。乃因暇日，記憶舊事，漫記於編。若夫所傳不真，及不見不聞者，皆不敢録。

卷十二

録崔立碑事

崔立既變，以南京降，自負其有救一城生靈功，謂左司員外郎元裕之曰：「汝等何時立一石，書吾反狀邪？」時立國柄入手，生殺在一言，省庭日流血，上下震悚，諸在位者畏之，於是乎有立碑頌功德議。

數日，忽一省卒詣予家，賫尚書禮房小帖子云：「首領官召赴禮房。」予初愕然，自以布衣不預事，不知何謂，即往至省。門外遇麻信之，予因語之。信之曰：「昨日見左司郎中張信之，言鄭王碑事欲屬我輩作，豈其然邪？」即同入省禮房。省掾曹益甫引見首領官張信之、元裕之二人，曰：「今鄭王以一身救百萬生靈，其功德誠可嘉。今在京官吏、父老欲爲立碑紀其事，衆議屬之二君，且已白鄭王矣，二君其無讓。」予即辭曰：「祁輩布衣無職，此非所當爲。況有翰林諸公如王丈從之及裕之輩在，祁等不敢。」裕之曰：「此事出於衆心，且吾曹生自王得之，爲之何辭？君等無讓。」予即曰：「吾當見王丈論之。」裕之曰：「王論亦如此矣。」予即趨出，至學士院，見王丈，時修撰張子忠、應奉張元美亦在焉。予因語其事，且曰：「此實諸公職，某輩何與焉？」王曰：「此事議久矣。蓋以院中人爲之，若尚書檄學士院作，非出於在京官吏、父老心；若自布衣中爲之，乃衆欲也。且子未仕，在布衣，今士民屬子，子爲之亦不傷於義也。」余於是陰悟諸公自以仕金顯達，欲避其名以嫁諸布衣。又念平生爲文，今而遇此患難，以是知揚子雲《劇秦美新》，其亦出於不得已邪？因遜讓而別。

連延數日，又被督促。知不能辭，即略爲草定，付裕之。一二日後，一省卒來召云：「諸宰執召君。」余不得已，赴省。途中，遇元裕之騎馬索予，因劫以行，且拉麻信之俱往。初不言碑事，止云省中召王學士諸公會飲，余亦陰揣其然。既入，即引詣左參政幕中，見參政劉公謙甫舉杯屬吾二人曰：「大王碑事，衆議煩公等，公等成之甚善。」余與信之俱遜讓曰：「不敢。」已而謙甫出，見王丈在焉，相與酬酢。酒數行，日將入矣，余二人告歸。裕之曰：「省門已鎖，今夕既飲，當留宿省中。」余輩無如之何，已而燭至，飲余，裕之倡曰：「鄭王碑文，今夕可畢手也。」余曰：「有諸公在，諸公爲之。」王丈謂余曰：「此事鄭王已知衆人請太學中名士作，子如堅拒，使王知諸生輩不肯作，是不許其以城降也，則銜之刻骨，縉紳俱受禍矣，是子以一人累衆也。且子有老祖母、老母在堂，今一觸其鋒，禍及親族，何以爲智？子熟思之。」予惟以非職辭，久之且曰：「予既爲草定，不當諸公意，請改命他人。」諸公不許，促迫甚。予知其事無可奈何，則曰：「吾素不知館閣體，今夕諸公共議之，如諸公避其名，但書某名在諸公後。」於是裕之引紙落筆草其事。王丈又曰：「此文姑使裕之作以爲君作，又何妨？且君集中不載亦可也。」予曰：「裕之作政宜，某復何言？」碑文既成，以示王丈及余。信之欲相商評，王丈爲定數字。其銘詞則王丈、裕之、信之及存予舊數言，其碑序全裕之筆也。然其文止實叙事，亦無褒稱立言。時夜幾四鼓，裕之趣曹益甫書之，裕之即於燭前焚其稿。遲明，予輩趨去。

後數日，立坐朝堂，諸宰執、首領官共獻其文以爲壽，遂召余、信之等俱詣立第受官。余輩深懼見立，俄而諸首領官賚告身三通以出，付余輩曰：「特賜進士出身。」因爲余輩賀。後聞求巨石不得，省門左舊有宋徽宗時甘露碑，有司取而磨之，工書人張君庸者求書。刻方畢，北兵入城縱剽，余輩狼狽而出，不知其竟能立否也。

嗟乎！諸公本畏立禍，不敢不成共言，已而又欲避其名以賣布衣之士。余輩不幸有虚名，一旦爲人之所劫，欲以死拒之，則發諸公嫁名之機，諸公必怒，怒而達崔立，禍不可測，則吾二親何以自存？吾之死，所謂自經於溝瀆而莫之知。且輕殺吾身以憂吾親，爲大不孝矣。況身未禄仕，權義之輕重，親莫重焉。故余姑隱忍保身爲二親計，且其文皆衆筆，非余全文，彼欲嫁名於余，余安得而辭也？今天下士議往往知裕之所爲，且有曹通甫詩、按《困學齋雜録》，曹居一字通甫，一字聽翁，又號南湖散人，太原人，金末進士，仕元爲行臺員外郎。又按，《遺山集》有《送曹吉甫兼及通甫》詩。楊叔能詞在，亦不待余辯也。因書其首尾之詳，以誌少年之過。空山静思，可以一笑。

附録

元好問《外家别業上梁文》

窮於途者返於家，乃人情之必至；勞以生而佚以老，亦天道之自然。方屬風霜匽薄之餘，而有里社浮湛之漸。兹焉卜築，今也落成。遺山道人，蟫蠹書癡，雞蟲禄薄，猥以勃窣槃跚之迹，仕於危急存亡之秋。左曹之斗食未遷，東道之戈船已御。久矣公私之俱罄，困於春夏之長圍。窮甚析骸，死惟束手。人望荆兄之通好，義均紀季之附庸。出涕而女於吴，莫追於既往；下車而封之杞，有覬於方來。謀則僉同，議當孰抗？爰自上書宰相，所謂試微軀於萬仞不測之淵；至於喋血京師，亦常保百族於群盗垂涎之口。皇天后土，實聞存趙之謀；枯木死灰，無復哭秦之淚。初，一軍構亂，群小歸功。劫太學之名流，文鄭人之逆節。命由威制，佞豈願爲？就磨甘露御書之碑，細刻錦溪書叟之筆。蜀家降款，具存李昊之世修；趙王禪文，何預陸機之手迹？伊誰受賞，於我嫁名？悼同聲同氣之間，有無罪無辜之謗。耿孤懷之自信，聽衆口之合攻。果吮癰舐痔之自甘，雖竄海投山其何恨？惟彼證龜而作鼈，始於養虺以成蛇。追韓之騎甫還，射羿之弓隨彀。以流言之自止，知神聖之可憑。復齒平民，僅延殘喘。澤畔而湘纍已老，樓中而楚望奚窮？懷先人之敝廬，可憐焦土；眷外家之宅相，更愧前途。豈謂事有幸成，計尤私便？東諸侯助竹木之養，王録事寄草堂之眥。占松聲之一丘，近桃花之三洞。東墻西壁，無補拆之勞；上雨旁風，有閉藏之固。已與編户細民而雜處，敢用失侯故將而自名？因之挫鋭以解紛，且以安常而處順。老盆濁酒，便當接田父之歡；春韭晚菘，尚愧奪園夫之利。彼扶摇直上，擊水三千；韋杜城南，去天尺五。坐廟堂佐天子，蓋有命焉；使鄉里稱善人，斯亦足矣。云云。

郝經《辨磨甘露碑詩》

國賊反城以爲功，萬段不足仍推崇。勒文頌德召學士，滹南先生付一死。林希更不顧名節，兄爲起草弟親刻。省前便磨甘露碑，書丹即用宰相血。百年涵養一塗地，父老來看闇流涕。數樽黄封幾斛米，賣却家聲都不計。盜據中原責金源，吠堯極口無靦顔。作詩爲告曹聽翁，且莫獨罪元遺山。

辯亡

或問：金國之所以亡，何哉？末帝非有桀紂之惡，害不及民。疆土雖削，士馬尚强，而遽至不救，亦必有説。

余曰：觀金之始取天下，雖出於邊方，過於後魏、後唐、石晉、遼，然其所以不能長久者，根本不立也。當其取遼時，誠與後魏初起不殊。及取宋，責其背約，名爲伐罪吊民，故徵索圖書、車服，褒崇元祐諸正人，取蔡京、童貫、王黼諸姦黨，皆以順百姓望，又能用遼、宋人材如韓企先【一】、劉彦宗、韓昉輩也。及得天下，其封誅廢置，政令如前朝，雖家法夷狄【二】，害亦不及天下，故典章法度皆出於書生。至海陵庶人，雖淫暴自强，然英鋭有大志，定官制、律令皆可觀。又擢用人才，將混一天下。功雖不成，其强至矣。世宗天資仁厚，善於守成，又躬自儉約，以養育士庶，故大定三十年幾致太平。所用多敦樸謹厚之士，故石琚輩爲相，不煩擾，不更張，偃息干戈，修崇學校，議者以爲有漢文景風。此所以基明昌、承安之盛也。宣孝太子最高明絶人，讀書喜文，欲變夷狄風俗，行中國禮樂如魏孝文。天不祚金，不即大位早世。章宗聰慧，有父風，屬文爲學，崇尚儒雅，故一時名士輩出。大臣執政，多有文采學問可取，能吏直臣皆得顯用，政令修舉，文治爛然，金朝之盛極矣。然文學止於詞章，不知講明經術爲保國保民之道，以圖基祚久長。又頗好浮侈，崇建宫闕，外戚小人多預政，且無志聖賢高蹈，陰尚夷風。大臣惟知奉承，不敢逆其所好。故上下皆無維持長世之策，安樂一時。此所以啓大安、貞祐之弱也。衛王苛吝，不知人君體，不足言。已而强敵生邊，賊臣得柄，外内交病，莫敢療理。宣宗立於賊手，本懦弱無能，性頗猜忌，懲權臣之禍，恒恐爲人所摇，故大臣宿將有罪，必除去不貸。其遷都大梁，可謂失謀。向使守關中，猶可以數世，况南渡之後，不能苦心刻意如越王勾踐志報會稽之羞，但苟安幸存，以延歲月。由高琪執政後，擢用胥吏，抑士大夫之氣不得伸，文法棼然，無興復遠略。大臣在位者，亦無忘身徇國之人，縱有之，亦不得馳騁。又偏私族類，疏外漢人，其機

【一】又能用遼宋人材如韓企先　「又」原作「由」，據明鈔本何煌校改。

【二】雖家法夷狄　「夷狄」原作「邊塞」，據明鈔本改。

密謀謨，雖漢相不得預。人主以至公治天下，其分別如此，望群下盡力，難哉！故當路者惟知迎合其意、謹守簿書而已，爲將者但知奉承近侍以偷榮幸寵，無效死之心。倖臣貴戚，皆據要職於一時，士大夫一有敢言敢爲者，皆投置散地。此所以啓天興之亡也。末帝奪長而立，出於愛私。雖資不殘酷，然以聖智自處，少爲黠吏時全所教，用術取人，雖外示寬宏以取名，而內實淫縱自肆。且諱言過惡，喜聽諛言，又闇於用人，其將相止取從來貴戚。雖不殺大臣，其驕將多難制不馴。況不知大略，臨大事輒退怯自沮，此所以一遇勍敵而不能振也。

大抵金國之政雜遼、宋，非全用本國法，所以支持百年。然其分別蕃、漢人，且不變家政，不得士大夫心，此所以不能長久。向使大定後宣孝得位，盡行中國法，明昌、承安間復知保守整頓以防後患，南渡之後能內修政令，以恢復爲志，則其國祚亦未必遽絶也。嘗記泰和間有雲中李純甫，由小官上書萬言，大略以爲此政當有爲日，而當路以爲迂闊，笑之。宴安自處，以至土崩瓦解。南渡後，復有以「機會宜急有備」爲言者，而上下泰然俱不以爲心，以至宗廟丘墟，家國廢絶。此古人所謂何世無奇材而遺之草澤者也。

金銀珠玉，世人所甚貴，及遇凶年則不及菽粟，何哉？事有先後，勢有緩急也。平時富貴之家求一珠玉、犀象、玩好、器物，至發粟出帛惟恐其不得，將以充其室，誇耀於人以自樂者皆是也。壬辰歲，余在大梁，時城久被圍，公私乏食，米一升至銀二兩餘，殍死者相望，人視金銀如泥土，使用不計。士庶之家出其平日珠玉、玩好、妝具、環珮、錦繡衣衾，日陳於天津橋市中，惟博糴升合米豆以救朝夕。嘗記余家一毳袍，極緻密鮮完，博米八升，金釵易牛肉一肩，趣售之。以是知明君貴五穀而賤金玉，誠知其本也。古人云：「薪如桂，米如珠。」豈虛言哉！

文章各有體，本不可相犯【三】，故古文不宜蹈襲前人成語，當以奇異自强。四六宜用前人成語，復不宜生澀求異。如散文不宜用詩家語，詩句不宜用散文言，律賦不宜犯散文言，散文不宜犯律賦語，皆判然各異。如雜用之，非惟失體，且梗目難通。然學者闇於識，多混亂交出，且互相詆誚，不自覺知。此弊雖一二名公不免也。

長於此者必短於彼，優於大者或劣於小。士君子窮處不能活妻子，免飢寒，及其得志，則兼濟天下，使民物皆得所。太公困於鼓刀釣魚，伊尹躬耕莘野，彼豈不能安營財利，使生理優游邪？恥不爲也。若夫韓淮陰，少年乞食漂母，人皆笑嗤。及爲將，料敵制勝無遺策，卒能佐漢祖定天下，身享南面之樂。豈昔之拙而今之巧邪？材有所長，志有所不爲也。因是以思：吾儕今日遭大變，遁於窮山荒野中，日惟餬口之不給，而不免有求於人，亦不足怪。但恨不能自漁樵、親耕稼以自給，如古之人。彼窮居，妻子有愠言，鄉人賤之，交遊笑之，又何病也？理固然也。

國家養育人材當如養木，彼梗柟豫章之材，封殖之，護持之，任其長成，一旦可以爲明堂太室之用。如或牛羊齧之，斧斤伐之，則將憔悴慘淡無生姿，或枯槁而死矣，又安能有

【三】本不可相犯　「犯」字下原衍「欺」字，據清孫梅輯《四六叢話》卷二八所引删。

干霄拂雲之勢邪？士大夫亦然。國家以爵祿導之，以語言使之，精神橫出，材氣得伸，銳於有爲，然後得爲我用。儻繩以文法，索過求瑕，爲之則有議，言之則有罪，將括囊袖手，相招爲自全計矣，國家何賴焉？余先君嘗爲言，如屏山之才，國家能獎養挈提使議論天下事，其智識蓋人不可及。惟其早年暫欲有爲有言，已遭摧折，所以中年縱酒，無功名心，是可爲國家惜也。嗚呼！自非堅剛不拔之志，超世絕倫之人，其遇憂患、遭廢絀而不變易者，鮮矣哉。

傳曰：「人定亦能勝天，天定亦能勝人。」余嘗疑之。試以嚴冬在大厦中獨立，悽淡不能久居。然忽有外人共笑，則殊煖燠，蓋人氣勝也。因是以思，謂人勝天亦有此理。豈特是哉？深冬執爨，或厚衣重衾，亦不寒；夏暑居高樓，以冰環坐而加之以扇，亦不甚熱。大抵有勢力者能不爲造物所欺，然所以有勢力者，亦造物所使也。

人之生有三樂：有志氣之樂，有形體之樂，有性命之樂。夫事業、功名、權勢、爵位，樂志氣也；酒色、衣食、使令、車馬，樂形體也；仁義、禮知、忠信、孝弟，樂性命也。雖然，事業、功名、權勢、爵位，得時者之所有也；酒色、衣食、使令、車馬，富厚者之所備也；惟仁義、禮知、忠信、孝弟，雖不得時、不富厚而於我皆具，蓋窮士之所有也。今吾既不得時有志氣之樂，又不富厚有形體之樂，居荒山之中，日惟藜藋之爲養，其所享無一毫過於人，捨性命其何樂哉？

士之生於世，何其多品邪？有爲公卿、宰輔，以事業、功名顯於後代者；有雖居下位，不得柄用，猶能以節義自著者；又有浮湛閭里，應物持身，但以德善立名者；有放浪山林，草衣木食，以高潔自居者；有抒心文史，以著述吟諷有聞者；又有研精技藝，如陰陽、醫藥、卜筮、字畫、繪畫以名世者；又有縱酒放歌，廢棄禮法以樂其形體者；又有抑情去慾，鍊身服氣以覬飛昇者。要之，各從所好，且有定數在，亦安能一其迹邪？今吾幼而苦學，及於齒壯，學雖初成，而未有所遇。合窮居草野，日惟衣食之不充，將爲事業、功名而不可得。又非居位當言，一云「當言路」。且臨事變可以立節義。願服鍊，以懶惰不能；放縱，一云「欲縱酒」。以拘窒不喜。諸技藝皆非所專心，平生以經籍文翰自娱，顧後日窮達猶未可知，然則獨守吾殘編斷稿者，猶未爲癡計也。

予生壯年，其所歷多矣。嘗陪諸舉子進取矣，亦嘗偕諸朋友講學矣，又嘗視諸農夫耕穫矣，又嘗同諸少年嬉遊矣，又嘗詣諸王公貴人干謁矣。自非上爲卿相行經濟之謀，下爲僕吏執奔走之役，其於世故無所不涉。今而遭值亂離，屏居故山之下，回思向者之事，擾擾膠膠，於身初無少異，所謂如夢覺、如醉醒，而不見纖毫形迹。以此觀之，百年之内亦可以默覺矣。而獨區區慮衣食之不充，懼志意之不得，而不能樂天知命，坎止流行，與萬物同始終，亦其學之不至也。哀哉！

三國時士尚權詐，其間不爲風俗所移者陳寔、徐穉；魏晉間士尚虛玄，其間不爲風俗所移者徐邈、卞壺。茲數人者，或以道德顯，或以節行聞，或以智量稱，或以風義著。一作「或以名義著」。行身立志，一云「行志立身」。卓爾不群，皆豪傑之士也。

予嘗觀《道藏》書，見其鍊石服氣以求長生登仙，又書符咒水、役使鬼神爲人治病除祟，且自立名字、職位云。主管天條而齋醮祈禳，則云能轉禍爲福。大抵方士之術，其有無誰能知？又觀佛書，見談天堂、地獄、因果、輪回，以爲人與禽獸無異。且有千佛萬聖、異世殊劫，而以持誦、布施則能生善地。大抵西方之教，其有無亦誰能知？因思吾道，天地日月照明，山河草木蕃息，其間君臣、父子、兄弟、夫婦，禮文粲然，而治國治家煥有條理。賞罰絀陟立見，榮辱生死窮通，互分得失，其明白如此，豈有惑人以不可知之事者哉？而世之愚俗，徒以二氏之詭誕怪異出耳目外，則波靡而從之，而飲食起居日在吾道中而恬不自知，反以爲尋常者，良可歎也。嗚呼，愚俗豈可責邪？而士大夫之高明好異者往往爲所誘，不亦悖哉！

舉世之人日奔走經營，惟以衣食爲事；士君子則安閑樂道，不以衣食爲憂。一云「不爲衣食所累」。舉世之人所畏者，飢寒、患難、死亡；士君子則於飢寒、患難、死亡無所畏。使道義充於中，雖明日飢而死，無歉於天地；使行不義而動非禮，雖貴於王公，富積千金，而內以愧於心，外以怍於人。然則士君子之所爲、所守，誠舉世之人所背而馳者也，使俗人笑其迂而議其拙也宜哉！

校勘記

卷十三

吾在南方時，從父母仕宦，家資頗温，而吾則專心於學，生事不一問。食未嘗不肉也，寢未嘗不帷也，出遊未嘗無車馬也，役使未嘗無僮僕也，然不知温飽安逸之味也。今遭喪亂，歸故山，四壁蕭然，日惟生事之見迫。食或旬日無醯醢，及一得之，則覺其甘；寢或終夜無衾裯，及一得之，則覺其暖；出或徒行無驢，及一得之，則覺其便；居或汲爨無人，及一得之，則覺其泰。乃知夫温飽安逸者，世之人亦未易得。然向之所得猶不足也，惑矣。因思一時富貴權勢之人，生長紈綺中，或不遭患難摧折至老者，非惟不知稼穡之艱難，流於奢淫以蠹國病民，抑又不知世間温飽安逸之正味爲不少，可勝歎哉！吾故以自嘗試者述之，可爲得志者戒。

竊嘗考自古士風之變，係國家長短存亡。三代以前，其風淳質，修謹不必言。三代以後，世衰道喪，士大夫惟知功利爲上，故争尚權謀。戰國間遊説縱横之流，已而變爲刑名掊刻，以法律控持上下，失士庶心，以至焚書坑儒，毒流四海。漢興，其風稍更變，多厚重長者，然其權謀、法律者猶相雜。迨至武帝，天下混同，士風一變，以學問爲上，故争尚經術文章，一時如公孫弘、董仲舒、二司馬、枚乘之徒出，文物大備。元、成以來，經術之弊，皆尚虛文，而無事業可觀，浮沈委靡，以苟容居位，匡衡、貢禹、孔光之流，重以諂諛，故權臣肆志，國隨以絶。東漢之初，人主懲權臣之禍，以法令督責群臣，群臣惟知守職奉法無過失。及桓、靈之世，朝政淆亂，姦臣擅權，士風激厲，以敢爲敢言相尚，故争樹名節，袁安、楊震、李固、杜喬、陳蕃之徒抗於朝，郭泰、范滂、岑晊、張儉之徒議於野，國勢雖亡，而公議具存，猶能使亂臣賊子有所畏忌。已而諸豪割據，士大夫各欲擇主立功名，如荀攸、賈詡、程昱、郭嘉、諸葛亮、龐統、魯肅、周瑜之徒，争以智能自效。晉初，天下既一，士無所事，惟以談論相高，故争尚玄虛，王弼、何晏倡於前，王衍、王澄和於後，希高名而無實用，以至誤天下國家。南渡之後，非有王導、謝安輩稍務事業功名，其頹靡亦不可救矣。宋、齊、梁、陳，惟以文華相尚，門第相誇，亦不足觀，故國祚亦不能久。唐興，士大夫復以事業功名爲上，貞觀諸人，有兩漢風，其權謀、經術、文章、名節者錯出間立，故唐一代人材最多，其扶支國勢，亦至三百載。及其亂也，死節者相望。五代之間，亦無可取。宋初，士大夫復馳騁智謀，厥後混一，其風大變，經術、文章，不減漢唐，名節之士，繼踵而出。大抵崇尚學問，以道義爲先，故維持國家亦二百載。雖遭喪奪，尚能奄有偏方。大抵天下亂，則士大夫多尚權謀、智術，以功業爲先；天下治，則士大夫多尚經術、文章、學問，以名節爲上。國家存亡長短隨之，亦其勢然也。

予平生有二樂，曰良友，曰異書，每遇之則欣然忘寢食。蓋良友則從吾講學，見吾過失，且笑談遊宴以忘憂；異書則資吾見聞，助吾辭藻，屬文著論以有益。彼酒色膏粱，如一時浮雲，過目竟何所得哉？

肥濃甘脆，世所共珍，使飽而遇之，則食如泥土；藜藿葵薺，世所共賤，使飢而遇之，則食如飴糖。乃知貧窮之士自樂，富貴之人亦有苦。是則我輩區區以空乏爲憂，亦悖矣。

國之不可治，猶可以治其家；人之不能正，猶能正其身。使家之齊而身之修，雖隱居不仕，猶可謂得志。故吾嘗曰：「雖天下未太平，而吾一家獨不可太平乎？是誠在我者也。」

昔人云：「借書一癡，還書亦一癡。」故世之士大夫有奇書多秘之，亦有假而不歸者，必援此。予嘗鄙之，以爲君子惟欲淑諸人，有奇書當與朋友共之，何至靳藏，獨廣己之聞見？果如是，量亦狹矣。如蔡伯喈之秘《論衡》，亦通人之一蔽，非君子所尚，不可法也。其假而不歸者尤可笑，「君子不奪人所好」，「己所不欲，勿施於人」，豈有假人物而不歸之者耶？因改曰：「有書不借爲一癡，借書不還亦一癡也。」

夫詩者，本發其喜怒哀樂之情，如使人讀之無所感動，非詩也。予觀後世詩人之詩，皆窮極辭藻，牽引學問，誠美矣，然讀之不能動人，則亦何貴哉？故嘗與亡友王飛伯言：「唐以前詩在詩，至宋則多在長短句，今之詩在俗間俚曲也，如所謂《源土令》之類。」飛伯曰：「何以知之？」予曰：「古人歌詩，皆發其心所欲言，使人誦之至有泣下者。今人之詩，惟泥題目、事實、句法，將以新巧取聲名，雖得人口稱，而動人心者絶少，不若俗謡俚曲之見其真情，而反能蕩人血氣也。」飛伯以爲然。

「六經」中莫難窮者《易》，莫難斷者《春秋》，故予三十而學《春秋》，以其壯而立志也。四十而學《易》，以長而多練事也。

余祖沂水君嘗訓子孫曰：「士之立身如素絲然，慎不可使點污，少有點污則不得爲完人矣。」屏山稱之，以爲名言。其作墓表也亦備載云。

老子之書，孔子嘗見之矣，而未嘗論其是非。孟子亦嘗見之矣，而未嘗言。若莊子與孟子同時，其名不容有不相知，而亦未嘗有一言相及。而孟子所排者，楊、墨、儀、秦；莊子所論者，孔、顔、曾、史。至於揚子始論老莊得失，韓子則盛排之，何哉？夫老莊之書，孔孟不言，其偶然邪？其有深意邪？揚子排之，其得聖人微意邪？其與聖人異見邪？文中子一世純儒，其著述、動作全法聖人，雖未能造其域，亦可謂賢而有志者。遺書在世，韓子亦不容不見之，而未嘗比數於荀子之列，其意以爲無足取邪？其偶然邪？至李翺則比諸世所傳《太公家教》，以爲無辭而粗有理，亦輕之矣。司馬君實則論其失而取其長，爲作《補傳》。而程伊川則以爲其議論儘高，有荀、揚道不到處。諸公皆名世大儒，而異同如此，皆學者所當深究也。

司馬君實作《文中子補傳》，怪《隋書》不爲文中子立傳。而其子弟云凝爲御史，嘗彈侯君集，君集與長孫無忌善，以此王氏不得用，其修《隋史》者乃陳叔達、魏徵，畏無忌，故不爲立傳。君子曰：「叔達固畏無忌，徵豈以畏無忌故掩其師名邪？」以是爲疑。余嘗思，使徵輩誠文中子門人，其不爲立傳亦自有深意。將非以既擬其師以聖人，欲列於傳，恐小之，欲援《孔子世家》之例，而《隋書》無他世家，且恐時人議，故皆不紀。以爲其師之名不待史而傳乎？如此，然未可知也。

余讀《書》至《湯誓》《湯誥》及《泰誓》《牧誓》，觀湯武伐桀紂之際，諭衆誨師，無不以天爲言。如曰：「夏氏有罪，予畏上帝」「爾尚輔予一人，致天之罰」；「天道福善禍淫，降災於夏」「肆台小子，將天命明威，不敢赦」「上天孚佑下民，罪人黜伏」「俾予一人，輯寧爾邦家」；「今商王受，弗敬上天，降災下民」「皇天震怒，命我文考，肅將天威」「商罪貫盈，天命誅之。予弗順天，厥罪惟鈞」「惟天惠民，惟辟奉天」「天其以予乂民」「戎商必克」「今商王受，自絶於天，結怨於民」「爾其孜孜，奉予一人，恭行天罰」；「今予發惟恭行天之罰」。大抵以桀紂爲惡逆天，天絶之。我則誅惡救民，爲順天，且若陰受上天之命而行者。嗟乎！聖人之心則天心也，天之心則聖人心也。天之所絶，聖人則絶之；天之所與，聖人則與之。初無一毫異，有以見聖人以天自處也。非徒以天自處，其理誠一也。故當是時爲聖人者，權其輕重，計其公私，而不暇顧其君臣之分。彼桀紂所行誠順天邪？吾則事之。誠逆天邪？吾則去之。其事、其去，皆與天合，既去彼而求其爲天下主者，捨己其誰哉！故踐位而代之不辭，而天下翕然亦無異議。要之，所行者天也，又豈有歉然於心邪？其曰「惟有慚德，予恐來世以爲口實」者，懼後之人臣不知天理、妄干天位者援以爲例耳，亦懼淺學之士求其名而遺其實者耳。豈真有「慚德」邪？然則後之君子猶以臣伐君爲疑者，陋矣。彼湯武之心，求知於天而不求知於人者可見矣。或者曰：「然則莽、操之取漢，司馬氏之取魏，若以天爲言亦可乎？」曰：「不然。彼漢魏之政如桀紂乎？莽、操、司馬氏之法如湯武乎？有湯武之聖，遇桀紂之惡，然後可以言受天命，否則徒爲篡逆而已。」

吾道盛衰自有時，吾嘗考之，如循環相乘除也。周衰，諸侯不禮士。至戰國，則魏文侯、燕昭王輩擁篲築臺師事焉。繼以始皇坑儒之禍。漢末，藩侯不禮士，而光武則安車蒲輪徵聘焉。繼有桓、靈黨錮之事。唐朝士大夫往往爲將相，有勢位，後有白馬之災。宋興，内外上下皆儒者顯榮，至宣、政極矣。至於金國，士氣遂不振。而今日困頓摧頹亦何足怪？但我輩適當此運者爲不幸耳。雖然，窮達一也，又何歎也？

賢人君子得志，可以養天下；如不得志，天下當共養之。

分人以財，有時而盡；分人以善，百世不磨。

凡將迎交接之際，禮貌、語言，過則爲諂、爲曲，不及則爲亢、爲疏，所以貴乎得中也。如或失中，與其諂也寧亢，與其曲也寧疏。

張平章萬公《中州集》云，字良輔，東阿人，正隆二年進士。父彌學按元好問《張文貞公神道碑》云，考諱彌學，初應御試，擢本經第一。後罷經義科，以詞賦取士，復預薦書。座右銘有云：「欲求子孫，先當積孝；欲求聰明，先當積學。」此至言也。

爲善而遇災屯困窘者，命也，非分也；爲惡而遇災屯困窘者，分也，非命也。爲善而得富貴亨達者，分也，非命也；爲惡而得富貴亨達者，命也，非分也。命、分之理，惟識者爲能辨之。

夫慾心不死，道心不生。若欲安時任命，著書立言，發前人所未見，成後世之大名，惟忘富貴利達外物可也。

寧使敬而疏，毋使狎而親。人敬而疏，不失爲端士；人狎而親，恐流而爲小人。獨不見冰雪與脂韋乎？其所喻何如？

厚於道味者，必薄於世味；厚於世味者，必薄於道味。士君子苟不爲世味所誘，何名之不成，何節之不立哉？士大夫多爲富貴壞了名節。吾嘗爲柳子厚、元微之之徒惜也。

拚却死亡、貧賤，便做出好公事來，不然，終不能有所立。

富貴爵禄，世人所共嗜，故忘身屈節而徇之。惟君子視之爲外物，得失付之自然。苟與世人同，安得爲君子？

求合於聖賢，必不合於世俗。必欲與世俗合，則於聖賢之道遠矣。同於古，必不同於今，苟欲富貴與道義兼，寧有是理？是則忖己之所趨向嗜好，又何愠乎貧賤哉？以此自思便安。

士君子得志可以濟天下，不得志不能活一身。故子思居衛，緼袍無裏；榮公七十，帶索無依。近世陳無己妻子常寄婦翁家，誠不肯非義而取也。

馬援書誡兄子，使之效龍伯高，無效杜季良，所爲則善矣。雖然，杜季良仇人訟書引援誡爲証，竟免官，而梁松、竇固因之被難，梁松由是恨援，死後構陷，至妻子不敢歸葬。若是，則初時戒子姪好議論人長短，而不知先以此陷於禍也，悲夫！

保養乎身，勿以壽夭委之天；勤儉乎家，勿以有無付之命；强勉乎政，勿以否泰歸之時；忠愛乎君，勿以昏明託諸上。此所謂先盡人事，後言天道，先盡其在己者，在人者初不計也。定心之法莫善於此。

凡事寧失之緩，無失之急；寧失之不及，無失之過。急者，古人以爲病。前輩有云：「優柔和緩。」又云：「天下事孰不因忙後錯了？曷嘗令君緩不及事？」宜深思之。

附録

遊龍山記

麻　革

余生中條王官五老之下，長侍先人西觀太華，迤邐東遊洛，因避地家焉。如女几、烏權、白馬諸峰，固已厭登飽經，窮極幽深矣。革代以來，自雁門逾代嶺之北，風壤陡異，多山而阻，色往往如死灰，凡草木亦無粹容。嘗切慨歎南北之分，何限此一嶺，地脈遽斷，絶不相屬如是邪？越既，留滯居延，吾友渾源劉京叔嘗以詩來，盛稱其鄉泉石林麓之勝。渾源實居代北，余始而疑之。雖然，吾友著書立言蘄信於天下後世者，必非誇言之也，獨恨未嘗一遊焉。

今年夏因赴試武川，歸道渾水，修謁於玉峰先生魏公，公野服蕭然，見余於前軒。語未周浹，驟及是邦諸山：「若南山，若柏山，業已遊矣。惟龍山爲絶勝，姑缺兹，以須諸文士同之，子幸來，殊可喜。」乃選日爲具，拉諸賓友騎自治城西南行十餘里，抵山下。

山無麓，乍入谷，未有奇。沿溪曲折行數里，草木漸秀潤。山竦出，嶄然露芒角，水聲鏘然鳴兩峰間，心始異之。

又盤山行十許里，四山忽合，若拱而提、「提」疑「揖」，《元文類》同。環而衛者。嘉木奇卉被之，葱蒨醲郁。風自木杪起，紛披震蕩，山與木若相顧而墜者，使人神駭目眩。

又行數里，得泉之泓澄渟滀者焉，洑出石罅，激而爲迅流者焉。陰木蔭其顛，幽草繚其趾。賓欲休，咸曰：「莫此地爲宜。」即下馬，披草踞石列坐。諸生瀹觴以進，酒數行，客有指其西大石曰：「此可識。」因命余，余乃援筆，書凡遊者名氏及遊之歲月而去。

又行十許里，大抵一峰一盤，一溪一曲，山勢益奇峭，樹木益多，杉、檜、栝、柏，而無他凡木也。溪花種種，金間玉錯，芬香入鼻，幽遠可愛。木蘿松鬣，罥人衣袖。又縈紆行數里，得岡之高，遽陟而上，馬力殆不能勝。行茂林下，又五里，兩嶺若歧，中得浮屠氏之居，曰大雲寺。有僧數輩來迎，延入，館於寺之東軒。林巒樹石，櫛比楯立，皆在几席之下。

憩過午，謁主僧英公，相與步西嶺，過文殊巖。巖前長杉數本挺立，有磴懸焉。下瞰無底之壑，危峰怪石，巑岏巧鬬，試一臨之，毛骨森竪。南望五臺諸峰，若相聯絡無間斷。西北而望，峰豁而川明，村墟井邑，隱約微茫，如弈局然。徜徉者久之，寅緣入西方丈，觀故侯同知運使雷君詩石及京叔諸人留題。迴一作「遍」。乃徑北嶺，登萱草坡，蓋龍山絶頂也。嶺勢峻絶，無路可躋，步草而往，深弱且滑甚，攀條捫蘿，疲極乃得登。四望群木，皆翠杉蒼檜，凌雲千尺，與山無窮，此龍山勝概之大全也。

降，乃復坐文殊巖下，置酒小酌。日既入，輕煙浮雲，與暝色會。少焉月出，寒陰微明，散布石上。松聲脩然，自萬壑來。客皆悚視寂聽，覺境愈清、思愈遠。已而相與言曰：「世其有樂乎此者與？」酒醺，談辯蠭起，各主其家山爲勝。如郭主太華，劉主兹，一有「山」字。余主王官五老，《元文類》節以上十四字。更嘲迭難不少屈。玉峰坐上坐，亦怡然一笑，《詩》所謂「善戲謔兮，不爲虐兮」者，政如是也。《元文類》無「政如」二字。至二鼓，乃歸卧東軒。

明旦復來，各有詩識於石。迨午，《元文類》無「迨」字。飯主僧丈室。已乃循嶺而東，徑甚微，木甚茂密，僅可通馬行。又五里，至玉泉寺，山勢漸頗隘，「頗」字疑誤，《元文類》同。樹林漸稀闊，顧非龍山比。寺西峰曰望景臺，險甚。主僧導客以登，歷嶔崟，坐盤石，其傍諸峰羅列，或偃或立，或將仆墜，或屬而合，或離而分，賈奇獻異不一狀。北望川口最寬肆，金城原野，分晝條列，歷歷可數。桑乾一水，紆繞如玦，觀覽曠達，此玉泉勝處也。從此歸，路險不可騎，皆步而下。重谿峻嶺，愈出愈奇，《元文類》云「愈出愈有」。抵暮乃得平地，宿李氏山家。

臥念兹遊之富，與夫昔所經見，而不能寐。若太華之雄尊，五老之巧秀，女几之婉嚴，「嚴」疑是「麗」，《元文類》同。烏權、白馬之端重，兹山固無之，至於奥密淵邃，樹林薈蔚繁阜，不一覽而得，則兹山亦其可少哉！「其」疑「豈」，《元文類》同。人之情，大抵得於此而遺於彼，用於所見而不用於所未見，此通患也。今中書令湛然公紀西域事稱金山之秀，李子微貽友書論和林之勝有過於中州者，《元文類》節「今中書」至「中州者」三十三字。不知天壤之間、六合之内，復有幾龍山也。因觀山，於是乎有得。徒以文思淺狹，且遊之亟，無以盡發山水之秘。異時當同二三友，幅巾藜杖，于于而行，遇佳處輒留。更以筆札自隨，隨得隨紀，庶幾兹山之髣髴云。己亥歲七夕後三日，王官麻革爲之記。同遊者。

續録

按，劉祁《神川遁士集》二十二卷已失傳，偶得遺文一篇，録附於後。

書證類本草後

余讀沈明遠《寓簡》，稱范文正公微時慷慨語其友曰：「吾讀書學道，要爲宰輔。得時行道，可以活天下之命。時不我與，則當讀黄帝書，深究醫家奥旨，是亦可以活人也。」未嘗不三復其言而大其有濟世志。又讀蘇眉山《題東皋子傳後》云：「人之至樂，莫若身無病而心無憂，我則無是二者。然人之有是者接於予前，則予安得全其樂乎？故所至常蓄善藥，有求者則與之，而尤喜釀酒以飲客。或曰：『子無病而多蓄藥，不飲而多釀酒，勞己以爲人，何哉？』予笑曰：『病者得藥，吾爲之體輕；飲者得酒，吾爲之酣適。豈專以自爲也？』」亦未嘗不三復其言而仁其用心。

嗟乎，古之大人君子之量何其宏也！蓋士之生世，惟當以濟人利物爲事。達則有達而濟人利物之事，所謂執朝廷大政，進賢退邪，興利除害，以澤天下是也；窮則有窮而濟人利物之事，所謂居閭里間，傳道授學，急難救疾，化一鄉一邑是也。要爲有補於世、有益於民者，庶幾乎兼善之義。顧豈以未得志也，未得位也，遽泛然忘斯世而棄斯民哉？

若夫醫者，爲切身一大事，且有及物之功。《語》曰：「人而無恒，不可以作巫醫。」又曰：「子之所慎，齊、戰、疾。」康子饋藥，子曰：「丘未達，不敢嘗。」余嘗論之，是術也，在吾道中雖名爲方伎，非聖人賢者所專精，然捨而不學，則於仁義忠孝有所缺。蓋許世子止不先嘗藥，《春秋》書以弒君，故曰爲人子者不可不知醫，懼其忽於親之疾也。況乎此身受氣於天地，受形於父母，自幼及老，將以率其本然之性，充其固有之心。如或遇時行道，使萬物皆得其所，措六合於太和中，以畢其爲人之事。而一旦有疾，懵不知所以療之，伏枕呻吟，付之庸醫手，而生死一聽焉，亦未可以言智也。故自神農、黄帝、雷公、岐伯以來，名卿、才大夫往往究心於醫。若漢之淳于意、張仲景，晉之葛洪、殷浩，齊之褚澄，梁之陶宏景，皆精焉。唐陸贄斥忠州纂集方書，而蘇、沈二公良方至今傳世。是則吾儕以從政、講學餘隙而於此乎蒐研，亦不爲無用也。

余自幼多病，數與醫者語，故於醫家書頗嘗涉獵。在淮陽時，嘗手節《本草》一帙，辯藥性大綱。以爲是書通天地間玉石、草木、禽獸、蟲魚萬物性味，在儒者不可不知。又飲食、服餌、禁忌，尤不可不察，亦窮理之一事也。後居大梁，得閑閑趙公家《素問》善本，其上有公標注，夤緣一讀，深有所得。喪亂以來，舊學蕪廢，二書亦失去。嘗謂他日安居，講學、論著外，當留意攝生。

今歲遊平水，會郡人張存惠、魏卿介、吾友弋君唐佐來，言其家重刊《證類本草》已出，及增入宋人寇宗奭《衍義》，完焉新書，求爲序引，因爲書其後。己酉中秋日，雲中劉祁云。

遊西山記

余髫齔間，嘗聞先大夫言，龍山之勝甲鄉山。時幼，未能往。其後在南方，北望依依，每以爲歎。甲午歲還渾水。明年秋八月，釋菜於先聖。越明日，拉友人河陽喬松茂壽卿、雲中劉偕德升，暨弟郁同遊。

初出西城，日方中，望西山而行一二里，涉水，又前七八里，至李谷。谷在永安山下，流波古木相交。仰視之，秋色如畫。稍東，山之腋見厓間一抹碧，尤佳。村民曰：「此麻匯也。」予與二三子杖而詣，步漸高，并路旁水聲鏗鍧數股【一】。涉水，行亂石間里餘，忽見青松緑楊薈蔚中，鑿厓而屋。既至，有僧居，因共坐西軒，望平原諸峰横立，南顧永安山，巃嵸獨雄尊。斜日秋煙，滉蕩百里。迫暮，留詩而回，夜宿李谷。遲明，上永安山。初入谷，路甚艱，兩厓夾峙峭峻，其石皆跨谷縈路，詭怪若坐卧起立。且時聞水聲，盤折而上，足慄目荒。前二三里，忽見一峰，突兀孤高，樹色青黄紅紫間錯，曉日映之錦鮮。東，諸小峰側列相附。又東，一嶺獨嵐翠無日氣，真帷帳間，諸人喜快詠詩，步益健。又前數百步，峰轉境又佳，遂各坐大石，且在青檜影中。石有苔華涵漬，繡文縷縷可愛。因相與俯視川野，倚樹浩歌。又前數十步，忽聞有聲如風雨震山，又如千人喧笑不已。逼視之，乃流泉一派，自山下入絶壑，穿林絡石，雪練飛逐，佇聽久。前至烈風厓，厓險特，蓋兩峰最高，蒼藤赭蔓蒙罥，下有泉源。諸人相謂曰：「此境絶不可不誌。」即手泉研石各題

【一】并路旁水聲鏗鍧數股　「旁」字原缺，據光緒二十一年刻本《金文最》卷十八補。

詩。又前數步，路益險，見西厓間復有泉出，流大石上。樹影交羃，聲鏘鏘，微風吹散，珠琲四落。余曰：「此石名琴泉。」又賦詩。又前幾二三里，樹木叢陰中，殿閣屹然四五所，蓋玉泉寺也。路側皆暗泉行草間，瀝瀝如人語言。或者披草掀石，決其源方去。既入寺，寺宇歲深，且經亂，多摧毀。廚堂鍾閣，雨崩草翳，僧寮多壞址，獨萬聖殿完麗可觀。殿中金碧璀璨溢目，又有石羅漢像數百，擊之鏗然，亦奇緻。晚憩僧舍，其舍蓋余兒時從大父避亂所居。追維舊事，爲之惻愴。起尋玉泉，泉在西南石厓下，如井。厓間枝溜滴瀝，絡莓苔上，有古樹覆蔭，頗陰肅。因留題殿壁，紀予今昔遊，諸人亦各詩其後。南上祖堂，堂絶高。北望神州在掌上，城邑如棋局。東則岳神山如屏，青松翠柏間隱隱有樓觀。南則群山迤邐，高下淺深異姿，秋葉古林色明艷，斜陽照灼，金紫滿山。堂後有徑上山巔，余縱步獨往，徑狹而危，捫蘿以前。望峰端樹木明，度其境必異，鋭進百餘步，困憊，又皆落木梗路，遂回，然終以爲恨。北過法堂，觀維摩像，堂亦傾漏不完。天曛，入僧舍。既夜月出，清寒逼人。予與諸人散步檐外，見峰巒崒嵂，樹木陰森，禽聲嘲哳相應答。仰視星斗，磊落與人近。皦然天地，如在玉壺中。又相與嘯咏，約二更，方就寢。

詰旦出户，見白雲數縷出東山，延布南嶺上，狀如飛龍，蜿蜒山中。露氣蕭爽，回念塵域，恍如夢間。利火名膏，銷鑠浄盡。復往祖堂，川原浮靄蒼茫，城中青煙萬道。俄而須洞瀰漫莫能辨。須臾日出東嶺，紅霞青雲屬聯，滿山草木光烱烱，叢石峭壁，呈奇獻異，欲動摇如生。乃率二三子登北臺，臺并絶頂支一峰，緣厓百餘步方至。回觀大山峭拔，則巘然草樹紅碧，點綴斑駁。西顧諸峰，如綵樓相蔽虧，陽光陰氣，晦明不一。北望平原百里，際北嶺外，雲中城闕浮屠如錐，金成、渾源二郡及諸村落若盤盂羅列，田疇若龜甲開張。澗波數處，若缺鏡裂素散擲。微雲薄霧，乍起乍伏，若鮮衣輕袂婆娑。又相與賦詩賞歎。粥餘，别寺僧，遊龍山。

路自西南，往穿枯木翠蔓間。里餘，過山脊，恍然異境也。俯視重峰複嶺，秋物爛斑，且目極皆山，無平地。厓左折，徑稍夷，厓上多大石，或人立，或獸呀，或禽翔，或鬼攫，森竦可畏。前至大林，林皆青黄紅紫，相間櫛密。時時逢怪石睨路，狀詭異。山風飈至，葉落如雨，觸石覆面，濛濛飛嵐走翠，隱映林影中，旋變滅。又三四里，林窮，有平岡數畝可田，下有泉北流。又入林，益西三四里，大木翳空蔽日，樹底有暗泉，蒙榛敗葉，縈漬微有聲。厓轉而南，忽見龍山寺，乾機坤秘，騈露疊開，四面諸峰如踴躍相跂。大殿在山腹，丹碧湮摧。雲堂影室，在殿西檐，墉亦圮，然其規制宏且邃，依然南俯深澗，澗外皆山相聯。下有大林，杳窕望莫際。遂緣石磴上，方丈大室三楹，極整鮮。西有一徑，入樹陰中百餘步，至文殊殿。殿在孤峰上，號捨身厓，神像精緻妙絶。遠望千巖萬壑，絡繹參差，樹葉日光，爛然五色，雖巧筆妙手不能圖且繡，蓋其雄麗冠龍山。闌外石如掌平，其首騫，下窺，黝黟無底。南則清凉山、五臺歷歷，且遥見代郡川。西則鄯陽、馬邑諸誠，皆微茫可數，諸人歎息久之。稍北往西，方丈室在峭巖下，懸柱而修，傍視訝且恐。室中讀雷少中詩石刻，蓋予從大父洛州君所書。又有予從父懷遠君詩在壁。其南境物不減文殊殿。斯須過鍾樓，出方丈後，上萱草坡。寺僧云：「每當秋夏交，萬花被坡錦繡堆，花多金蓮，如燈照山谷。又萱草無數，故以云，又號百花岡。」惜余來暮，不得見。緣坡草滑，步旋顛。既上，立大木間，東望峰巒奇秀。又南數步，至山顛，曠蕩開廓，千里目中，秋容蒼然，群山齒立，蓋天下絶境也。下瞰西方丈在厓中。又有大石突空出，德升獨踞而歌，余慄不能往。忽聞有聲如雷震，在文殊殿西，遊氛欻起，疑霹靂出磵底，諸人駭焉。後問之寺僧，乃大木落也。礧磚移時，片雲突涌垂空，恐雨作，乃下。

飯餘，往西巖。巖在西方丈西，數峰如嶄截，巋嵬磊砢相倚，仰觀凛凛褫人神。下有屋三楹，幽潔。前有大石，石上有大樹，陰翳翳，其境物大概如西方丈前。忽見浮陰四合，微雨落。又飛雲洶湧上走，騰騰然，諸人皆在雲氣中，只尺相失。未幾，夕日出，光景鮮明，餘雲變化半隱晦。暮歸方丈，見白雲縹緲，如帷幔數十幅，自文殊殿東南來，奔馬莫能追。其間樹彩厓姿，披露閃爍，怪麗甚。山風擺蕩，林木駭人，若天地轟磕開震矣。

夜宿方丈東軒。未寢，開門月在空，陰氛已開，巖巒、樹木、殿閣相映，頗悸竦。予行吟軒外，幾夜半方眠，自覺襟懷蕭灑，意氣雄壯，如神仙中人也。曉陰復合，予獨曳杖復往文殊殿，雲光霧色，衝突勃鬱如元氣中。西望川原，莽蒼不可見。西巖、西方丈皆爲煙雨晦藏。秋風怒號，疑鬼神交戰。青林紅葉隱映，乍有無。余歎曰：「生年三十，局促城市間，不意今朝見天地偉觀。」以寒甚，不能久留，乘雲氣而回。迨雨止，復與諸人往西巖、西方丈題詩，且談笑良久。時日已中，别寺僧而歸。復過雲堂，見梁秀巖瑀詩，字畫亦美。遂由舊路東北往。林間殘雨滴衣，嵐氣煙霏，交走横鶩，皆眷戀不忍去，因共作龍山詩。又恐雨復作，仍遲疑，忽見平川，晴色爛然。行至水窟，路益北，一二里出林。回望龍山脊，巍峻與天角。又數十步，忽見高厓峭壁，扶裂分張，日光中映，如潑黛，如挼藍。厓間有水光，炯然如劍出匣射日，四山樹葉炫人。余與二三子健躍歎賞，又作詩以紀之。

自此，無深林大木，行黄花紅葉中。又二三里，行甚苦，扳援方能進。忽見孤峰嵌天，峰上碕，攢擁牙角，口鼻軒軒。下一峰腋出如劍，諸人不覺失聲稱奇，又作詩紀之。回顧諸峰，千態萬狀，不可殫紀。路益下，三四里至神谷，谷中有泉出石罅，浪然其流，散漫出山外。厓東有神祠，祠邊有樹。余與二三子憩祠下，題詩。天已暮，月上，隨水聲行，又里餘方出谷。又涉水乘月往，咸謀宿野寺中【二】。明旦，别壽卿，予三人者歸渾水。

烏乎！余生山水間，故有樂山水心。然南遊二十年，所居皆通都大邑，無山林，嘗迫狹不自得。今因北歸，得遊歷故山，可勝快哉！况干戈未已，棲隱爲上，行當結屋山中，覽天地變化之機，而又讀書足以自娱，著書足以自奮，浩歌足以自適，默坐足以自觀。逍遥澗谷，傲睨雲林，與造化爲徒，與煙霞爲友，雖飯蔬飲水，無愠於中。振迹寬心，可以出一

【二】咸謀宿野寺中　「咸」原作「威」，據光緒二十一年刻本《金文最》卷十八改。

世之外，又何必高車大蓋、騶騎滿前，方爲大丈夫哉？因記。

遊林慮西山記

癸卯之冬十月，祁自蘇門徙居相臺。明年秋八月，玉峰魏公自燕趙適東平，遂登太山，拜闕里。將北歸，過相臺會公，謂祁曰：「吾聞太行之秀曰黄華，曰洪谷，爾其從我一遊乎？」祁曰：「諾。」

初出安陽郭西四十里，渡洹水，俗號安陽河，夕宿輔巖邑館。翌日，同邑中士人尊酒坐池上。池有數泉觱沸，如玻璃盆湧出萬珠。柳陰映翳，頗蕭灑。南謁宋韓諫議墳，魏公琦父也。墳皆老柏參天。碑有樓，文則富鄭公弼撰，王岐公珪書，皆完具。旁有浮屠，號孝親院，石刻魏公所建。院規製宏敞，柱皆文石，佛像如新。茶坐西寮，彷徉竟日。遲明西上，路皆坡陁岡阜，間以樹林。行幾四十里，過馬店，望林慮諸山，若蟻尖，若黄華，若天平，若洪谷，齒立。玉峰馬上笑談，喜見顔色。前涉横水，水舊有石橋，甚巧麗，今圮壞紛然。晡至林慮山，横峙天西，如城壁相銜，争雄角鋭，潑黛凝青，而高下險夷不一。玉峰曰：「昔人稱林慮名山，信哉！」暮會邑中士大夫，皆曰：「遊當自黄華始，且北而南可也。」

明日，遂出北城，邑人張君佩玉偕往。西北約二十里，入槲林，林行一二里入谷。兩厓夾徑，徑并東厓，大石鱗差，馬足行甚艱。下皆絶壑湏洞，樹木蓊鬱，水聲潺潺，使人耳目倏然。前觀山勢峭拔奇偉，不覺失聲歎異。又一里餘，厓豁地平，叢竹如雲。竹中堂殿茅亭數處，乃黄華古禪刹也，今爲老氏居。道士數輩來迎，解鞍坐覽，樂甚。殿之石柱，刻宋人題名及張相天覺賦《高歡避暑宫》詩。詩云：「南北紛紛似弈棋，高王霸業起偏裨。情知騎虎非安計，豈是青山避暑來。」音黎。因憶王翰林子端《遊黄華》詩，蓋此寺廢已久，王詩云：「王母祠東古佛堂，人傳棟宇自隋唐。年深寺廢無人往，滿谷西風栗葉黄。」飯餘，屏騎乘，杖屨以西，涉小溪，行約一二里，山益奇，巔峰嶄岫，回互掩映千萬狀，不可紀。山端有小峰抉出，如立指，號仙人峰。遇佳處，輒坐樹下石，聽流泉玉漱，鳥語應人。回視向來塵土中，便知隔世。又前數武，地平可耕。厓腋有草庵，且闌籬種菜芋，亦道士舍。西上，路浸高。又二里餘，陟峻阪，號公主關，有厓號梳洗樓，意其爲前代帝子游衍跡。漢武帝女弟封隆慮公主，豈此邪？坂皆巨石，若爲堡砦摧裂。無蹊徑，捫蘿以登。又里餘，路窮，大巖合，若環屏幛。稍南，孤峰削成，拔地劃出，號挂鏡臺。臺西樹林間，望山脊玉虹，蜿蜒下垂，摇曳有聲。迫視之，懸泉也。相與喑吒，因列坐臺趾方石縱觀。蓋泉自石門而下，初勢甚微，已而散布半空，特詭異。其始來也，如飄風扇雪，瀰漫一天。少焉，如驟雨落雲，淋漓萬壑。或如飛練千尺，騰擲不收。又如珠簾百幅，聯翩下墜。乍散乍聚，乍緩乍急，乍去乍來，乍鉅乍細，霏微滴瀝，濺面灑肌，浩蕩鏗鍧，驚心動魄。可以起壯志，可以醒醉魂，可以洗塵紛，可以平宿憒，亦天下偉觀也。卜瀦爲潭，澄泓湛碧，冰瑩鏡明。向之水聲，皆其流派，迨出山而洑，不知其所往，此又異也。

步至巖東北，有大龜如列屋，可坐數十人。尋繹昔年題名，在龜壁。玉峰健歎，以爲東遊未嘗見此。移時，緬懷趙武靈王登黄華之上，與肥義謀胡服騎射，教百姓以强其國，亦一時雄傑。張君曰：「泉之上有路坦平，直抵天平。望絶壁有石竅，曰青龍洞尾，蓋門在天平也。其中闇黝多水。東北有高歡避暑宮殿，址尚存，且有碑。」以路絶，不能到。又曰：「高歡葬此山石巖中，鐵索紉其棺，嘗有人見之。」祇舊讀司馬氏《通鑑》，云高歡薨，虚葬漳水西，潛鑿成安鼓山爲穴，約其柩而塞之。蓋距此不遠，與所傳小異。張又言此山佳處甚多，惜不能遍歷。

日斜，由舊路而東，石壁而堂，石像浮屠精緻。行三四里，路忽分，張云：「由南而往殊勝。」厓轉，三潭灩出，大石間相通，號疊研。皆流泉所瀦，細流布石上，縈紆明澈。潭水□□黝碧，云有蛟龍居。共坐潭側嘯咏，仰山俯泉，極快愜。南有古祠破裂，號王母祠。祠壁石刻云：「仙人王津葬母於此，號仙人冢，土人祠以祈福。祠前大木九，今餘一焉。趙巘、閻光弼來遊，趙鎮侍行。」蓋宋宣和間人也。字畫亦不凡。東有龍祠，頗整完，中石刻紀異。南則地復曠闊。行荒榛蔓草中里餘，復抵寺舍。會日已暮，騎出山，顧念勝遊，如在天上。歸而清不寐。

明發，邑中士大夫讌集，作一日留。會姚公茂諸君南來，相約同遊洪谷。日昃，出南城三十里，入槲林，林比黃華頗大。林行四五里入山，路比黃華頗夷，谷亦曠，樹木繁鉅，水聲比黃華差小。渡溪，至寶巖寺，寺在竹間，舊有名剎，冠一方。遭亂，惟二浮圖在。大殿、經閣址宛然新構，功未畢。其南厓號五松亭，亭亡，止餘一松，王子端記之。碑陰刻劉治中濤詩，濤亦聞人。東北石屋號戒猴洞，洞中浮屠、石像及諸佛經刻在。石起高齊峰端，有檐甍隱隱，號金門寺，云有僧居，路險林深，遊者罕到。會坐西軒，軒外竹成林，流泉琅琅，逾軒入竹，如檐溜聲不絕。東南山缺，瞰川原，雖峭密不及黃華，而宏邃有過之者。寺有浴室，放泉以燒，且入浴，神體爽。繼飯餘，讀張天覺《聖燈圖記》及邊德舉寺碑文。頃之，復杖屨西上。厓北轉，有大石方丈餘，雪瑩掌平，枕溪，號石席。上刻杜相公美所作銘，銘云：「溪石齒齒，溪水潺潺。鳴玉跳珠，水流石間。涓涓溪月，泠泠溪風。風吟松梢，月湛杯中。欲醉而歌，既醉而卧。悠悠千古，浮雲之過。」充，相人【三】，辭清婉，字畫亦遒逸可愛。即共坐賦詩，起而前，山特變化出奇，林益深密，時時佇立從容。霜已降，樹林有改色者，於青翠中間見紅葉如春華。又清泉白石，舉步如圖畫。天風卒至，樹聲與泉聲雜，如笙竽、環珮交鳴，又若琴瑟未終，鐘鼓迭起。日光下，遠林陰蘿，影玲瓏斑駁，龍蛇篆隸交。余數人者坐其間，談道論文，自謂雖此世搶攘，亦片日如仙耳。又三四里，路窮巖合，勢如黃華山。巖巔飛瀑下流，亦如黃華水。山疑樓閣刻畫，削蠟裁金；水則絡繹縈繇，千絲萬絡。乃共坐泉間容與，天晴月明，映玩逾佳。珠網玉旒，搖動半天

【三】充相人　「充」原作「克」，據《宋史》卷四七五《杜充傳》改。

外，晶熒閃爍，姿態横生。濺雪跳冰，潭面蜂起。又相與賦詩道其事。巖下多大石，細流穿石罅，作金鐵聲。舊有亭，號知勝，王子端作記，今無餘跡。

歸途，題大石龕。晚出山，與公茂諸君别，第以不到天平爲恨。還宿林慮，雨，留三日。九月朔霽，還相臺。越重九之明日，東北行四十里，宿鄴鎮。鎮，古鄴地，有曹魏所建銅雀、金虎、冰井三臺故基。暮登臺置酒，西望太行，所謂黄華、淇谷，皆隱約可辨。漳水西來，如劍如練，絡北臺而東，蓋河朔勝處也。且其地南控大河，西連上黨，東扼齊魏，北負燕趙，實天下襟喉，此自古英雄如曹、袁、慕容、高氏所以多據依。又見故城隱嶙，冢纍纍相望，傷時吊古，良用慨然。徙倚至曛，宿南臺道士舍。曉渡漳水，别玉峰南歸。

後月餘，玉峰書來【四】，曰：「爾當爲予記之。」乃援筆識其始末。祁居代北，鄉中名山已歷遊。嘗謂太行魁天下，山富奇麗，志欲一覽，然非偕鉅公偉人，不足稱山之雄。玉峰，祁姑之夫也，高名大節，一世所推。乃今邂逅得從之遊，誠遂所願。方將階此過蘇門，扣百巖，訪盤谷，登天壇，西遊河汾，觀砥柱，上中條，覽太華，入秦中，以迄天下形勝。已與公有成約，會當治行。嗟乎！世之人皆驅馳智力，以金帛車騎相夸豪，而吾儕獨玩心泉石，放浪於寂寞之境。要之各有樂，未可以爲彼是此非。至於後世，又不知其孰得失，况古之聖賢，莫不樂山樂水。若夫究地里，考土風，辨古今，識草木，皆不可謂亡益於學。姑從所好，以畢餘生。或有笑其迂僻者，亦不得而辭也。乙卯春正月之望，謹記。

【四】玉峰書來　「書」原作「詩」，據光緒二十一年刻本《金文最》卷十八改。

北使記

興定四年七月，詔遣禮部侍郎吾古孫仲端使於北朝，翰林待制安庭珍副之。至五年十月復命。吾古孫謂予曰：「僕身使萬里，亘天之西，其所遊歷甚異，喜事者不可不知也，公其記之。」

自四年冬十二月初，出北界，行西北向，地浸高。並夏國前七八千里，山之東水盡東，山之西水亦西，地浸下。又前四五千里，地甚燠。歷城百餘，皆非漢名。訪其人，云有磨里奚、磨可里、紇里迄斯、乃蠻、航里、瑰古、途馬、合魯諸番族居焉。又幾萬里，至回紇國之益離城，即回紇王所都。時已四月上旬矣。

大契丹大石者，在回紇中。昔大石林麻，遼族也。太祖愛其俊辯，賜之妻，而陰蓄異志。因從西征，挈其孥亡入山，後鳩集群糺，徑西北，逐水草居。行數載，抵陰山，雪石不得前，乃屏車，以駝負輜重入回鶻，攘其地而國焉。日益强，僭號德宗，立三十餘年。死，其子襲，號仁宗。死，其女弟甘氏攝政，姦殺其夫，國亂，誅。仁宗者次子立，以用非其人，政荒，爲回紇所滅。今其國人無幾，衣服悉回紇也。

其回紇國，地廣袤，際西不見疆畛。四五月，百草枯如冬。其山暑伏有蓄雪。日出而燠，日入而寒。至六月，衾猶綿。夏不雨，迨秋而雨，百草始萌。及冬，川野如春，卉木再華。

其人種類甚衆，其須髯拳如毛，而緇黄淺深不一，面惟見眼鼻。其嗜好亦異。有没速魯蠻回紇者，性殘忍，肉必手殺而啖【五】，雖齋亦酒脯自若。有遺里諸回紇者，頗柔懦，不喜殺，遇齋則不肉食。有印都回紇者，色黑而性愿。其餘不可殫記。其國王閹侍，選印都中之黔而陋者，火漫其面焉。

其國人皆邑居，無村落，覆土而屋，梁柱檐楹皆雕木，窗牖瓶器皆白琉璃。金銀珠玉、布帛絲枲極廣，弓矢車服、甲仗器皿甚異。甃甓爲橋，舟如梭然。唯桑、五穀頗類中國。種樹亦人力。其鹽産於山。釀蒲萄爲酒。瓜有重六十觔者。海棠色殊佳。有葱菋，美而香。其獸則駝而孤峰，牛有□脊【六】，羊而大尾。又有獅、象、孔雀、水牛、野驢。有蛇四跗。有惡蟲，狀如蜘蛛，中人必號而死。自餘禽獸、草木、魚蟲，千態萬狀，俱非中國所有。

山曰塔必斯罕者，方五六十里，葱翠如屏，檜木成林，山足而泉。

其俗衣縞素，衽無左右，腰必帶。其衣衾茵幙，悉羊毳也。其毳殖於地。其食則胡餅、湯餅而魚肉焉。其婦人衣白，面亦衣，止外其目。間有髯者，并業歌舞音樂。其織紉裁縫，皆男子爲之。亦有倡優百戲。其書契、約束并回紇字，筆葦其管。言語不與中國通。人死不焚，葬無棺槨，比斂，必西其首。其僧皆髪，寺無繪塑，經語亦不通，惟和、沙州寺像如中國，誦漢字佛書。

予曰：嘻，異哉，公之行也！昔張騫、蘇武銜漢命使絶域，皆歷年始歸，其艱難困苦，

【五】肉必手殺而啖　「必」原作「交」，據王國維校注《北使記》改。

【六】牛有□脊　此句張星烺《中西交通史料彙編·烏古孫仲端之〈北使記〉》作「牛有峰在脊」。

僅以身免。而公以蒼生之命，挺身入不測之敵，萬里沙漠，嘻笑而還，氣宇恢然，殊不見衰悴憂慽之態。蓋其忠義之氣素貯乎胸中，故踐夷貊閒若不出閨闥然。身名偕完，森動當世，凜乎真烈丈夫哉！視彼二子亦無愧。故予樂爲之書，以備他日史官采云。

右記三首，見陶九成《遊志續編》。

古意

秋江有芙蓉，顏色好鮮潔。褰裳欲采折，水深不可涉。嚴風下飛霜，芳豔空凋歇。悵望一長歎，臨川無桂楫。

送雷伯威

朔風起天末，落木鳴空山。冰霜正凝沍，遊子百里還。出郭送將别，徘徊上高原。如何睽離情，對此芳歲闌。壯士志四方，不須涕汍瀾。人生非山海，會面亦不難。願子崇明德，餘功振文翰。長因東南鴻，惠我金玉言。

右詩二首，見《元音》。

逸事

事言補一則　楊弘道叔能

平生交遊贈予詩者多矣，惟劉京叔二篇嘗吟詠之：「憶昔逢君北渚秋，藕花香裏醉輕舟。三年一別空回首，千里相思更倚樓。明月不隨春物老，碧山長帶暮雲愁。天平松竹黄華水，早晚柴車得共遊。」「思君一日如三載，兩寄詩來慰我心。塵土愈知人世隱，風煙遥見海門深。貧來笑我嘗癡坐，亂後憐君更苦吟。歷下亭前春水闊，扁舟何日重相尋。」

卷十四

歸潛堂記

劉子，朔方人，生於雲中之渾源山水之間。髫齔從父祖仕宦大河之南，初知誦讀，偶屬爲童子學。少長，習時文爲科舉計，然亦時時閲古今詞章，竊讀史書，覽古今成敗治亂，慨然有功名心。未冠計偕，試開封禮部，中之。及庭而絀，於是始大發憤，以著述自力，頗爲先達諸公所知。又結交當世豪傑，未有不與以文字往還者。

舊有田淮水之陽，春夏在陳視耕穫，秋冬必入汴避亂，且從諸公講學。已而先大夫下世，遂經紀家事，然讀書爲文亦未嘗少休。間四方交遊來，把酒論文，談笑連日夕，或留之旬月不令去。時雖少年，未遂其進取心，而會友著書亦自樂無歉。豈知一旦時移事變，流離兵革中，生資蕩然，僮僕散盡，從行惟骨肉數口、舊書一囊。由銅臺過燕山【一】，入武川，幾一載始得還鄉里。鄉帥高侯爲築室以居。

所居蓋其故宅之址，四面皆見山。若南山西巖，吾祖舊遊。東爲柏山，代北名刹。西則玉泉、龍山，山西勝處。故朝嵐夕靄，千萬狀。其雲煙吞吐，變化窗户間。門外流水數

校勘記

【一】由銅臺過燕山　「臺」原作「壺」，據黄丕烈、施國祁校本卷尾施國祁跋改。

支，每静夜微風，有聲琅琅，使人神清不寐。劉子每居室中，焚香一炷，置筆硯楮墨几上，書數卷，偃息嘯歌。起望山光，尋味道腴，一云「卧味道腴」。爲終日樂，雖弊衣惡食不知也。

間嘗自念，幸生而爲儒，忝學聖人之道。其平昔所志，修身治國平天下，窮理盡性至於命，進則以斯道濟當時，退則以斯道覺後世。今當壯歲，遭此大變，更賴先人之靈，得返鄉里。幸而有居以自容，將默卷静學，以休息其心力。况世路方艱，未可爲進取謀，因榜其堂曰「歸潛」，且以張横渠《東》《西》二銘書諸壁。客有過而詰之曰：「今吾子生當亂世，政英雄奮發之秋。大而可以分疆據土，奉王命爲諸侯；下而可以附雄藩巨鎮，馳騁才謀取富貴。或如終童請長纓入越，羈其王獻北闕下，以功名著。不然，當效蘇季子、司馬長卿以文詞談説干人主，六印駟馬耀鄉俗，吾子奚獨韜光晦跡，甘爲棄物於一時，使平日所學眇不見鋒焰？亦鄙陋之甚也。」劉子曰：「嘻，若亦不聞君子之道乎？蓋君子之道以時卷舒，得其時而不進爲固，失其時而强進爲狂。且先顧其内之所有何如，亦不在夫外也。吾平生苦學，豈將徒老焉？顧自鬻自求，賢者所耻，加之新罹蹇難，始欲自修，且將掃除吾先祖丘墓。果其後日爲時所用，亦安肯不致吾君、澤吾民？如或不然，雖終身潛可也。《易》曰：『龍德而隱，遁世无悶。』《傳》曰：『君子若鳳，治則見，亂則隱。』吾雖非聖賢，亦安敢不學乎？若非知吾之志者也。」客既去，遂書於堂以記之，且歌曰：

南山漠漠兮，渾水洋洋。桂椒葱蔚兮，松柏青蒼。清泉涌其下兮，白石皦以如霜。兕豹跧伏兮，鸞鳳翩其來翔。世溷濁而不照兮，蹇𤭛騁夫先路。荆榛翳以蒙達兮，野縱横其豺虎。矧余志之夐迂兮，了罕罕而疇伍。歸歟歸歟，其潛於南山之下。

又歌曰：

潛於農，摯之侶兮；潛於漁，望之徒兮。顧惟不肖，豈敢與俱兮。惟兹一堂，有琴有書兮。學其所不知，求進於聖途兮。潛乎潛乎，亦可以爲娱兮。嘻！

歸潛堂銘并序

寂通居士陳時可秀玉《困學齋雜録》：寂通老人陳時可，字秀玉，燕人，金翰林學士。仕國朝爲燕京路課税所官【二】。

「潛」之爲言隱也。古之所謂隱君子者，無江海而閑，不山林而幽，蓋藏器待時，樂天知命，不潛而潛者也。吾京叔之文之行有不可掩者，而以「歸潛」名所居堂，第恐欲潛而不得耳。且吾聞之《易》曰：「君子之道，或出或處，或默或語。」應處而出非道，應出而處亦非道。語、默何異哉？夫魚不厭深矣，龍德則不然，升潛以其時。孔子，聖之時者也。乃所願則學孔子。子謂顔淵曰：「用之則行，舍之則藏。」其論逸民則曰：「我則異於是，無可無不可。」艮，止也。聖人彖是卦曰：「時止則止，時行則行。動静不失其時，其道光明。」莊周，陽擠陰助者也，至其舉養生之道，亦引仲尼曰：「無入而藏，無出而陽，柴立其中央。」豈有吾聖門弟子反專於「潛」之一字者邪？京叔以書求銘老

【二】「困學齋雜録」至「仕國朝爲燕京路課税所官」以上原爲卷末鮑廷博補箋，今移至此。

夫，告京叔能勿忘乎？謹爲銘曰：

仲尼駐車蟻丘漿，宜僚陸沈於其旁。夫妻臣妾登屋梁，季路往視渠以亡。但見虚室依頹墻，古人潛德不欲彰。那用此字書其堂？况君年甫三十强。撑腸拄腹經傳香，文氣渾爾詩筆昌。户外屨滿名飛揚，吾恐自此饒薦章。遠來乞銘何可當？拈出聖語語頗長：用之則行舍則藏，無入而藏出而陽。得時忌作天際翔，勿以深眇賢庚桑。歸歟歸歟且和光，銘哉銘哉幸無忘。

詩

定庵老人吴章德明：

城上棲烏尾畢逋，歸來小隱與時俱。高山流水誰同聽？明月清風德不孤。富貴於人真暫熱，文章照世足爲娱。廟堂一旦求遺逸，只恐終南是仕塗。

定齋居士李獻卿欽止：

落落奇男子，生有四方志。萬言長策六鈞弓，三尺太阿秋水似。不喜雕蟲技，不作兒女悲。長安市上曾縱酒，奴命五陵年少兒。龍荒萬里期一掃，踏碎輪臺磧西島。便調金鼎佐無爲，鳳池坐數汾陽考。世無禮樂二百年，追蹤直擬三代前。嘉生叶氣越唐舜，坐令米斗三四錢。誰知天地遽翻覆，滄海横流陷平陸。又如烈火焚昆山，孰辨頑石與真玉？

平生事業安用爲？攜家徑走南山陲。布衣糲食混漁釣，妻孥粗足常熙熙。數椽茅屋門橫水，盡著光陰文字裏。有時俯仰塵土間，擾擾干戈如鬬蟻。我有一言君試聽，乾坤萬古真郵亭。但教定宇天光發，區區世間富貴何異蜾蠃與螟蛉？一云「區區世間富與貴」，多「與」字，作二句讀。

河東白華文舉：集句。

天其未厭卯金刀，池上於今有鳳毛。有才不肯學干謁，便入林泉真自豪。衣如飛鶉馬如狗，野飯盈盤厭葱韭。仰天大笑出門去，桃李春風一杯酒。列卿太史尚書郎，五更待漏靴滿霜。何如一身無四壁，醉踏殘花屐齒香。人物尤難到今世，浮雲柳絮無根蒂。不須辛苦上龍門，秋水寒沙魚得計。

西崗呂大鵬鵬舉：《中州集》云，密縣人，自言宋名相申公之裔。

擾擾人間世，熒熒風燭光。誰能逃厄數？況復入吾鄉。嵐秀充朝餒，冰絃響夜堂。堂中幽獨否？昆季足徜徉。

太原元好問裕之：按，此詩《遺山集》不録。

南山老桂幾枝分，翰墨風流屬兩君。共説人間好歆向，爭教茅屋著機雲。備嘗險阻聊乘化，力戰紛華又策勳。却恐聲光埋不得，皇天久矣付斯文。

王官麻革信之：

逃漁魚深處，「漁」一作「淵」。避弋鴻冥飛。古來賢達士，亦復詠《采薇》。「詠」一作「歌」。南山先廬在，兵塵悵暌違。山空無人居，惟見草木肥。翩然千年鶴，一朝復來歸。新築臨渾水，行徑窈以微。清流鳴前除，白雲入晨扉。迴頭陵谷遷，《河汾諸老詩集》作「迴顧陵谷遷」。萬事倏已非。著書入理奥，得句窮天機。前路政自迫，此道儻可幾。殷勤抱中璧，黽勉留餘暉。第恐遁世志，還負習隱譏。永懷泉石上，一作「泉上石」。一觴與君揮。惜無凌風翰，遐舉非所希。

塵土悠悠涴客襜，一堂千古入幽潛。喧無車馬雲迎户，静有琴書月挂檐。渾水清泠通竹過，南山蒼翠與天兼。遥知吟嘯同雲弟，剩有新詩灑壁縑。

仰山性英粹中：

二陸歸來樂有真，一堂栖隱静無塵。詩書足以教稚子，雞黍猶能勞故人。瑟瑟松風三徑晚，濛濛細雨滿城春。因君益覺行蹤拙，又爲浮名繫此身。

東城李微子微：

滄海成田後，攜家返故鄉。披榛尋舊址，借力構新堂。山給窗扉翠，泉供枕簟凉。故田依渾水，别業勝淮陽。侍御遺風在，南山慶派長。芝蘭宜并秀，鴻雁自成行。經史胸中業，龍蛇筆下章。行當依日月，寧久事耕桑。尚父終辭渭，阿衡定佐商。飛潛無定跡，《易》道箇中藏。

析津李惟寅舜臣：

浩浩干戈裏，憐君遂隱君。雲蒸秋簟冷，月落夜窗虛。歲月杯中物，生涯几上書。潛中有真趣，吾亦愛吾廬。

地僻心偏遠，人間物自幽。功名真敝屣，軒冕等浮漚。野鳥從喧寂，山雲自去留。一杯濁酒外，萬事付休休。

蒲城薛玄微之：《困學齋雜録》：庸齋先生薛玄字微之，華陰人，仕至河南府提學，有《易解》行於世【三】。

肯構茅堂養道真，滿前俗事罷紛紜。磻溪夜釣波心月，汾曲春耕隴上雲。長笑熊羆勞應夢，肯教猿鶴怨移文。斬新傳得安心法，萬壑松風枕上聞。

奔走紅塵二十年，歸來參破净名禪。忙開鞠逕成嘉遁，静閉柴門草《太玄》。千嶂雲嵐真輞谷，一川風月小壺天。旱時若用商巖雨，應遍齊州九點煙。

故山泉石穩棲遲，緯國才名恐四馳。節信情高方著論，淵明心遠更能詩。素琴黃卷真餘樂，明月清風無老時。只恐葛龍潛不定，一聲雷雨躍天池。

金城蘭光庭仲文：

幾年蹤跡寄兵塵，且喜歸來見在身。滿眼雲山猶可隱，一庭松菊未全貧。定慚巧宦盧藏用，却愛成名鄭子真。袛恐池中非久處，佇看雷雨起天津。

漁陽趙著光祖：

【三】「困學齋雜録」至「行於世」　以上原爲卷末鮑廷博補箋，今移至此。

萬里煙埃氣尚炎，秋風攜手賦歸潛。當時北望長勞夢，今日南山副具瞻。鴻雁不飛閑日月【四】，鶺鴒無語静依檐。遥思二陸猶如此【五】，自愧區區未屬厭。

河東張緯緯文：

結廬高隱謝塵埃，浩氣元從道學來。北闕雲煙無夢到，南山草木覺春回。四時風月供吟筆，萬古乾坤入酒杯。却恐漢庭須羽翼，鶴書未許老巖隈。

太原高鳴雄飛：《困學齋雜録》：高鳴字雄飛，岢嵐人，歷彰德路總管，召爲翰林學士。至元五年至御史，遷吏部尚書，終於官【六】。按，《遺山集》有《送高雄飛序》，《郝陵川集》有《答高雄飛書》。

高情謝氛坱，歸隱南山隈。頽然一茅屋，蕭灑無纖埃。勝概紛滿前，懷抱長好開。舒嘯野雲亂，浩歌空翠來。瑶花晚夕静，相對揮清杯。太虚風露下，幽興何悠哉。回首區中人，擾擾良可哀。

黄鵠入寥廓，龍性何能馴？英英劉處士，天子不得臣。卧老草堂月，吟盡南山春。野飯足藜藿，幽蘭充佩紉。一杯石上酒，静見天地真。萬慮此都寂，孰知名與身。靈運卧巖幽，子陵釣渚濱。神超物不違，異世等達人。我無玄豹姿，亦欲事隱淪。空歌《紫芝曲》，早晚由東鄰。

邢臺劉德淵道濟：

南國堂堂二鳳雛，年來歸隱舊茅廬。四圍山水境何勝？一室琴書樂有餘。長嘯松林

【四】
鴻雁不飛閑日月　「日」字原缺，據明鈔本補。

【五】
遥思二陸猶如此　「陸」字原缺，據聚珍本補。

【六】
「困學齋雜録」至「終於官」　以上原爲卷末鮑廷博補箋，今移至此。

月明夜，行吟菜圃雨晴初。荒蕪庭院人休誚，天下終期一掃除。

洛水劉肅才卿：

屠龍破千金，夢覺人已非。二陸不可作，故山歸采薇。江湖鴻雁樂，原隰鶺鴒飛。悃悵朱門客，思歸不得歸。

龍江張仲經：按，《遺山集》有《張仲經詩集序》。又《行齋賦》亦爲仲經作。

羸驂短僕行夷猶，西京才子云二劉。荒山窮僻厭岑寂，長裾遍謁東諸侯。手中雖無丈八矛，胸蟠河圖與天球。有時吐出作靈瑞，坐令宇縣還殷周。憶昨長鯨吞古汴，千里還家異鄉縣。築堂故址號歸潛，要使新詩走群彦。方今河朔藩鎮雄，衣冠往往羅其中。兩賢胡爲獨不出，埋光鏟彩爲冥鴻。朝亦潛，莫亦潛，東山不起吾何瞻？山中爲問誰相識，白鳥孤雲自入簾。

燕山張師魯明道：

歧路荆榛萬險夷，丈夫出處不磷緇。莫誇荀氏八龍集，且羨陸家雙鳳儀。塵世浪隨春夏改，寸心惟有鬼神知。蒲團澤几爐煙静，卧讀《黄庭》樂聖基。

東明張特立文舉：

陵遷谷變海波翻，築室渠能返故園。夜雨對牀閑鍊句，春風滿座共開樽。都無北闕功名想，且喜南山氣象存。才大到頭潛不得，已傳華萼出蓬門。

山東勾龍瀛英孺：

世路艱難已飽經，歸來一室晦虛名。任他滄海掀天惡，喜我南山照眼明。雲氣冷侵吟硯潤，棣華香泛酒杯清。故園未遂歸休志，慚愧劉家好弟兄。

續録 新增

渾源劉先生哀辭并引

郝經

歲庚子，經甫逾童，獲拜先生於館舍，而遽南軔。闊越八九載，己酉春，先生往來燕趙間，始得奉杖屨。格言、義訓雖屢得聞，而頑鈍椎魯之資，捍棘而不入，是以塵心槁思，渴而未沃也。庚戌春，方負笈南邁，以遂摳衣之問，而凶訃掩至。繼而其弟文季來，以先生易簀時所付一書四十篇曰《處言》見示。經再拜雪泣讀之，其辭汪洋煥爛，高壯廣厚，約而不缺，肆而不繁。其理則詣乎極而窮乎性命，於死生禍福之際尤爲明析，非世之所謂文章、古所謂立言者也？於是感愚志之不卒，傷先生之不天，憫吾道之不競，恨憤惋激，吐辭以哀之。嗚咽扼吭，不復條貫。其辭曰：

濁河絶流大梁亡，日入地底陰燐光。百年秀孕隳大荒，文源湮汨甚濫觴。三五在北輝其芒，姑爲維持爲主張。砭鍼沈痼開膏肓，護籍僨踣扶顛殭。碧雲雙鳳方翱翔，忽弱一个危乎姜。當年振羽來朝陽，竹花蹴落桐花香。岐山山頭喚文王，一鳴燕雀驚且狂。總角獨步高昂昂，旁魄瓌奇古錦囊。飈然聲價騰且驤，飛蒙茸兮走陸梁。挺特温潤直以方，有虞圭璋夏琮璜。波瀾老成肆汪洋，洞庭萬頃澄秋霜。上稽韓柳下蘇黄，探道索古追羲皇。一編《處言》含天章，立意造語攀荀揚。嗚呼天道其何量，既與之德不與昌，既與之年不與長。渾源之山空蒼蒼，相臺臺下天荒凉。元氣索莫真宰藏，南山家世兩渺茫。有弟有弟涕隕裳，有識有淚如清漳。奠桂酒兮陳椒漿，魂兮來歸摧肝腸。魂兮不來空所望，嗚呼天道其何量。

追輓歸潛劉先生　王惲

我自髫髦屢拜公，執經親爲發顓蒙。道從伊洛傳心事，文擅韓歐振古風。四海南山青未了，一丘洹水恨何窮。泫然不爲山陽笛，老屋吟看落月空。

附録一

《金史·文藝傳》云：劉從益字雲卿，渾源人。子祁，字京叔，爲太學生，甚有文名。值金末喪亂，作《歸潛志》以紀金事，修《金史》多採用焉。又曰，劉京叔《歸潛志》與元裕之《壬辰雜編》二書雖微有異同，而金末喪亂之事猶有足徵者焉。

王文定公惲《渾源劉氏世德碑》云：祁字京叔，少穎異，爲學能自刻勵，有奇童目。弱冠舉進士，廷試失意，即閉户讀書，務窮遠大，涵瀹鍛淬，一放意於古文，間出古賦、雜説數篇。李屏山、趙閑閑、楊吏部、雷御史、王滹南諸公見之曰「異才也」，皆倒屣出迎，交口騰譽之。及與御史公退居於陳，相與講明「六經」，直探聖賢心學，推於躬行踐履。自是振落英華，收其真實，文章議論，粹然一出於正，士論咸謂得斯文命脈之傳。壬辰，北還鄉里，躬耕自給。築室，榜曰「歸潛」。戊戌，詔試儒人，先生就試，魁南京。選充山西東路考試官。後征南行臺拈合公聞其名，邀至相下，待以賓友，凡七年而没，享年四十有八。翰林承旨王磐誌其墓。有《神川遁士集》二十二卷、《處言》四十三篇、《歸潛志》三卷行於世。弟郁字文季，别號歸愚，亦名士。其銘云：

神川力學，洞聖心胸。明理貫道，匪文奚工。玉佩瓊琚，人振辭鋒。導家學之淵流，會百川而朝東。章甫適越，惜不時逢。以上原本。

王文簡公士禛《歸潛志》序云：《歸潛志》八卷，金人劉祁字京叔撰，蓋紀載金源一代人物事蹟，而國家盛衰興亡之故，亦因以見焉。《金史》於天興二相傳引京叔之言，致慨於貞祐南渡之後，宰執皆因循苟且，馴致亡國，語載此《志》第七卷中。又謂劉祁《歸潛志》與元裕之《壬辰雜編》二書微有異同，金末喪亂之事有足徵者。今《雜編》之書不傳，而此《志》猶首尾完好，是可寶也。《志》稱高祖南山翁者，名撝，天會元年詞賦進士。其子汲，亦進士第，入翰林，爲供奉。京叔父從益，嘗爲御史，終應奉翰林文字，史載《文藝傳》，《傳》末附書京叔并及此書。按，金自崔立之亂，中原板蕩，文獻放失，賴二三君子有志史事者私相撰述。元開史局，蒐羅掌故，京叔、裕之之書，皆上史館，攟摭爲多焉。予嘗歎遼以制科取士，其間躋政府、登膴仕者甚衆。而考之列傳，自横帳、諸院、國舅别部三族之外，其行事不少概見，豈制科之所得盡無人與？抑史臣紀載之疏也？遼、金立國，規模不甚相遠，而金源人物、文章之盛獨能頡頏宋元之間，非數君子紀述之功，何以至是歟！幸編簡尚存，護惜而流通之，固吾黨之責也。李翺有言，前漢事跡所以灼然傳在人口者，以司馬遷、班固叙述之工，故學者悦而習焉，其讀之詳也。一代之典章文物，得其所託則傳，不得其所託則淪於煙莽，而後世徒有文獻無徵之歎。文士之關於國家詎細故哉！是《志》也，可以觀矣。

錢曾《讀書敏求記》云：《歸潛志》十四卷，金渾源劉祁京叔著。京叔以布衣遨遊士大夫間，文章驚暴一時，爲遺山諸公所推挹。築堂曰「歸潛」，因以名其書。所記多金源逸事，後之修史者足徵焉。周雪客、黄俞邰《徵刻書目》曰八卷，殆未見全書歟？以上續録。

附録二

自序

余生八年，去鄉里，從祖父遊宦於大河之南。時南京爲行宫，因得從名士大夫問學。不幸弱冠而先子殁，其後進於有司，不得志，將歸隱於太皞之墟。一旦遭值金亡，干戈流落，由魏過齊入燕，凡二千里。甲午歲，復於鄉，蓋年三十二（一作三）。矣。因思向日二十餘年間所見富貴權勢之人，一時烜赫如火烈烈者，迨遭喪亂，皆煙銷灰滅無餘，而吾雖貧賤一布衣，猶得與妻子輩完歸，是亦不幸之幸也。由是其所以經涉憂患與夫被攻劫之苦、奔走之勞，雖飯蔬飲水，橐中無寸金，未嘗蔕諸胸臆。

獨念昔所與交遊，皆一代偉人，今雖物故，其言論談笑，想之猶在目。且其所聞所見可以勸戒規鑒者，不可使湮没無傳。因暇日記憶，隨得隨書，題曰《歸潛志》。「歸潛」者，予所居之堂之名也。因名其書，以誌歲月，異時作史，亦或有取焉。歲乙未，季夏之望，渾源劉祁京叔自叙。

（《知不足齋叢書》本卷首）

趙穆跋

孫正憲公之孫諧和伯其字者來訪予，曰：鄉先生劉神川，宏博衍大之士，倡明道學。會金亂，投跡於趙、楊、雷、李諸子之間，厭服名議，守素不仕，以衛中州之氣，文章議論，一出於正。遭亂後，於鄉有居以自容，扁曰「歸潛」，默然静學，以休息其心，竟抱志未施而没。生平述作既多，其弟歸愚已嘗編類就帙，曰《神川遁士文集》廿二卷，鋟木於世，先君文莊公鄉序。後進嘗收先生所著《歸潛志》十四卷藏於家，蓋其言論談笑、時事見聞、戒勸規鑒，足以備采擇之録，諧欲繡梓以垂其名於不朽。

噫！神川一代偉人，世爲賢獻之門，其所志，窮理盡性以至於命。進則以斯道濟當時，退則以斯道覺後世，以永聖脈。一作「道脈」。一時士大夫尊師之，人文之盛，實所賴焉。孟子謂，君子所以教，有成德者，有達材者，有私淑艾者。神川私淑之徒，成德達材，彬彬輩出，是身雖没而道不没也。道寄於文，文傳於世，世傳其文，即傳其名矣。夫何憾？兹嗟世道升降、人物盛衰，遼、金之間殆數百年，太史宜有論載，而舊聞闕逸，後有述者，可無考訂於斯邪？

先生諱祁，字京叔，渾源人，神川其自號也。至大辛亥夏五月，盧龍趙穆識其後。

（《知不足齋叢書》本卷尾）

何焯跋

《歸潛志》凡十四卷。此非完書也。庚寅冬日，從汲古閣借得鈔本，乃洞涇柳僉大中物，亦止八卷。因而對校。柳本訛謬甚多，亦非佳本，當更從藏書家訪之。焯記。

（何焯校清鈔本卷尾）

何煌跋

《歸潛志》十四卷，中缺十一、十三兩卷。余從吴興賈人買得，錯誤脱繆殆不可讀。雖用竹垞本參校改正，究不可句爲多。暇當用《中州集》《金史》互勘其訛謬，定可証數十處也。朱本止九卷，比此又失十與十二、十四三卷也。仲子記。

（何煌校明鈔本卷尾）

宋定國跋

京叔《自序》云，從祖父遊宦，故所與交遊皆一代偉人。其《歸潛》所誌，第一卷至第七卷悉爲諸賢立傳，第八卷略記逸事，九卷至第十三卷悉載當時得失，論斷鑒觀，前賢所珍，詢不誣也。庚寅春，晤蓮涇先生，具論世罕之書，云《歸潛》未睹其全。後從王逸陶藏目及閱傳是樓藏本，并祇八卷。雍正甲辰，浦子星纏以此易觀《吴都文粹》，云得於黄徐欽景雲，乃沙谿陳清來所藏，傳寫再三，頗多訛字。前八卷已校正於王、徐，後六卷則闕如也。宋定國蔚如七月七日記。

（《知不足齋叢書》本卷尾）

李北苑跋

金劉京叔所作《歸潛志》，傳是樓及書賈傳本止八卷，兹十四卷，借抄於金丈星軺，蓋足本也。諸卷載金末文獻有足徵者，十一卷叙金亡事見聞最確。國破流離，凄凉滿目，徽、欽之辱，千古同憤。青城俘虜，後先一轍，天道好還，豈不信哉！十二卷序崔立碑事，京叔雖迫於元遺山諸公，然士君子遭亂世，急自表見，每至名節隳壞，不可復振，後之覽者可勿鑒與？己酉長夏李北苑跋。

（《知不足齋叢書》本卷尾）

盧文弨跋

此書記金源人物，文雅風流，殊不減於江以南。即一二諧謔語，亦多有可觀，讀者皆知愛之。余謂京叔際危亂之時、國亡之後，幸而完歸，追述交遊聞見，以著爲是書，修

《金史》者亦頗取裁於是。乃其論一代之盛衰與其所以亡者，實爲確當，可爲後來之龜鑑。又自言經喪亂後，乃識温飽安逸之味。噫！人誠能知此，則躁擾之胸可平，而奢競之緣亦無不可淡矣。真閲歷有得之言哉！録竟，因爲識數語於簡末。乾隆四十有一年十月四日，東里盧文弨書於江寧寓舍之抱經堂。

（《知不足齋叢書》本卷尾）

鮑廷博跋

渾源劉祁字京叔，號神川遁士。幼穎異，有文名。侍祖父遊宦，得從名士大夫問學。及舉進士不第，益折節讀書，務窮遠大，文章議論，粹然一出於正，金源一代儒者也。遭亂北歸，追述平昔交遊談論，與夫興亡治亂之迹，著爲一書，因其堂名，目曰《歸潛志》，與同時元好問《壬辰雜編》并行於世，金末文獻之徵於是乎在。遺山《雜編》已亡於明之中葉，京叔是書，元至大間鄉人孫和伯曾梓行之，歷爲藏弆家珍秘，僅有傳本，而海内或未盡見也。

此本傳鈔於萊陽趙太守起杲，再假文瑞樓、抱經堂諸本互相讎校，略采《宋史》《中州集》及諸家雜説，以疏其異同，梓公同好，用繼孫氏刻本於五百餘年之後，亦墨林勝緣也。或者以崔立撰碑一事繫遺山名節甚重，獨未得《野史亭遺稿》以相印證，爲大欠事。然舉遺山《外家别業上梁文》，並郝文忠公《辨甘露碑》詩參合觀之，亦有以得其是非之公矣。書凡十四卷，其末卷則附録諸賢投贈詩文也。王惲《劉氏世德碑》以爲三卷，疑十三卷之誤云。乾隆己亥十月下浣五日，長塘鮑廷博識於知不足齋。

（《知不足齋叢書》本卷尾）

黄丕烈跋

此鈔本《歸潛志》，忘其所從來，已枏置之久矣。會有坊友攜示張青芝手鈔八卷本，遂校勘一過。復因張本未全，又從坊間借得十四卷本鈔本統校之，始悉此本多譌舛，又有錯入他書。凡書鈔本固未可信，苟非他本參校，又何從知其誤耶？且書必備諸本，凡一本即有一本佳處。即如此固多譌舛矣，而亦有一二處爲他本所不及，故購書者必置重沓之本也。復翁。

（黄丕烈、施國祁校本第一册卷首）

余既手校《歸潛志》，於張校、舊鈔二本合者，姑以圈識之，而斷之曰是、曰誤，取三者從二之意也。然於金源事未諳，所言皆妄耳。丁丑夏五，浙江湖州之南潯人施北研先生來余家小住五日，與談金源事，如瓶瀉水，無一留停。蓋北研以老諸生，不利舉業，積數十年精力，究心於金源一代事蹟，故能如是也。所著有《金史詳校》《元遺山詩文箋》

《金源雜興》等著，余見其後二種。茲屬校此，下方「某作某」者是也。北研自有跋在終卷，而附記北研著述於此者，以見一鄉一邑間不乏樸學之士，特世無知之者耳。即有知之者，而著述不能使之行，是誰之過歟？爲之慨然。

（黄丕烈、施國祁校本第一册卷首）

癸酉冬日，於坊間獲一《歸潛志》八卷本，爲郡先輩張青芝手鈔，旋爲吴大春生得之，因手校此。復翁。

（黄丕烈、施國祁校本第一册卷八後）

癸酉仲冬廿有四日，於經義齋書坊見有張青芝手録劉祁《歸潛志》八卷本，取歸與舊藏本對，似較勝，惜無後六卷。因憶是坊架上向有鈔本《歸潛志》全者在，越日復往取之。先校此六卷，實優於向所藏者。遂竭一日半夜力校畢，此當留此全本矣。適春生吴大來訪，余云是青芝所鈔，渠欲轉購之。明日當取張本校前八卷也。

十一月廿七日燒燭校畢，時二更餘矣。復翁。

（黄丕烈、施國祁校本第二册卷九前）

癸酉冬日，用別本鈔本校。復翁。

（黄丕烈、施國祁校本第二册卷尾）

施國祁跋

丁丑夏六月過復翁家，相知十餘年，始識面也。翁以余喜説金源事，因出此舊鈔屬校。與鮑刻略同，惟《歸潛堂記》之「銅壺」，此作「銅臺」。向閱鮑本，「壺」字亦解。曾擬改作「鞮」字，今見此「臺」字，乃知舊本之足貴。至「太宗神射」之爲「太祖神功」，李純甫卒於元光末，王仲元爲王廣道猶子，良由神川誤記，不必校。先生因屬綴言，不揣鄙拙書此。北研謹題。

（黄丕烈、施國祁校本第二册卷尾）

丁丙《善本書室藏書志》提要

《歸潛志》十四卷，鮑氏知不足齋鈔本。前有乙未季夏渾源劉祁京叔自序，蓋壬辰北還，以「歸潛」榜於室，即題其所著。金亡五年之後，復出就試，魁南京。選充山東西路考試官。又七年而没。錢曾《讀書敏求記》載此首卷乃陸孟鳬手録，以炫藝林。此爲鮑以文廷博手寫校本，丹黄滿紙，圈點精細。卷尾每紀歲月雜事，即爲刊《知不足齋叢書》底本。居今視昔，亦不下於孟鳬手録也。有奇書無價，皆大歡喜。以文手鈔三印。按《知聖道齋讀書跋》云：「卷中叙崔立碑事，乃京叔平生疚心處。鮑氏附注元裕之《外家別業上梁文》、郝陵川《辨甘露碑詩》，可謂得是非之公。京叔、裕之乃兩造之辭。其以「伊誰受賞」一語歸獄京叔，則京叔并不諱言之，且以其時京叔安用崔立所賜之進士出身爲也？陵川乃裕之門下士，觀其集中裕之墓誌、京叔哀辭，於二子軒輕可見。要之碑辭之作，無論爲元爲劉，而裕之乃右司員外郎，京叔布衣，情事有間。」特附此備考。

（丁丙《善本書室藏書志》卷二二）

全祖望《讀〈歸潛志〉》

元裕之與劉京叔互委撰《崔立碑》，裕之作《滹南墓志》有云：「崔立劫殺宰相，送款行營，翟奕輩請建功德碑，召公爲文。自分必死，姑以理諭之。奕輩不能奪，竟脅太學生，託以京城父老意而爲之。」太學者，京叔與麻信民也。裕之《別業上梁文》曰：「一軍構亂，群小歸功。劫太學之名流，文鄭人之逆節。命由威制，佞豈願爲？就磨甘露御書之碑，細刻錦溪書叟之筆。伊誰受賞，於我嫁名？悼同聲同氣之間，有無罪無辜之謗。耿孤懷之自信，聽衆口之合攻。追韓之騎甫還，射羿之弓隨彀。」此指京叔之委過於裕之也。

及觀京叔《歸潛志》中所述，則深有憾於裕之，并及滹南。予平情考之，滹南與裕之實不欲撰碑，而又不敢抗，故强付之京叔與麻信民。京叔二人亦不能抗，而卒挽裕之以共謗。文人遭此，亦可悲也。

陵川郝文忠公，宗師遺山者也。其詩曰：「國賊勒文召學士，滹南先生付一死。林希更不顧名節，兄爲起草弟親刻。省前便磨甘露碑，書丹即用宰相血。數樽黄封幾斛米，賣却家聲都不計。」蓋極口詈京叔矣。然其末曰：「作詩爲告曹聽翁，且莫獨罪元遺山。」則遺山之不能無罪，亦可見矣，特不應使獨受過耳。

史臣書其事於滹南傳中，元、劉情事頗爲平允。雖然，胡不早去，而栖栖於圍城之中，以自貽伊戚？吾乃嘆宋之亡，相率引身而遁者，自審不能爲文丞相、家參政，而又懼遭吴堅、賈餘慶之辱，雖其於殉國之義有愧，而潔身則得矣，正未可以深罪之也。或曰：「是時四郊皆兵，殆欲去而不能。不然，裕之輩不若是之愚也。」雖然，此手豈可使著賊？吾不能不爲諸君惜也。

（《鮚琦亭集外編》卷三一）

《四庫全書總目》提要

《歸潛志》十四卷浙江范懋柱家天一閣藏本，元劉祁撰。祁字京叔，渾源人，御史從益之子。爲太學生，舉進士不第。元兵入汴，遁還鄉里。戊戌復出就試，魁南京。選充山西東路考試官。後征南行省辟置幕府，凡七年而殁。舊以《金史》載之《文藝傳》，遂題曰金人，殊非其實。是書名曰《歸潛》，蓋祁於壬辰北還，以此二字榜其室，因以題其所著。然晚年再出，西山之節不終，亦非其實也。

卷首有祁乙未自序，謂昔所聞見，暇日記憶，隨得隨書。第一卷至六卷，悉爲金末諸人小傳。第七卷至十卷，雜記遺事。第十一卷題曰《録大梁事》，紀哀宗亡國始末。第十二卷題曰《録崔立碑事》，紀立作亂，時廷臣立碑以媚之，劫祁使撰文事；又一篇題曰《辨亡》，叙金前代之所以治平，末造之所以亂亡。自此二篇以下至十三卷，悉爲雜説，略如語録之體，殊不相類。疑此二篇本自爲一卷，殿全書之末，别以語録爲第十三卷，詩文爲第十四卷，附綴於後。後人因篇頁不均，割語録之半移綴此卷，故體例參差也。

壬辰之變，祁在汴京，目擊事狀，記載胥得其實，故《金史》本傳稱祁此《志》於金末之事多有足徵。《哀宗本紀》全以所言爲據。又若《大金國志》稱樞密使伊喇蒲阿出降於元【二】，此《志》不書出降，與《金史》相合，可證《大金國志》之誤。《元史》稱壬辰正月太宗自白坡濟河而南，睿宗由峭石灘涉漢而北，以渡河、涉漢同在一時，而此《志》則載睿宗涉漢在辛卯十一月，太宗渡河乃在壬辰，與《金史》及姚燧《牧庵集》、蘇天爵《名臣事略》所紀相合，可證《元史》之誤。又如載天興元年劉元規使北朝不知所終，而《金史·本紀》不書其事。載薩克蘇媒蘖李元妃，《本紀》不著其名。載大定十七年三月朔諸國使臣朝見，遇雨放朝，與周煇《北轅録》合，而《本紀》但載十六

【二】又若大金國志稱樞密使伊喇蒲阿出降於元　按「伊喇蒲阿」即移剌蒲瓦，此爲四庫館臣改譯。

年三月朔日蝕放朝一條。載金代鈔法凡八易其名，而《金史·食貨志》失載通貨改爲通寶，通寶又改爲通貨一條。皆足以補正史之闕。至於《金史·交聘表》稱大定十六年宋湯邦彦充申請使，此《志》作祈請使。《圖克坦烏登傳》稱天興元年正月朝廷聞大兵入饒風關，移烏登行省閿鄉以備潼關，此《志》書其事於正大八年。《完顔思烈傳》載王渥從思烈戰殁，此《志》作從持嘉哈希。《李英傳》稱與元兵遇於霸州敗死，此《志》作遇於潞州。《郭阿林傳贊》稱宋兵大至，遂戰殁，此《志》作馬倒被擒，不知存殁。《師安石傳贊》稱以論列侍從，觸怒而死，此《志》則云既居位，人望頗減。皆有異詞。其他年月先後、姓名官階，與史不同者甚多，皆足以資互考。談金源遺事者，以此《志》與元好問《壬辰雜編》爲最，《金史》亦并稱之。《壬辰雜編》已佚，則此《志》尤足珍貴矣。

世所行本皆八卷，雖傳是樓藏本亦然。國朝郭朝釪編纂金詩，所採録僅及前七卷，知其未見全帙。此本一十四卷，與王惲《渾源世德碑》相合，當猶從元本傳録。錢曾《讀書敏求記》稱陸孟鳧家鈔本《歸潛志》凡十四卷，蓋即此本也。

（《四庫全書總目》卷一四一）

西使記

⊙常德口述
⊙劉郁筆録

點校説明

《西使記》一卷，常德口述，劉郁筆録。常德，生卒年不詳，字仁卿，真定平山（今屬河北）人。蒙哥汗在位時，任彰德府宣課使。蒙哥汗九年（一二五九），出使西域覲見旭烈兀。生平略見元好問爲常德之父所撰《真定府學教授常君墓銘》。劉郁，生卒年不詳，字文季，號歸愚，應州渾源（今屬山西）人，劉祁弟。能文辭，工書翰。中統元年（一二六〇），辟爲中書省左右司都事。至元初出任新河縣尹，復召入爲監察御史。年六十一卒。生平略見王惲《渾源劉氏世德碑銘并序》。

蒙哥汗九年正月二十一日，常德奉使前往西域覲見旭烈兀。常德從哈剌和林出發，沿蒙古通西域之草原驛路西行，經過烏倫古湖、業瞞（一稱葉密立，今新疆額敏縣）、孛羅（今新疆博樂市）等地，終抵旭烈兀駐地。次年三月，常德返國，往返計十四月。中統四年（一二六三）三月，由劉郁記録常德此次西行見聞，題爲《西使記》。

《西使記》全文二千二百餘字，過訖立兒城後不復記録月日，「以下所有諸國，大抵皆據傳聞而非親見者。常德蹤跡，至今波斯北境爲止」（張星烺《常德及〈西使記〉》導言，收入《中西交通史料彙編》第七編）。篇末記「往返凡一十四月」，而篇中所記行程止兩月半，僅有去程而無返程内容。儘管如此，《西使記》語言自然生動，有不少内容爲他書所未記，史料價值尤爲珍貴。如金末西行紀事著述多不言各地漢人情況，《西使記》則記有漢人在中亞人口、居住、經濟狀況。又如所記天山北部地理水道、民族分佈及社會經濟，他書亦未有記。《西使記》與耶律楚材《西遊録》、李志常《長春真人西遊記》及羅馬教皇使者普蘭諾·卡爾平尼《蒙古史》、法國國王使者魯布魯克《東遊記》、亞美尼亞國王海屯隨員《海屯行記》同被學界視爲探索、研究十三世紀中期中亞自然地理、風土人情、民族特徵、蒙古西征，以及東西交通史、蒙古史之重要文獻。

《西使記》最早存於明刊王惲《秋澗先生大全文集》卷九四《玉堂嘉話》卷二，《説郛》《歷代小史》《古今説海》《畿輔叢書》《四庫全書》《學津討原》《學海類編》《元史類編》《海國圖志》等皆載之，後《中國西北文獻叢書·西北史地文獻》第三十一卷據王國維校注本影印。對《西使記》之考述、箋注，從丁謙《元劉郁西使記地理考證》始，有王國維校注本，以及閻宗臨《〈西使記〉箋注》（收入《中西交通史》）、張星烺《常德及〈西使記〉》、楊建新《古西行記選注》。《西使記》亦有諸多外文譯本。

本次點校以王國維校注本爲底本，保留其夾校夾注。校以明刊本、《古今説海》本、《學海類編》本，參考丁謙《元劉郁西使記地理考證》、閻宗臨《〈西使記〉箋注》、張星烺《常德及〈西使記〉》。

壬子歲，皇弟旭烈四庫本《玉堂佳話》作「克埒」。統諸軍，奉詔西征。凡六年，拓境幾萬里。己未正月甲子，常德字仁卿。馳驛西覲。王惲《秋澗大全集》十二有《題常仁卿運使西覲紀行》詩二律，首章云：「九萬鵬搏翼，孤忠駕使軺。功名元有數，風雪不知遥。抵北逾鰲極，維南望斗杓。胡生揺健筆，且莫詫東遼。」注：《五代史》有胡嶠《陷虜記》。其次章曰：「三策條民便，逾年致節旄。夢驚羊胛日，險歷幻人刀。碧碗昆堅異，黄金甲第高。白頭書卷裏，留滯敢辭勞。」自和林出兀庫本作「烏」。孫中，西北行二百餘里，地漸高。入站，經瀚海，地極高寒，雖暑酷，雪不消。山石皆松文。西南七日，過瀚海。行三百里，地漸下。有河闊數里，曰昏木輦。夏漲，以舟楫濟。數日，過龍骨河。復西北行，與别失八里庫本作「伯實巴哩」。南北相直近五百里【一】，多漢民，有二麥、黍、穀。河西注，瀦爲海，約千餘里，曰乞則里八寺。庫本作「齊實哩巴特」。多魚，可食。有碾磑，亦以水激之。行漸西，有城曰業瞞。又西南行，過孛羅城，所種皆麥、稻。山多柏，不能株，絡石而長。城居肆囿，間錯土屋，窗户皆琉璃。城北有海，鐵山風出，往往吹行人墮海中。西南行二十里，有關曰鐵木兒庫本作「特穆爾」。懺察。守關者皆漢民。此《湛然集》三《過夏國新安縣》詩注所謂「西域陰山有松關」是也。關徑崎嶇似棧道。出關至阿里麻里城，市井皆流水交貫。有諸果，惟瓜、蒲萄、石榴最佳。回紇與漢民雜居，其俗漸染，頗似中國。又南有赤木兒庫本作「齊穆爾」。城，居民多并、汾人。有獸似虎，毛厚，金色無文，善傷人。有蟲如蛛，毒，中人則煩渴，飲水立死。惟過醉蒲萄酒，吐則解。有嗢酒。孛羅城迤西，金、銀、銅爲錢，有文而

【一】與别失八里南北相直近五百里　「北」原作「已」，據《長春真人西遊記》程同文跋所引及閻宗臨《〈西使記〉箋注》改。

無孔方。至麻阿中，以馬捧拖牀遞鋪，負重而行疾。或曰，乞里乞四，庫本作「齊哩齊肆」。易馬以犬。

二月二十四日，過亦堵，兩山間庫本作「門」。土平民夥，溝洫映帶，多故壘壞垣。問之，蓋契丹故居也。計其地去和林萬五千里而近，有河曰亦，運流洶洶東注，土人云，此黄河也。二十八日，過塔剌庫本作「達拉」。寺。

三月一日，過賽藍城，有浮圖，諸回紇祈庫本作「禮」。拜之所。三日，過別石蘭，諸回紇貿易如上巳節。四日，過忽章河，渡船如弓鞋然。土人云，河源出南大山，地多産玉。疑爲崑崙。山以西，多龜蛇，行相雜。郵亭客舍，甃如浴室，門户皆以琉璃飾之。民賦歲止輸金錢十文，然貧富有差。八日，庫本有「過」字。撏思干，城大而民繁。時群花正坼，花庫本無「花」字。惟梨、薔薇、玫瑰如中國，庫本作「國中」。餘多不能名。隅城之西，所植皆蒲萄、粳稻。有麥，亦秋種。其乃庫本作「又其」。滿地産藥十數種，皆中國所無。藥物療疾甚效。曰阿只兒，庫本作「阿濟爾」。狀如苦參，治馬鼠瘡、婦人損胎及打撲内損，用豆許，嚥之自消。曰阿息兒，狀如地骨皮，治婦人産後衣不下，又治金瘡膿不出，嚼碎傅瘡上，即出。曰奴哥撒兒，庫本作「努格薩爾」。形似桔梗，治金瘡及腸與筋斷者，嚼碎傅之自續。餘不能盡録。十四日，過暗不河。「暗不河」當作「暗木河」。《元史·郭寶玉傳》「下撏思干城，次暗木河」是也。夏不雨，秋則雨。漑田以水。地多蝗，有鳥飛食之。十九日，過里丑城。其地有桑、棗，征西奥魯屯駐於此。二十六日，過馬蘭城，庫本作「瑪蘭地」。又過納商城。草皆苜蓿，藩籬以柏。二十九日，過殢掃兒城【二】。山皆鹽，如水晶狀。近西南六七里，新得國曰木乃奚。庫本作「布埒齊」，《郭侃傳》作「木乃兮」。牛皆駝峰，黑色。地無水，土人隔山嶺鑿井，相沿數十里，下通流以溉田。所屬山城三百六十。已而皆下，惟擔寒西一山城，名乞都不，《郭侃傳》作「乞都卜」。孤峰峻絶，不能矢石。

丙辰年，王師至城下。城絶高嶮，仰視之，帽爲墜。庫本作「帽墜下」。諸道並進，敵大驚，令相火者納失兒庫本作「納實爾」。來納款【三】。已而兀魯兀乃庫本作「烏鼐」。筭灘出降。筭灘，猶國王也。其父領兵別據山城，令其子取之，七日而陷。金玉寶物甚多【四】，一帶有直銀千笏者。其國兵皆刺客，俗見男子勇壯者，以利誘之，令手刃父兄，然後充兵。醉酒，扶入窟室，娱以音樂、美女，縱其欲，數日復置故處。既醒，問其所見，教之能爲刺客，死則享福如此。因授以經咒日誦。蓋使蠱其心志，死無悔也。令潛使未服之國，必刺其主而後已。雖婦人亦然。其木庫本作「本」。乃奚在西域中最爲兇悍。威脅鄰國，霸四十餘年。王師既克，誅之無遺類。

四月六日，過訖立兒城，所産蛇皆四跗，長五尺餘，首黑身黄，皮如鯊魚，口吐紫焰。過阿剌丁城，庫本無「城」字。禡咱答兒人被髮【五】，率以紅帕勒首【六】，衣青，如鬼然。王師自入西域，降者幾三十國。有佛國，名乞石迷西，庫本作「齊實默西」。又《郭侃傳》：又西至阿剌

【二】過殢掃兒城　「過」字原缺，據《學海類編》本補。

【三】令相火者納失兒來納款　「火」原作「大」，據閻宗臨《〈西使記〉箋注》改。

【四】金玉寶物甚多　「玉」字原缺，據《古今説海》本、《學海類編》本補。

【五】禡咱答兒人被髮　「答」原作「蒼」，據閻宗臨《〈西使記〉箋注》改。另，文淵閣四庫本「禡咱答兒」作「密藏達爾」。

【六】率以紅帕勒首　「勒」字原缺，據《古今説海》本、《學海類編》本補。

丁，破其遊兵三萬，禡拶答而算灘降，至乞石迷部，忽里算灘降。在印毒西北，蓋傳釋迦氏衣鉢者。其人儀狀甚古，如世所繪達摩像。不茹葷酒，日啖粳一合。所談皆佛法，禪定至暮方語。

丁巳歲，取報達國，南北二千里。其主曰合里法。其城有東西城，中有大河。西城無壁壘，東城固之以甓【七】，繪其上甚盛。王師至城，不庫本作「城下」。一交戰，破勝兵四十餘萬。西城陷，皆盡屠其民。尋圍東城，六日而破，死者以數十萬。合里法庫本作「哈哩達」。以舸走，獲焉。其國俗富庶爲西域冠，宮殿皆以沈檀、烏木、降真爲之，壁皆以黑白玉爲之。金珠珍貝，不可勝計。其妃后皆漢人。所産大珠，曰太歲彈【八】、蘭庫本作「闌」。石、瑟瑟、金剛鑽之類，帶有直千金者。其國六百餘年，傳四十主【九】，庫本作「世」。至合里法庫本作「哈哩達」，下同。則亡。人物頗秀於諸國。所産馬，名脱必察。合里法不悦，以橙漿和糖爲飲。琵琶三十六絃。初，合里法患頭痛，醫不能治。庫本作「醫，不治」。一伶人作新琵琶七十二絃，聽之立解。土人相傳，報達，諸胡之祖，故諸胡皆臣服。

報達之西，馬行二十日，有天房。内有天使神，胡之祖葬所也。師名癖顔八兒，庫本作「巴延巴爾」，下同。房中懸錢組，以手捫之，心誠者可及，不誠者竟不得捫。經文甚多，皆癖顔八兒所作。轄大城數十，其民富實。西有密乞兒庫本作「默齊爾」，《郭侃傳》作「密昔兒」。國，尤富。地産金，人夜視有光處，誌之以灰，翼日發之，有大如棗者。至報達六千餘里，國西即海。海西有富浪國，婦人衣冠，如世所畫菩薩狀。男子胡庫本作「僧」。服，皆善寢，

【七】東城固之以甓　「甓」字前原衍「甃」字，據明刊本、《古今説海》本、《學海類編》本删。

【八】曰太歲彈　「彈」原作「强」，據《古今説海》本、《學海類編》本改。

【九】傳四十主　「主」原作「年」，據明刊本、《古今説海》本、《學海類編》本改。

不去衣，雖夫婦亦異處。有大鳥，駝蹄，蒼色，鼓翅而行，高丈餘，食火，其卵據庫本補「卵」字。如升許。其失羅子庫本作「實羅子」，《郭侃傳》作「石羅子」。國，出珍珠。其王名襖思阿塔卑。庫本作「鄂斯阿達輝」，《郭侃傳》作「換斯干阿答畢筭灘」。云西南海也，採珠盛以革囊，止露兩手，腰絙石墜入海，手取蛤並泥沙貯於囊中，遇惡蟲，以醋噀之即去。既庫本作「即」。得蛤滿囊，撼絙，舟人引出之，往往有死者。

印毒國，去中國最近，軍民一千二百萬户。所出細藥、大胡桃、珠寶、烏木、雞舌、賓鐵諸物。國中懸大鐘，有訴者擊之，司鐘者紀其事及時。王官亦紀其名，以防姦欺。民居以蒲爲屋。夏大熱，人處水中。己未年七月，兀林國阿早丁庫本作「烏蘭國阿克丹」。筭灘來降。城大小一百二十，民一百七十萬。山産銀。

黑契丹國，名乞里彎，王名忽教馬丁筭灘，庫本作「齊哩曼，王名呼札瑪丹克坦」。聞王大賢，亦來降。《郭侃傳》：己未破兀林遊兵四萬。阿必丁筭灘大懼，來降，得城一百二十。西南至乞里彎，忽都馬丁筭灘來降，西域平。其拔里寺庫本作「特哩寺」。大城，獅子雄者，鬃尾如纓，拂傷人，吼則聲從腹中出。馬聞之，怖溺血。狼有鬃。孔雀如中國畫者，惟尾在翅内，每日中振羽。香貓似土豹，庫本作「如土狗」。糞溺皆香麝如。庫本作「如麝」。鸚鵡多五色。風駝急使乘，日可千里。鵓鴿傳日亦千里。珊瑚出西南海，取以鐵網，高有至三尺者。蘭赤《輟耕録》七《回回石頭》有「刺」，淡紅色嬌。即此蘭赤。生西南海山石中。有五色鴨，思庫本作「其」。價最高。金剛鑽出印毒，以肉投大澗底，飛鳥食其肉，糞中得之。撒八兒庫本作「薩巴爾」。出西海中，蓋瑇瑁之遺精【一〇】，蛟魚食之吐出，年深結成【一一】，價如金，其假者，即犀牛糞爲之也。骨篤犀，大蛇之角也，解諸毒。龍種馬，出西海中，有鱗角，牡馬有駒，不敢同牧，騸馬引入海，不復出。皂雕一産三卵，内一大者，灰色而毛短，隨母影而走，所逐禽無不獲者。壠種羊，出西海，羊臍種土中，溉以水，聞雷而生，臍系地中。及長，驚以木，臍斷，嚙草，至秋可食。臍内復有種。《湛然居士文集》六《西域河中雜詠》云「無衣壠種羊」，又十二《贈高善長一百韻》云：「西方好風土，大率無蠶桑。家家植木綿，是爲壠種羊。」是「壠種羊」乃木綿別名，此記非是。又一胡婦，解馬語即知吉凶，甚驗。其怪異等事，不可殫紀。往返凡一十四月。

郁歎曰：西域之開，始自張騫，其土地山川固在也。然世代浸遠，國號變易，事亦難考。今之所謂瀚海者，即古金山也。印毒即漢身毒也。曰駝鳥者，即安息所産大馬爵也。密昔兒，庫本作「默實爾」。即唐拂菻地也。觀其土産風俗可知已。又《新唐書》載，拂菻去京師肆萬里，在西海上，所産珍異之物，與今日地里正同，蓋無疑也。中統四年三月，渾源劉郁記。

【一〇】蓋瑇瑁之遺精　「瑇瑁」原作「瑇玳」，王國維注「庫本作玳瑇」。此據《古今説海》本、《學海類編》本改。

【一一】年深結成　「成」原作「爲」，王國維注「庫本爲下注一闕字」。此據《古今説海》本、《學海類編》本改。

附録

《古行記校録》羅福葆跋

《古行記》四種，曰杜環《經行記》，曰王延德《使高昌記》，曰劉祁《北使記》，曰劉郁《西使記》，忠慤手自集録。《經行記》據《通典》李元陽本，而校以《太平寰宇記》所引。《使高昌記》據《宋史・外國傳》，而校以《揮麈録》。《北使記》據《遊志續編》，但有錢磬室手寫本，新陽趙氏刻本亦據錢本。無他本可校。《西使記》據明刊《玉堂佳話》，而校以四庫本。間於書眉加考證，乃欲各爲箋注而未成書者也。戊辰春，家大人命葆校録，合爲一卷，以校注之語，散附文下，名之曰《古行記校録》，入《遺書》外編中。既竣工，謹書其後。二月既望，後學上虞羅福葆記。

（王國維校注本卷尾）

趙萬里跋

甲戌冬日，以文津閣本《秋澗大全集》、汲古閣影宋抄本《揮麈録》覆勘訖。門人

（王國維校注本卷尾）

同邑趙萬里謹記。

《四庫全書總目》提要

《西使記》一卷。兩淮鹽政採進本。元劉郁撰。郁，真定人【一】。是書記常德西使皇弟錫里庫軍中，往返道途之所見。王惲嘗載入《玉堂雜記》中。此蓋别行之本也。《元史·憲宗紀》：「二年壬子秋，遣錫喇征西域蘇丹諸國。是歲，錫喇薨。三年癸丑夏六月，命諸王錫里庫及烏蘭哈達帥師征西域法勒噶巴哈台等國。八年戊午，錫里庫討回回法勒噶，平之，擒其王，遣使來獻捷。」考《世系表》，睿宗十一子，次六曰錫里庫，而諸王中别無錫喇。《郭侃傳》：「侃壬子從錫里庫西行。」與此《記》所云「壬子歲，皇弟錫喇統諸軍，奉詔西征。凡六年，拓境幾萬里」者相合，然則錫喇即錫里庫。因《元史》爲明代所修，故譯音訛舛，一以爲錫喇，一以爲錫里庫，誤分二人。而《憲宗紀》二年書錫喇薨，三年重書錫里庫西征，遂相承誤載也。此《記》言常德西使在己未正月，蓋錫里庫獻捷之明年。所記雖但據見聞，不能考證古蹟，然亦時有異聞。《郭侃傳》所載與此略同，惟譯語時有訛異耳。我皇上神武奮揚，戡定西域，崑崙月𡸣，盡入版圖。計常德所經，今皆在屯田列障之内。業已欽定《西域圖志》，昭示億齡。郁所記録，本不足道，

【一】真定人　劉郁爲渾源人，閻宗臨《〈西使記〉箋注》認爲因其寄寓真定，徵召時自按居住地開列，真定非劉郁原籍。

然據其所述，亦足參稽道里，考證古今之異同，故仍録而存之也。

（《四庫全書總目》卷五八）

王惲《題常仁卿運使西覲紀行》

九萬鵬摶翼，孤忠駕使軺。功名元有數，風雪不知遥。抵北逾鰲極，維南望斗杓。胡生摇健筆，且莫詑東遼。出《五代史·突厥冏録》，同州郃陽縣令胡嶠亡歸中國，作《陷虜記》。

三策條民便，逾年致節旄。夢驚羊胛日，嶮歷幻人刀。碧碗昆堅異，黄金甲第高。白頭書卷裹，留滯敢辭勞。

（王惲《秋澗先生大全文集》卷十二，四部叢刊本）